本书获得国家社科基金后期资助项目"中国森林保险管
（20FGLB022）、教育部人文社会科学研究青年基金项目
效应评估与机制优化研究"（20YJA790059）、北京市社会科学基金项目"北京市
公益林保险产品创新与运行模式优化"（18YJB011）、北京林业大学2020年研究生
课程建设项目（JCCB2035）及北大荒集团财政项目支出绩效管理研究资助

中央企业财务治理与产融结合的实践探索

PRACTICAL EXPLORATION OF FINANCIAL GOVERNANCE
AND INTEGRATION OF INDUSTRY AND FINANCE IN
CENTRAL STATE-OWNED ENTERPRISES

秦　涛　徐冰瑶 ◎ 主编

经济管理出版社
ECONOMY & MANAGEMENT PUBLISHING HOUSE

图书在版编目（CIP）数据

中央企业财务治理与产融结合的实践探索/秦涛，徐冰瑶主编 . —北京：经济管理出版社，2022.6
ISBN 978-7-5096-8469-6

Ⅰ.①中…　Ⅱ.①秦…　②徐…　Ⅲ.①国有企业—财务管理—研究—中国　Ⅳ.①F279.241

中国版本图书馆 CIP 数据核字（2022）第 088580 号

组稿编辑：杜　菲
责任编辑：杜　菲
责任印制：黄章平
责任校对：王淑卿

出版发行：经济管理出版社
　　　　　（北京市海淀区北蜂窝 8 号中雅大厦 A 座 11 层　100038）
网　　址：www.E-mp.com.cn
电　　话：（010）51915602
印　　刷：唐山昊达印刷有限公司
经　　销：新华书店
开　　本：787mm×1092mm/16
印　　张：12.75
字　　数：278 千字
版　　次：2022 年 6 月第 1 版　　2022 年 6 月第 1 次印刷
书　　号：ISBN 978-7-5096-8469-6
定　　价：98.00 元

编 委 会

主　编：秦　涛　徐冰瑶

副主编：王　雁　曹　灏　吕利芳　田荣新

　　　　李凤玲　王富炜　邓建华

编委会成员（排名不分先后）：

　　　　李冬生　张晓明　师庆杰　孙友伟

　　　　刘俊涛　童万民　王　姗　牛元元

　　　　孙明琪　张　晞　李喜庆　康　炜

　　　　陈昱茜　郭荧荧　曹学顺　郑　双

　　　　付发明　叶佩佩　王圆圆　朱彩霞

　　　　宋　蕊　王婧琦

前　言

改革开放 40 多年，我国中央企业经历了一系列改革，形成了一大批企业集团，这些大型企业集团在保障国计民生和国家经济安全、助力经济结构调整和产业升级、推动我国经济高质量发展等方面起到了举足轻重的作用。相比于西方国家企业集团的发展，我国企业集团的发展起步较晚，历程短暂。在经历了 1980~1985 年的集团规模较小、市场竞争不激烈、企业管控概念模糊的起步阶段，1986~1991 年的企业集团尚未具备规范的公司治理架构、在经营运作和管理方式上相对稚嫩的初步发展阶段，1992~2014 年的企业集团有序组建和发展、中央企业效率显著提升的规范发展阶段后，2015 年我国的企业集团进入了改革发展阶段。以《中共中央、国务院关于深化国有企业改革的指导意见》等一系列政策文件的颁布实施为标志，开始着力打造以资本为纽带的国资监管体系，企业集团进入改革发展的新阶段。随着改革的不断深入，中央企业得以不断发展壮大，出现了为数不少的资产规模和收入规模达到数千亿元甚至数万亿元的超大型企业集团。在 2017 年的世界财富 500 强企业中，中国已有 115 家企业榜上有名，上榜数量居世界第二。

同时，不可忽视的是，中央企业在快速发展的同时，也存在一些需要解决的问题和矛盾。中央企业现存的问题主要表现为：国有资产管理体制不完善，难以实现国有资本动态优化配置；国有经济战略性调整不到位，国有经济功能定位和布局不合理；中央企业结构和制度不完善。与市场发展需求和国际领先实践相比，我国中央企业集团的管控存在较多弊端：一是组织架构不完善。在政府主导推动的行政划拨下形成的企业集团，以先有子公司再建母公司为代表的从下至上的组织形式，使母公司在制度建设上滞后于子公司，存在相关制度相互冲突的情况。二是经营管理经验缺乏。部分企业集团的管控能力没有与其应有的规模相匹配，规模的发展快于企业管控能力的发展，控制力弱是此类集团公司的"先天不足"。三是管控方式不清晰、不适度、不灵活，管控手段较单一，管控措施没有完全实施到位。

党的十九大对国资国企改革进一步提出了加快国有经济布局优化、结构调整、战略性重组，促进国有资产保值增值，推动国有资本做强做优做大、培育具有全球竞争力的世界一流企业的要求。为全面贯彻落实《中共中央、国务院关于深化国有企业改革的指导意见》的有关要求，实现企业转型升级和质量效益型发展，我国中央企业正在加速转变集团发展方向和管理方式。财务管控以资金运动为主体，具有价值创造、资源配置、风险管理、决策支撑等功能，对集团的健康发展具有重要的战略性影响。在当前复杂的宏观经济环境下，要成为世界一流的企业，集团就要对母子公司资源管控的运作效率和战略协同性有良好的掌控，否则就难以发挥集团公司的优势，很可能无法形成规模经济效应。同时，企业集团财务管控涉及财务信息的收集、分析及报告等内容，是连接母公司与子公司的信息纽带，是母公司了解子公司、监督子公司的重要媒介，有利于帮助企业集团减少信息不对称的情况。因此，要想在未来的市场经济体系中占据优势，中央企业集团需要迅速优化财务管控模式，形成一套有效的运行机制。可以说，谁能最早建立符合市场需求的高效的财务管控模式，谁就可以赢得发展时间。因此，探索有效的企业集团财务管控模式已成为保障中央企业集团健康发展的关键问题。近年来，随着中国市场环境的不断优化和中央企业自身战略的持续变革，既对现有的集团治理理论提出了挑战，也迫切需要创新性的、系统化的重构。因此，基于财务资源配置在企业运营中的核心地位，把握新的市场环境、中央企业自身战略与组织调整呈现出的诸多新特点，建立科学的财务管控模式，进一步提升企业集团的科学决策与管控能力，提升集团内部的协同效应，实现整体战略性发展，是中央企业落实高质量发展的内在要求。

当今我国中央企业正在进行着治理结构多级化、投资经营多元化、提升产融结合程度、直接对接资本市场和拓宽融资渠道等多领域的新变革。那么，中央企业集团如何根据发展过程中的新变革及时调整并完善内部财务治理与集团管控体系呢？本书遵循整合梳理中央企业财务治理体系和经营目标与价值创造的基本逻辑，从当前企业改革和发展中的业财融合、财务共享、资金集中管理、供应链金融、表外融资、产融结合、集团管控和绩效评价8个领域入手，结合中央企业典型案例，并以我国建筑业龙头企业（ZTJ）作为研究对象，分析当前案例企业在集团治理与改革过程中在上述领域的发展现状，剖析现阶段影响企业集团管理变革效果实现最大化的现实制约，据此提出中央企业高质量发展变革的优化方向，以期促进中央企业实现质量效益型发展。

目　录

第一章　财务流程优化再造 ………………………………………………… 001

第一节　业财融合概述 …………………………………………………… 001

第二节　业财融合与财务流程再造概述 ……………………………… 05

第三节　业财融合下 ZTJ 财务流程再造进程优化 ………………… 011

第二章　财务共享服务转型 ………………………………………………… 031

第一节　财务共享与财务共享服务中心的概述 …………………… 031

第二节　财务共享服务中心构建的制约因素与优化策略 ………… 037

第三节　ZTJS 财务共享服务中心的建设实践与转型优化 ……… 044

第三章　集团资金集中管理 ………………………………………………… 054

第一节　集团资金集中管理概述 …………………………………… 054

第二节　企业集团资金集中管理的主要模式 ……………………… 056

第三节　中央企业财务公司资金集中管理模式的实践探索 ……… 065

第四章　供应链金融管理 …………………………………………………… 073

第一节　供应链金融概述 …………………………………………… 073

第二节　供应链金融的运作模式与业务类型 ……………………… 075

第三节　中央企业供应链金融的实践探索 ………………………… 086

第四节　ZTJS 供应链金融的发展与优化 ………………………… 091

第五章　表外融资业务管理 ………………………………………………… 104

第一节　表外融资的主要业务类型 ………………………………… 104

第二节　表外融资发展现状与主要问题 …………………………… 108

第三节　ZTJ 表外融资业务实践 …………………………………… 111

第六章　产融结合模式优化 ………………………………………………… 124

第一节　产融结合概述 ……………………………………………… 124

第二节　产融结合主要模式与实现路径 ································ 125

第三节　中央企业产融结合发展历程与实践探索 ················ 128

第四节　ZTJ 产融结合发展现状与路径优化 ······················ 137

第七章　集团管控模式选择 ··· 156

第一节　企业集团管控概述 ··· 156

第二节　企业集团管控模式分析 ······································· 158

第三节　中央企业集团管控实践探索 ································· 160

第四节　ZTJ 集团管控模式分析与优化建议 ······················ 162

第八章　绩效评价体系重建 ··· 170

第一节　绩效评价的内涵及类型 ······································· 170

第二节　中央企业绩效评价的实践经验 ····························· 175

第三节　ZTJS 绩效评价的设计应用 ·································· 181

参考文献 ··· 186

后　记 ··· 197

第一章

财务流程优化再造

信息技术的不断进步，尤其是大数据等先进技术的出现，加速了市场竞争的全球化，国内外大型企业不断拓展企业规模，跨国公司、集团经营逐渐成为国际经济发展的重要组织形式。企业在发展过程中，与传统企业相比逐渐形成组织模式分散的特点，迫使其寻找新的经营管理模式来应对市场环境的变化。因此，财务部门和业务部门作为企业的两大构成主体，不再是"各自为营"。财务人员开始从业务的角度去思考财务管理，以期实现对业务活动的全流程管理，业财融合逐渐成为企业发展的趋势。加快业财融合的步伐，以新的经营管理模式来提升企业的竞争力，成为现代企业不断探索、发展的新方向。

第一节　业财融合概述

一、业财融合的基本概念

对业务活动与企业财务进行深入融合的探究是近年来企业改革的发展重点，但是目前对这一研究方向并没有统一的定义。汤谷良和夏怡斐（2018）从管理会计的角度对业财融合进行了研究，定义业财融合（Integration of Business and Finance，IBF）是融合战略规划与经营业务的、闭环式的管理会计系统（见图1-1）。这个信息系统服务于多个方面，包含创造价值、主导战略、控制风险、绩效管理、成本管控等。从本质上说，业财一体化属于一项企业的后台管理活动，是对各方面数据信息的整理、分析、报告，目的是为企业内部的管理者和员工提供决策的依据。

业财融合要求企业财务人员既要以优质服务来保证企业的生产经营，也要以积极主动的态度融入企业日常运营过程中，通过分析、决策，优化资源配置来提升企业的价值。对企业业务活动的管理和对财务活动的管理是企业管理的两个重要方面，需要实现两者的协同化。企业业务活动的合规性决定了财务管理的有效性，而业务管理的有效性有赖于财务管理信息的准确性、及时性。

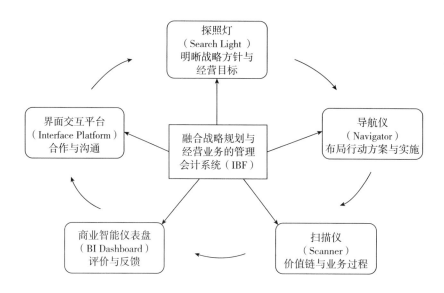

图 1-1　业财融合的理论框架

因此，在业财融合的管理模式下，财务部门能够融入业务活动，充分了解业务活动的各个环节，对于业务发生前、业务过程中以及业务完成后的全流程做到统筹管理，提高企业的风险预测和防范能力。业财的这种结合，使业财两部门获得的信息更加及时有效、全面准确，据此进行的分析，对提高企业的经济效益、促进企业发展有极为重要的作用。

二、业财融合的具体要求

业财融合作为闭环式的管理会计系统，是需要组织机构、环节设置、管理制度、信息系统、企业文化等多方面协同作用的，具体实践要领如下：

（一）调整组织结构，机构设置扁平化

要实现业财一体化建设，企业应通过调整组织机构的设置，打破前台运营与后台管理在职能方面的界限，缩短信息传输的上下层级。扁平化的企业经营管理可以帮助企业压缩、优化中间管理层级，使企业能够强化集团的管理和控制；扁平化的管理还可以使企业的信息得到有效的传递，缩短传递时间，各项成本费用也会由此得到有效控制。概括来说，组织的设置可以流程中的关键节点为依据，使管理更加有针对性，突破了原有的职能化管理方式。企业对各项资源、信息进行整合，实现了扁平化管理下信息传递及处理的提速增效。

（二）梳理企业价值链，调整企业经营活动

为推进业财一体化建设，企业需要梳理清楚自身价值链中的各个环节与主要的经营活动，其中，既有物资采购、工程施工等使企业的内外价值增加的基本活动，也有人员管理、财务核算、科学研究等辅助活动，这些都是企业价值链上的关键环节。业财融合必须弱化会计要素和报表科目的概念限制，应该直接针对业务活动中的各个环节，结合具体的业务特性，持续推进业财融合。同时，企业价值链环节及核心经营活动的梳理与调整也有助于企业减少无增值价值的活动。

（三）扬弃专业性表达，降低会计专业属性

现阶段，大多数企业的财务部门提供的各类数据信息的财务专业属性太强，业务部门并不能完全接收，导致数据信息的利用率很低，不管是对财务的事后管理，还是对转型后实现的事前、事中管理都有不利影响。采用业财一体化的管理模式，需要弱化会计专业属性来推进管理会计与业务经营的衔接。例如，考虑到全面预算管理，作为业财融合工作的一部分，企业预算编报中可适当减少会计科目、财务指标等专业性的"语言"表达，从业务流程角度反映预算指标体系，如从产品线、渠道线、客户线、供应链角度建设企业预算体系，更符合的业财融合管理理念。

（四）扩大信息的全面性，提升各模块的协同性

大多数信息系统生成的数据信息都属于"事后报告"型，系统中存在大量的、时效性差的数据信息；数据信息存在集成多部门、沟通多口径等缺陷，容易使信息使用者难以做出准确判断；信息"颗粒"太粗、不精细，信息系统提供的数据无法支持使用者做出有效决策；等等。这些缺陷与问题，既是业务与财务进行融合的驱动因素，也是需要克服的巨大困难。在大数据环境下，与预算管理、资源管理、经营分析等有关的信息系统建设得更加全面，实现了文字、音频、视频等多种形态的精细化数据同时传递，甚至经过大数据整合、重读后的信息可以发掘出新的价值。这些进步促使财务数据与业务信息更好、更快地融为一体，使各系统之间实现数据的自动、有效、准确传递。

（五）增强部门间的合作，打造适宜的企业文化

业务部门、财务部门之间的紧密配合是融合的前提，财务人员必须摒弃"财务管理"、"集团管控"、"内部控制"等思维范式，这些隐含"控制"与"被控制"的思想会让人误以为财务是压于业务之上的。业财融合的意义在于重视财务与业务的一体化、相辅相成，要求财务人员以帮助、指导的态度对企业业务活动提供有效的、全流程的财务管理服务。因此，业财一体化建设有利于带动部门间打造合作共赢的企业文化。

三、业财融合的实现路径

（一）调整组织结构，实现扁平化管理

在传统的财务组织中，集团企业会根据分公司、子公司的情况，设置相应的财务团队，因此，集团企业下通常拥有众多独立核算的财务团队，这些团队为适应分公司、子公司所在地的各项规章制度及经营业务特点，具备从日常核算、预算、

决算到资金支付等的完整财务岗位设置和流程规范。传统的财务组织结构如图1-2所示。

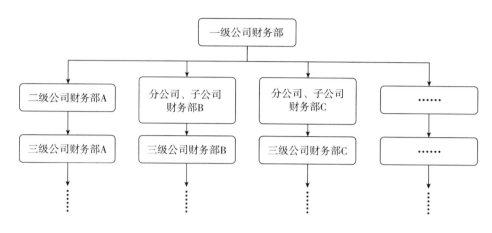

图 1-2 传统的财务组织结构

传统的财务组织结构中每一组织层级都会设立相应的财务部门，导致财务人员的工作除日常的核算外，还包括处理上下级财务组织间的信息传递和沟通。这样的工作模式更多是"被动的"，也就是某项工作在需要时才去处理，无法提前规划。另外，集团经营越分散、地域越广阔、财务团队越多、财务流程差异越大，信息在各层级、各部门间传递时就越容易"失真"，数据质量得不到保障，造成管理决策难度加大。因此，企业要实现业财融合，组织结构必须实现扁平化管理，减少管理层级、缩减职能机构、扩大管理范围，使管理模式更加弹性化。压缩企业中间管理层级，不仅可以强化集团管控，还可以提高信息传递的有效性。

（二）完善信息化建设，减少内控缺陷

业财融合实现的必要条件之一就是信息化建设，通过借助先进技术，如移动互联网、大数据、云计算等，可以高效处理大量重复和复杂的任务，并提高财务人员处理各类经营信息的能力，使业务人员和财务人员摆脱低价值工作，将更多的精力和时间投入到对企业如何降低成本、提高效率的思考中来；通过信息化建设，实现信息的传递与共享，集成业务和财务数据信息，打通业、财之间的关键脉络，实现企业资源的有效整合及价值的挖掘，进一步提升企业的生产经营效率、管理效率。但是，大范围的应用信息技术将不可避免地增加企业建设、完善和实施内部控制的难度。因此，企业在分阶段、按步骤，逐步进行信息化建设的同时，要针对系统运行期间的技术缺陷，及时进行系统维护，调整内控制度，通过不断纠偏，减少内控缺陷和系统风险。

第二节　业财融合与财务流程再造概述

一、财务流程再造的基本内涵及主要内容

（一）财务流程再造的基本内涵

财务流程是一种运行模式或者操作流程，它是企业在长期的财务实操中形成的，具有固定、共享、时效、稳定等特性。以流程涵盖范围的大小为依据，企业的财务流程可以分为狭义的财务流程和广义的财务流程，前者仅指财务内部的操作流程，后者包含所有与企业资金、资源使用、消费相关的工作流程。

20世纪初，流程再造理论被迈克尔·哈默（Michael Hammer）等提出，在《企业再造：企业革命宣言》中，这些学者认为重新梳理、设计流程非常有助于企业的进步。流程再造使原本散乱的流程更加规范化，使烦琐的流程更加简洁化，使重复的流程更加单一化，进而实现对各项资源的优化使用及经济的规模效益；同时，流程再造有利于企业制度的完善，也是对管理理论的创新，对提升企业的管理能力、降本增效大有裨益（见图1-3）。

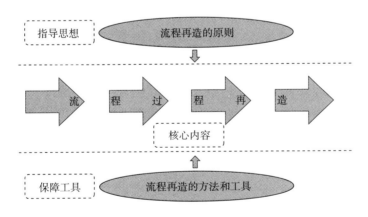

图1-3　流程再造的理论框架

流程再造包括两个方面的内容：一是流程重构；二是流程优化。流程再造理论（Business Process Reengineering，BPR）在第一次被提出时，是对企业业务流程的全面性、底线性的重建，一般会涉及组织结构的变革，而多数企业并不能承受这种一次性的、突然性的变革，故有部分学者在BPR的基础上研究了流程优化理论（Business Process Improvement，BPI），从适应新的发展战略、市场需求的角度，在分析当前流程的基础上对财务的流程进行梳理、优化，构建出新的、固化的流程。

作为总体流程中的一部分，财务流程再造是利用 BPR 相关理论，对企业财务流程进行的重新构建。财务流程再造是根据公司的发展战略，为实现企业资金持久、平衡、高效地运转、配备，实现企业盈利能力持续增长，而进行的颠覆性的体系重塑行为。其搭建思路是，通过调整组织结构及工作流程，提高这些流程的价值创造性，实现费用减少、绩效增加的预期。这种方法既适用于整个组织，也适用于单一流程。

（二）财务流程再造的核心程序

1. 寻找关键财务流程

界定主要的、使用率最高的财务流程，是进行再造的重要步骤。按照"二八定律"来分析，原则上，企业 80% 的价值是由 20% 的流程创造的（不需要对企业所有的财务流程进行重新设计）。因此，在流程重新构建之初，企业需要详尽地分析现有财务流程，找出主要的 20% 的财务流程，对这些流程进行深入的、全面的剖析。企业应重新构建的核心财务流程包括主营业务的流程、使用率高的流程、对价值影响较大的流程等，还要考虑这些流程再造的成本、是否可行等因素。

2. 解读关键财务流程

在明确了需要重新设计的流程后，企业需要探究这些流程背后的影响因素，对这些流程的历史成因、运转状况进行充分的把握。以这些影响因素为突破口对流程进行重塑。再造小组要充分了解这些流程，不仅仅需要了解流程的范围、流程的运作情况，更应该结合企业未来的战略目标、规划，分析流程中的不足及原因，据此初步预期目标流程设计，等等。

3. 消除非增值财务活动

在界定和解读关键财务流程后就可以重建关键财务流程了。无增值价值的流程占用了企业的人、财、物等资源，例如，工程物资存量过剩、存储时间过长，增加了自有资金的占用压力；财务信息传递频繁以及传递过程中的失真，会对企业资源造成浪费，对流程效率产生不利影响等。因此，在对关键流程有足够了解的基础上，剔除非增值的、无效的流程，减少流程的重复，避免对同一事项的多次批准，实现再造后信息的收集、处理和传递的高效性。

二、业财融合与财务流程再造关联机制

（一）业财融合背景下财务流程再造的动因

业财融合背景下财务流程再造的动因可以从内部及外部两个方面进行分析。

1. 外部动因

企业所处的外部环境，如行业的经济环境、信息技术的进步、新的管理制度以及法律法规的颁布等，是在不断变化的，为应对外部环境的变化，以及这些变化带来的经营压力和经营风险，企业不得不转换旧的管理模式，通过财务流程再造，建设业财融合型的创新管理模式，实现财务与业务活动的相互配合。

2. 内部动因

企业发展战略的变化、经营规模的扩张，对企业财务管理提出了更高要求，业财融合管理模式的转换使企业需要不断对财务流程进行再造与优化。管理者应不断地找出现有流程存在的问题，包括财务流程与财务管理实践需求相矛盾的地方、财务的管理流程与企业的发展计划相矛盾的地方等。财务管理模式的转型，有利于实现事前、事中、事后管理，增强财务对业务的监督作用，是企业稳步发展的重要保障。

（二）财务流程再造与财务组织结构的关系

财务组织结构作为企业组织结构的一部分，是财务流程的组织基础，对财务流程的长短、流程节点的设置都有影响；企业要进行财务流程再造，必然会对财务组织结构产生直接影响，对组织结构设置的调整应适配于再造后的财务流程，进而保障财务流程的顺利运转。

（三）财务流程再造与业财信息系统的关系

再造财务流程与业财信息系统之间是相互依存的关系。信息系统使财务数据可以集中、高效处理；流程再造可以简化信息系统中重复、低效的工作流程，两者相互配合可以实现业务处理效率的提高。随着企业规模的不断发展壮大，不可避免地增加了大量重复性的工作，企业借助先进的、数字化的信息技术能够实现对繁杂工作任务的集中、高效处理，经过流程梳理和再造优化将重复的、有规律的工作分离出来，使业、财两部门的员工能够将更多的时间、精力投入到高附加值的工作中。

三、业财融合下财务流程再造的机理与要求

（一）业财融合下财务流程再造的机理

通过再造财务流程实现业财一体化建设，是一个逐步完善、深入的过程，外部环境刺激、内部发展需要，促使企业开展业财融合的初探。根据业务发展的需要，随着流程再造的循环迭代，不断地确立新的目标、探索新的流程，促使财务流程不断完善，实现业财深入融合（见图1-4）。

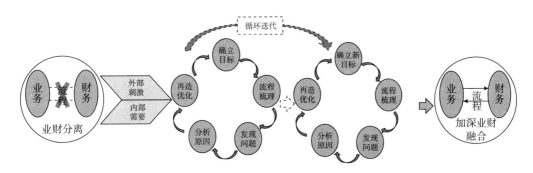

图1-4　业财融合下财务流程的再造机理

1. 确立目标

明确流程再造的目标是对流程进行再造的重要前提。从整体来说，流程再造的目标就是实现业务与财务的有效融合。具体到每个流程的再造目标，就是要分析该流程应该达到什么标准，而达到这个标准就离业财融合的最终目标更近了一步。

2. 流程梳理

在进行流程再造前，企业要准备的工作就是全盘、详尽地描绘企业财务流程的基本运行情况，梳理清楚财务流程中各节点的前后逻辑关系。

3. 发现问题

结合流程再造的目标，通过"快问—快答"的形式将流程的根本性因素和表面要素分离，辨析出在企业的管理要求中，这些财务流程存在哪些不合理的、有待完善的地方，寻找对财务流程进行再设计的突破口。

4. 分析原因

明晰流程的形成原因、限制因素和存在的不足，分析当前流程中存在的问题和差距的成因，剖析业财一体化的制约因素，为重新构建财务流程做准备。

5. 再造优化

找准突破口，对流程进行再构建。通过消除非增值活动，简化低效率的、重复的活动，对财务流程进行整合，并通过对整合后财务流程的"试运行"，结合运行中的实际问题进行适当调整、不断优化，实现整个财务流程的持续更新。

（二）业财融合对财务流程再造的要求

以实现业财融合为目的的财务流程再造，不同于传统的流程再造，两者最大的区别在于再造的"视角"发生了变化，业财融合的管理模式对于企业来说，是全方位的业财协同，包括企业的整体流程体系、组织结构、信息系统等众多方面。因此，基于业财融合的财务流程再造，要求企业不再是站在财务角度进行考虑和设计流程，更多的是站在业务活动和财务管理两方面协同发展的角度进行的再造（见表1-1）。具体来说，企业进行财务流程优化要注意以下两点：

1. 财务管理要融入业务活动

在流程再造的准备工作中，财务人员要深入业务活动，参与到生产经营的各个环节，尤其是业务活动的关键节点，从而充分了解企业业务活动中的风险点，通过有针对性的改进，增加新的财务流程审批节点来增强对这些风险点的管控力度。

2. 财务管控应与业务活动实现同步

业务活动的开始也就意味着财务管理的开始，不同于一般企业的财务流程，业财融合下的财务流程需要结合业务活动特点将财务流程进行延伸。以建筑业企业为例，向前延伸至一个工程项目的投标，向后延伸至该工程项目的竣工结算，不再是自经手人发起报销到报销完成就算作一个完整的财务流程，而是一个完整的对业务活动的纵向管理过程，实现贯穿业务活动前、活动过程中和活动结束后的全流程的财务监管。

表 1-1　业财融合下财务流程再造的优势

传统的财务流程再造	基于业财融合的财务流程再造
从财务角度进行流程再造	从财务和业务双视角进行流程再造
简化、标准化财务流程	优化财务流程
业务部门与财务部门相对独立	缓解业务部门与财务部门间的隔阂
更偏向于事后的财务管理	对业务活动前、活动过程中、活动结束后的全流程管理
降低信息传递成本	增加业财信息对称性，提高信息使用效率
流程以发起报销到完成结算为止	财务流程需始终与业务活动同步

四、业财融合下财务流程再造的保障措施

（一）战略层面推动业财融合的实施

1. 立足企业战略发展

由于企业所面临的内外部环境、所具有的资源禀赋都不尽相同，只有将所运用的管理模式与企业战略目标相匹配，才能找到最适合这一企业运营的管理办法。因此，在组织实施业财一体化建设、制订融合方案时必须对集团的发展战略进行详细的分解，使制订的业财融合方案与分解后的战略目标实现一一对应，保证所制订的业财融合方案与企业战略相匹配。此外，可以借鉴同行业、同水平国内外企业的先进经验来制订业财融合的具体实施计划，合理的、有前瞻性的业财一体化方案才能对企业战略目标的实现起到促进作用。

2. 提高领导层面重视度

业财融合是需要业务部门与财务部门相互配合的，需要从战略层面进行统筹规划，因此，高层领导的支持可以说是开展业财融合的前提条件，一方面，企业管理模式的变革需要大量人、财、物的耗费，需要领导层决策；另一方面，业财部门间固有的差异使部门间合作的积极性不高，这就需要领导层的统筹管理，加强部门间的相互了解，提高合作的积极性，为开展业财融合打好基础。

3. 强化公共权威建设

公共权威是企业整体利益的代表，规则的制定离不开公共权威的建设。一方面，业财融合是一项工程量极大的管理模式的变革，需要有专业人员进行指导、推进；另一方面，专业化可以提升可信度，尤其是在部门间产生分歧时，需要有专业人士提出中肯的意见进行协调。公共权威在业财融合的实施过程中能够发挥重要作用。

（二）组织管理需符合业财融合的要求

新型业财组织结构的建设、业财复合型人才的培养，都是集团进行业财融合的必备条件。

1. 构建新型财务组织体系

业财融合的实施，对企业各部门内及部门间在工作流程、工作习惯上的变动必

然导致对企业组织结构的调整，调整的范围在一定程度上取决于企业当前的组织结构形式与业财融合目标组织结构之间差异的大小。

具体来说，企业可以成立业财一体化建设的专门机构，或在原有机构下新增业财融合的岗位职责，来主持企业业财一体化的建设，一般大型的、有条件的集团企业可以选择后一种模式，通过统筹集团各部门来推进整体层面的业财融合建设。也可以选择财务代表派驻制，即在重要部门、业务核心部门派驻财务人员，驻点的财务人员的组织关系依然隶属于财务部门，但业务部门要参与其业绩考核并提出意见，促使驻点财务人员积极配合业务部门开展财务监督工作，从财务角度对业务流程提出指导意见。还可以选择业务部门财务接口制，这是企业实际运营中更常见的形式，即业务指定需要学习某项财务知识的人员，由财务部门进行专业指导，不过，被指定人员的业绩考核仍归属业务部门，综合的财务职能性比较弱。针对临时性的业财融合项目，企业可以采用跨职能虚拟团队的形式，从财务部门和相关业务部门抽调人员组成临时的虚拟机构。

2. 以制度化建设规范财务流程

建立完善的管理制度是保证业务与财务融合顺利实施的制度基础。业财融合管理模式的持续推进要有标准化、规范化的制度，对各项监督和管理工作进行规范、约束，以减少不必要的责任划分、操作不合规等情况的发生。

（1）处理环节操作规范化。企业可以设置标准化工作流程，实现工作效率的提升。例如，报销发票审核流程、财务核算流程、会计报告编制流程、数据信息传递流程等均要实现标准化、规范化。并且，企业要想明确工作职责、审批流程及权限等，就必须建立健全财务报销、审批管理办法等规章制度及操作手册，确保有章可循，规范操作。

（2）资金管理制度的建设。企业要缓解自有资金的占用压力，保障资金的流动性，就必须对资金管理制度进行不断完善，严格按制度进行资金的使用、调拨，加强往来款项的催收、预付账款的支付审批等方面的制度建设，用制度保障资金使用的安全，提高资金的周转速度、缓解资金的占用压力。

（3）绩效考核制度的建设。部门之间不能实现积极配合，除专业差异性外，最重要的一点是利益上的差别。绩效考核指标的差异使部门间缺乏配合的积极性，忽略了企业整体绩效的要求。因此，企业应该在建设集团整体绩效标准的基础上，划分各部门的考核指标，使"小"指标受制于"大"指标，实现各部门之间的利益趋同，减少部门之间的差异性。

3. 以大数据平台促进业财融合

业财融合的创新型管理方式的实施离不开对信息系统的构建。在大数据、人工智能、移动互联网、云计算的时代背景下，利用先进的信息技术来丰富信息系统的数据化建设，集成大数据中心，实现从财务数据到业务数据、从内部数据到外部数据，甚至从结构化数据到非结构化数据的自动转化，使数据信息的使用者可以快速、有效地获取所需要的数据，促进业财深入融合。

4. 重视企业人才队伍建设

企业人才建设，既可以通过招聘的方式引进具备财务知识的专业人才，引入信息化、数据挖掘的专门人才，也可以通过内部培训的方式，内培既懂财务又懂数据挖掘的融合型、保障型人才。同时鼓励复合型人才在业务部门与财务部门之间的交流、互动，更好地促进企业协同化建设。

（1）财务人员要深入了解业务活动。业务活动是企业经营过程中的重要组成部分，财务要发挥管理作用，就必须对业务活动进行深入了解，不能仅仅满足于财务记账、核算工作。从主观方面来看，财务人员应该发挥主观能动性，积极去靠近业务、了解业务。从客观方面来看，通过临时转岗，将财务人员调出去，到一线岗位进行实践操作，有利于其对业务活动的充分了解。

（2）会计人员需要锻炼、强化数据分析能力。财务部门要想为业务部门、管理层提供更加有效、准确的数据信息，就需要充分、及时地获得各方面的数据，既包括内部数据，也包括外部数据，以广泛的数据信息为基础，提高管理决策支持的全面性；同时，财务人员要学会分析数据，能够从大量的数据中快速、有效地选择出企业需要的信息，准确分析问题、原因，提高管理的针对性。

第三节 业财融合下ZTJ财务流程再造进程优化

一、ZTJ 财务流程总体情况及分析

（一）ZTJ 财务流程总体情况

财务战略流程、财务运营流程、财务保障流程三个基本流程组成了完整的财务流程体系，具体到ZTJ，其财务流程建设情况如表1-2所示。ZTJ 的财务战略流程、财务运营流程以及财务保障流程形成了自上而下的财务流程层级结构。其中，财务战略流程属于为整个财务工作提供战略指导的层面；财务运营流程是财务工作的基础支撑，属于数据归集、核算的层面，为财务战略流程提供标准化、规范化的数据信息；财务保障流程是财务工作的保障环节，属于为上层战略、运营提供信息系统、内控制度的层面，保障各流程层面的顺利运转。

表 1-2 ZTJ 财务流程建设情况

层级	内涵	具体内容
财务战略流程	为计划和开辟重大事项所构造，包括财务战略计划	2012 年成立财务公司，始终坚持加强集中化的资金管理、快速提升资金的使用效率，为提升资金管理的专业化水平、投融资服务水平而努力

层级	内涵	具体内容
财务运营流程	为日常财务活动所构造，包括现金收支管理、财务报告等财务管理行为	2012年进行财务共享平台的建设，按照先试点后完善的原则，到2017年，基本完成了所有工程板块共享中心的建设
财务保障流程	为保障财务战略和财务运营所构造，包括内部控制、系统管理等	进行了较为全面的、涵盖多个业务模块的信息化建设，如项目管理系统、HR系统、资金管理系统、OA办公系统等

资料来源：根据公司官网资料手工收集整理。

（二）ZTJ财务流程分析

根据ZTJ整体财务流程层级结构、财务组织的设置情况，本节以工程承包业务为主，按照财务活动的全流程，从资金管理、预算管理、核算管理以及决算管理四个方面分析ZTJ的财务流程。

1. 资金管理流程

对于建筑业企业来说，资金管理是一大难题。在项目分权制管理模式下，项目部设置越多，企业资金就越分散，这就导致ZTJ的业务发展与资金集中管理的目标相违背，资金缺少集中度，又会使企业资金的可调配性降低，容易造成资金的浪费和损失。

ZTJ财务共享服务中心的建设，实现了对集团银行账户的集中管控，通过设立专岗，对集团资金进行统一的管理。在当前分散经营模式下，ZTJ能够成功解决资金统筹管理的难题，得益于对出纳权限的收紧。共享中心有统一的资金支付流程和标准，项目资金的支付必须严格遵守规定，否则会被共享中心以不合规定为由拒绝付款。这种做法不仅有效降低了审计、法律等方面的风险，而且大幅度提高了报表期末货币资金的存量环比和同比效率。

从图1-5可以看出，ZTJ在财务系统中已实现了部分模块的衔接，并且通过共享中心与众多账户银行实现了银企直联，只要企业的业务部门按照资金的既定计划使用，通过共享中心线上审批后，就可以通过银企直联实现资金的自动划拨。在这种情况下，即便是项目部设置分散，也可以实现对各银行账户资金的集中管理、统筹规划，而且系统直接支付。既提高了资金使用的安全性和付款效率，也有利于集团的财务部门对闲置的自有资金进行投资、融资的计划管理。

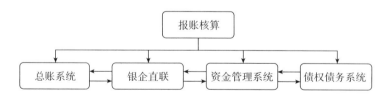

图1-5 资金管理流程

2. 预算管理流程

预算管理对成本管控有直接的影响。作为建筑业龙头企业，ZTJ的项目规模很大，导致工程成本很高，另外，工程项目类别多、工程计划变动大，使得 ZTJ 的成本管控难度极大。而预算对企业成本的管理有很大益处，如对做好成本规划、应对成本波动都有很好的监督管控作用。不过，在实际中，成本管控弱使得预算执行与实际情况差异大，全面预算难以有效实现。

（1）预算编制流程。一般来说，财务部门负责企业的预算管理工作，ZTJ 也不例外，因为预算管理办公室是设在财务部的，由财务部负责编制集团企业的预算。预算编制是通过企业各部门的共同努力，综合考虑各方面因素及各个环节完成的。预算工作的流程在某种程度上能够反映财务活动与业务活动融合的深入程度。

图 1-6 为预算编制流程，各二级单位根据全面预算管理小组下发的通知进行预算编制，预算草案由财务部进行汇总整理，经审核后上报集团审批。为保证预算数据的合理性、与实际情况更加相符，报批通过后的预算数据并不是一成不变的，每年 8 月中旬各二级单位可以根据预算调整申报条件去申请预算调整，待审批通过后可以进行预算数据的调整，并将调整后的数据作为本年度的最终预算数据。

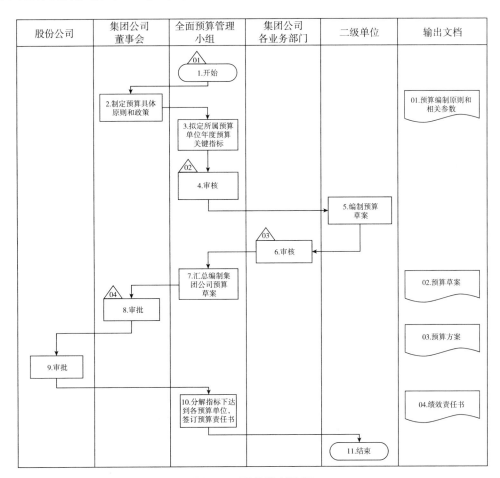

图 1-6　预算编制流程

资料来源：根据公司官网资料手工绘制。

（2）预算调整流程。当发生预算外事项，对预算执行结果影响较大时，各层级可以在年中申请对预算进行调整。预算调整流程如图1-7所示。

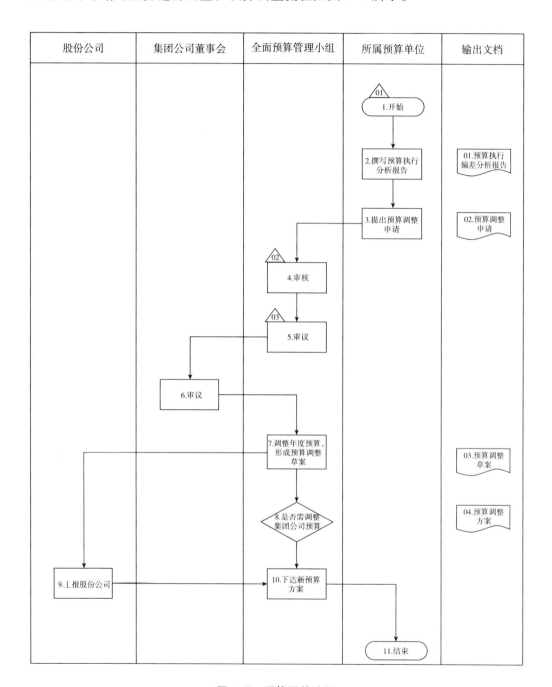

图1-7　预算调整流程

资料来源：根据公司官网资料手工绘制。

ZTJ的预算执行情况由财务部门编报，将业务实际发生情况与预算数据对比，分析预算差异的原因，并将分析报告上交管理层审批。

3. 核算管理流程

财务预算是对未来期间经营活动的预测，而财务核算是对当期经营活动的归集，ZTJ 自 2012 年建设财务共享服务中心后，大部分财务核算流程都实现了线上审批，80% 的低价值业务由平台统一处理。固化的、规范化的操作流程既可以减少主观因素的影响，也可以大大提高业务处理的效率。具体流程如下：

（1）合同收款流程。建筑业企业项目的开始源于施工合同的签订，因此合同管理是企业管理中的重要部分。虽然企业极为重视合同管理，但是在实际操作中，企业仍然面临着很多合同管理风险，尤其是在合同的回款、收款方面。由于项目部的合同数量众多、收款方式各异且建筑业企业的项目施工规模大、时间长，使得收款金额大、回款周期长，这就导致财务人员的工作量大而分散，工作效率相对较低。在工程物资占用自有资金的压力下，只有保证正常的合同回款，才能降低企业的资金周转风险。就 ZTJ 来看，合同收款的方式有多种，包括通过网银收款、转账支票收款的方式直接收款、委托上级代收款等。ZTJ 财务共享服务中心（Financial Shared Service Center，Fssc）的合同收款流程如图 1-8 所示。

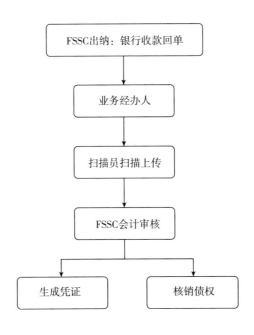

图 1-8　合同收款流程

资料来源：根据公司官网资料手工绘制。

就收款业务而言，通过对原有数据信息的监控和分析，可以对历史客户的违约情况进行事前了解。并且财务稽核模块实现了与债权债务模块的协同，在收到工程款项时，系统自动核销相关债权，提高了企业往来款项的管理水平。

（2）物资申购流程。就 ZTJ 来说，集团下设的分公司、子公司达 40 多家，这些分公司、子公司大都是为了对分散的项目部实施统筹管理而设立的，故而，ZTJ 下属的项目部数量巨大，这些项目部所负责的工程项目数量众多，因此，工程物资采买业务就成了 ZTJ 的关键业务之一。ZTJ 的物资申购流程如图 1-9 所示。

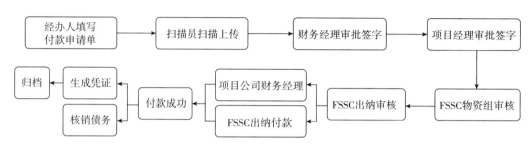

图 1-9　物资申购流程

资料来源：根据公司官网资料手工绘制。

如图 1-9 所示，物资采买流程的起始由需求部门提出，经办人填写付款申请单并提交电子单据，之后由扫描员将付款所需的纸质附件资料如购料合同等进行扫描生成电子影像资料，在经由项目部的财务经理、总经理签批同意后，将所有电子资料一同提交到财务共享服务中心审批，经财务共享服务中心审核后，系统自动生成凭证，支付款项；而资金支付过程，由于支付模块与资金计划模块的协同，可以实现对无计划、超计划的资金支付事项进行管控，强化企业的成本管控。

（3）费用核算流程。对于任何企业来说，费用核算都是财务日常工作中一项极为耗时、耗力的业务，出于对成本费用的管控，企业一般会加大对费用的审核力度，加之费用业务的量大、烦琐，耗时、耗力成为必然，ZTJ 的费用报销流程如图 1-10 所示。

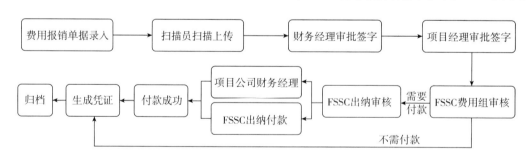

图 1-10　费用报销流程

资料来源：根据公司官网资料手工绘制。

如图 1-10 所示，经办人需要提出费用报销需求，填写电子申请单据后，将相关纸质单据扫描生成电子影像，一同上报给项目部的财务经理和总经理审批，审批通过后，上传至财务共享服务中心审核，审核无误后启动付款程序进行银企直联付款，付款后，系统自动生成会计凭证；若不需要付款，则在审核完成后直接生成凭证，由系统协同自动核销相关债权。在整个流程中，若有审核不合规的情况会被退回，按照要求修改后重新开始审批流程。

4. 决算管理流程

对企业预算的管理，体现在预算的执行及反馈流程中。预算执行过程中的监督管控作用、信息反馈的及时性都对企业风险管控、绩效考核等有重要影响。ZTJ 预算的决算情况主要由财务部出具的财务报告来呈现。图 1-11 是决算报告编制流程。

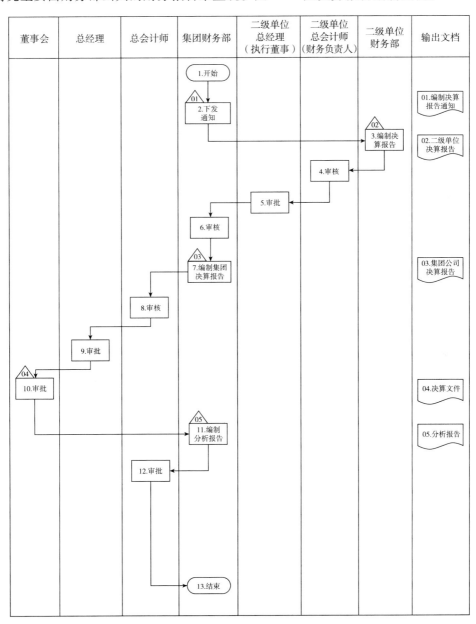

图 1-11　决算报告编制流程

资料来源：根据公司官网资料手工绘制。

由图1-11可以看出，财务部负责决算报告的编制工作。二级单位财务部出具决算报告，经过审批后由集团财务部出具分析报告。ZTJ按照季度、半年度及年度编制财务会计报告，编制决算报告的整个流程需要近1个月的时间，审批完成后的决算报告会下发给各二级单位，作为持续经营决策的数据依据。

二、ZTJ财务流程再造的动因与目标

（一）业财融合下ZTJ财务流程再造的动因

市场经济、信息技术的不断进步，加速了竞争的全球化，迫使企业通过调查经营管理模式来适应市场环境的波动，业财融合在企业中的发展变得刻不容缓。ZTJ实施业财融合的动因主要有以下两个方面：

1. 外部环境变化的要求

（1）经济政策变化。为了让企业更好地应对经济环境的变化、减轻企业经营压力，我国出台了一系列的经济政策以及税收优惠政策，引导企业建立适应市场变化的、多元化的经营模式，但是大部分企业受到传统管理模式思维的影响，难以依据外部环境的变化进行迅速、有效的调整，而业财融合的管理模式为企业进行经营模式的转变提供了可能，这种模式克服了传统模式下业财部门"各自为营"、相互独立的不足，有利于实现资源的整合与优化，提升企业核心竞争力。

（2）信息技术的进步。一般情况下，企业的决策都以业务活动为驱动因素，业务的发展决定着企业的发展思路，但是随着大数据时代的到来，信息技术得到了快速发展，集成后的数据信息在企业中的重要性越来越突出，企业的决策也越来越依赖数据的集成。无论是业务部门还是财务部门都需要数据做支撑，大数据的发展使业务部门与财务部门可以参考的数据更加丰富，同时信息技术也为业财信息系统实现协同创造了条件，为业财融合的实施、财务人员转型提供了技术平台。

2. 内部管理的需求

（1）企业发展战略的转变。随着市场经济的不断发展，企业的经营理念也在随之调整，这就对企业的管理提出了更高要求。概括来讲，ZTJ基于建筑产业化、建筑信息化、互联网技术等发展机遇提出了三个方面的战略转型，即产业构成、商业模式和运营模式。这三个方面的转型升级，要求企业在各产业板块、产业链各环节积极融入先进技术，以转型促发展。企业的管理模式要以战略目标为指导，ZTJ要想完成战略的转型，财务管理模式必须随之转变，业财融合的新型管理模式成为必然选择，进而对财务流程提出了新的要求。

（2）精细化管理的需要。外部市场环境的快速变化、内部企业规模的不断扩张，都使企业在经营管理上变得"小心翼翼"，原本"粗放型"的管理方式增加了企业的经营风险，提高企业的成本管控能力以应对市场风险，"精细化"的管理模式成为必然选择。要实现"精细化"管理，就需要企业将各方面的数据及时、有效地反馈给管理层，而业财融合实现了数据的整合，可以提高企业"精细化"管理的效率，

提升内在价值创造力；企业在业财融合的支持下能够更好地把握问题的核心，有效地解决各种问题，提升管理层的决策指导作用。

（3）服务水平的提高。企业管理是一个综合性的系统，包括财务管理、业务管理、人力管理等多个方面，企业只有做到全方位的综合把控，才能更加稳定地发展，因此，提高服务管理水平是必不可少的。ZTJ 始终秉承"打造品牌"的工作重心，一直期望通过优质的服务来获得市场客户的关注度，从而提高市场占有率。企业为提供高质量的服务对财务管理水平也提出了高要求，通过构造能更好地适应市场发展的、高服务水平的财务流程，以提高服务管理水平。

（二）业财融合下 ZTJ 财务流程再造的目标

1. 实现财务组织结构的扁平化、高效化

一般情况下，企业组织是按照职能差异来划分部门的，若集团企业层级较多，容易导致集团企业的组织结构呈金字塔式，并且金字塔最底部的财务机构和基层的会计人员也很多。企业的业务规模越大、业务活动越多，需要处理的财务事项就越多，原本精力有限的会计人员就更难抽身去从事更高层次的工作，如预算、数据分析、内部控制、信息决策、成本管理等。构建新的、扁平化的、高效的财务组织结构，可以缩短管理流程、提高审批效率，使财务部门更有效地服务业务部门，这也是财务流程再造的目标之一。

扁平化的财务组织结构是实现业财一体化的重要保障，而流程再造以及信息技术的运用，如大数据、人工智能（AI）、移动互联网、云计算、虚拟现实（VR）等技术，使扁平化的财务组织的建设成为可能，在上述因素作用下，财务组织结构将迎来颠覆性的升级改造。

2. 实现财务管理的事前、事中、事后全流程管理

财务管理源于对数据信息的分析，丰富的数据资源可以提供更好的财务管理效果，但是企业在传统的管理模式下，并不能为财务人员提供充分的信息资源，这是因为：其一，财务人员把大部分时间用于大量的基础核算工作，无暇顾及财务管理工作；其二，财务部门缺少信息取得的途径，财务部门与业务部门之间的相互独立使财务无法获得及时、有效的业务数据，最终使财务管理更偏向事后管理。

在业财融合的新型管理模式下，财务人员必须深入、全面地了解业务的关键环节，从业务单元出发，在业务各环节中嵌入财务要求，开展具有针对性的财务工作，实现对业务活动从投标到竣工决算的全流程管理；实现业务数据与财务数据的有效结合，财务部门通过对业务数据的有效、及时掌握，与财务数据深度融合，为管理层决策提供更加高效、准确的数据信息，实现企业的降本增效和价值创造。

3. 实现财务人员转型和价值创造

长期以来，ZTJ 的财务职能仅停留在满足日常核算需求的层面上，尚未完全实现价值增值的创造以及与企业战略决策的结合。随着相关规章制度的不断革新，经济要素在施工过程中的重要性不断提升，如何更好地满足经济的需求，取得更多客户

的信任，争取到更多的工程项目成为企业发展的当务之急。

按照"先集中后再造"的原则，ZTJ财务共享服务中心的建设实现了财务核算的集中化，简化了财务工作流程、提高了财务工作效率，让更多的财务人员摆脱了繁重的核算工作。今后，可以通过财务流程再造实现业财深入融合，让更多的财务人员由核算会计向管理会计转变，实现财务人员转型。

4. 实现财务与业务信息系统的有效融合

企业一般采用"上系统"的方式来解决流程的固化、标准化问题，即建设专业性、有针对性的信息系统；而对于业财信息呈"孤岛化"的现状，只有通过业务系统和财务系统的有效集成，实现数据的共享，才能逐渐改善。但现阶段，企业的业务部门与财务部门提供的各类数据信息专业属性太强，部门间并不能完全接收，导致数据信息的利用率很低。

利用规范化的、模块化的业务流程及财务流程，可以实现对业财信息系统数据的集成。这种数据集成的结果，一方面使财务资金风险得以降低，另一方面使财务信息的利用效率有所提升。

三、ZTJ业财融合面临的制约因素

ZTJ现有的财务流程并不能满足业财融合这种新管理模式的要求，制约因素主要有以下几点：

（一）机构设置的分散性制约财务组织调整

建筑业企业的组织结构有明显的上下层级过多、机构设置分散的特征，ZTJ项目部的设立是根据工程需要而临时设置的，同时为方便对众多项目部的管理，ZTJ还根据建筑施工类型、施工地域不同等标准，通过设置分支机构的形式对项目部进行统一管理。ZTJ的分支机构遍布全国各地甚至还有众多的海外机构，这就使ZTJ很容易形成金字塔式的企业组织结构，在增加管理成本的同时也加大了业务与财务融合的难度。

（二）工程承包的特殊性制约财务管理前沿

从工程承包业务的特殊性来看，建筑业企业要实现业财的深度融合存在很大困难。首先，工程项目的建设周期过长，往往导致合同回款周期加长，既不利于建筑业企业对其经营成果进行准确核算，也会因资金占用时间长、金额大减弱对资金的自由调配力度；同时，过长的施工时间会使建造过程中的不可预知性加大，对税务的统筹工作等可能的风险防范措施产生不利影响。其次，施工的高复杂性导致对物料和工时的消耗难以精准估计，加大了财务管理的难度。

（三）部门间融合的积极性差制约财务转型

目前，越来越多的企业开始探索业财融合的管理模式，但在实际工作中，两部门的员工仍然缺乏融合意识，导致业务部门与财务部门之间融合的主动性不高，集中核算节约出来的时间并不能被有效利用，因此财务人员的转型动力也就不足。

1. 业务灵活性与财务原则性之间有矛盾

财务管理与业务管理的特性存在差异，财务工作的严谨性要求财务管理的原则性更强，因此有更多的制度规范约束；而业务管理却相反，并非业务管理没有制度的约束，而是业务管理具有灵活性才能适应市场的不断变化。同时，业务活动本身的特性也要求在管理上有灵活度，有助于提高业务的创新能力，进而有助于增强企业的市场竞争力。

随着ZTJ业务规模的不断扩大，业务的灵活性对财务管理提出了更高的要求，工程项目的独立性和复杂性也要求财务核算标准应适应业务发展的需要。因此，企业发展需要找到一种合理的管理方式，让业务管理与财务管理可以自由配合，但又不影响各自的本质属性。

2. 业务与财务的目标及关注点不一致

从业财两部门的关注点来看，业务部门关注的是业务经营活动本身，以经营指标作为评价经营效果的标准，而财务部门关注的是业务经营过程中可能存在的财务风险，前者偏向运营，后者偏向管理。由于财务管理以业务经营活动为关注对象，这就导致财务部门对业务活动提出的建议容易被业务部门抵触，再加上实际工作中两部门间存在相互牵制，进一步降低了两部门间的沟通效率。

3. 业务部门与财务部门之间沟通不到位

对于建筑施工企业来说，若财务人员没有参与项目前期的调研工作和项目后期的业务追踪，业务人员无法及时提供合理的项目总成本和工程进度结算单。业财两部门间的合作意识不足，缺乏有效沟通渠道或者沟通不到位，容易导致经营数据和财务数据各成体系，缺少有效关联，从而严重影响数据的准确性。

（四）系统间的固有壁垒制约业财系统融合

信息系统作为财务管理体系中的基石，是影响业财融合步伐的关键因素，由于技术上的限制、业财专业性上的差异等问题，信息系统必然存在制约业财融合的固有壁垒。

1. 业务管理系统与财务信息系统难以实现完全对接

由于业务管理系统与财务信息系统没有清晰的对应关系，导致两个系统之间难以实现完全对接。业务数据与财务数据"各说各话"，使用的"语言"不统一，甚至同一数据在不同系统里反映的结果还有很大差异，因此无法为业务和财务的集成提供强大的数据支持。

业财融合管理模式要求企业财务部门可以访问业务数据，并且企业财务管理范围要扩展到业务前端。但是，一般企业在建立信息系统时过于依赖信息技术，财务系统无法满足财务管理对业务数据的要求，并且业务活动通常使用仅用于业务数据的各种编码方案。因此，系统直接提取的数据难以满足业财两部门对数据的需求，从根本上阻碍了双方在信息数据上的沟通。

2. 业财数据口径难以实现统一化、标准化

业务活动与财务活动的专业术语存在很大差异，进一步加剧了业财融合的难度。从预算流程来看，财务部门牵头负责预算的编制工作，出具的预算编制模板会更倾向于财务专业口径，再加上财务人员往往缺少去实地了解业务流程的机会，由财务人员调整后的业务数据，其真实性会被大大削弱，导致在预算编制过程中就出现了业财信息的不统一，最终导致预算管理的效果不明显。从日常数据核算看，业务部门与财务部门在数据要求上有本质的差异，财务部门对数据的核算方式、口径、时间与业务部门均不一致，容易产生业财部门对同一数据得出不同结果的情况，而这些数据层面的差异都会降低管理层的决策有效性。

四、ZTJ 财务流程再造与优化建议

（一）ZTJ 财务组织结构优化

ZTJ 可以通过建设扁平化的财务组织结构，强化业务型财务、保障型财务的管理方式来实现业务与财务的深度融合。

1. 财务组织结构扁平化建设

ZTJ 建设形成了由集团财务部、子公司财务部、项目部财务部构成的三级财务组织结构，财务部门对业务活动的管控要经过三级部门的审核，才能到达股份公司层面，导致数据的有效性、及时性不强，因此，企业可以建设扁平化的财务组织结构来进行财务流程优化。

（1）重塑财务组织管理理念。要对财务组织结构进行调整，必须要梳理整个财务组织的管理理念。从财务角度进行业财融合，建设面向业务活动的财务管理体系，就需要财务人员将更多的精力转向业务活动，在保留基本会计核算功能的基础上进行组织重塑，故可以根据会计工作与财务工作间的目标差异，将财务组织结构进行系统划分、重新定位。

例如，在 2011 年，中交二航局作为一家多元化的大型跨国建筑施工集团企业，按照财务工作与会计工作在性质上的差异，将财务工作与会计工作进行了明确区分，创立了一种新型管理模式——财务与会计平行运行模式（见图 1-12），实现了财务管理体系的"垂直、统一、高效"性和会计管理体系的"集中、规范、高效"性，形成了由两级财务机构来服务三级组织架构的财务组织结构。

对中交二航局来说，会计管理体系是以创新为驱动因素建立的，主要体现在：第一，通过创建"柔性"的财务共享服务中心实现了管理模式的创新；第二，通过创建资金结算中心实现了支付手段的创新；第三，以战略协同为导向开展特色的全面预算，实现了预算模式的创新。财务管理体系是以业财融合为驱动因素建立的，主要体现在：第一，以适应变革为要求，进行财务组织转型；第二，以提升管理水平为目标，促进财务人员转型。

同样作为建筑企业，ZTJ 可以借鉴中交二航局的创新理念，以业务需求为导向，

从业务活动管控和会计核算两方面对财务组织结构进行重新规划设计，构建符合创新需求和企业特色的"财务与会计平行运行"的管理模式。从财务组织、岗位职能甚至思维方式上全面变革，实现对业务活动从活动前、活动过程中到活动结束后的全流程财务管理与监督。

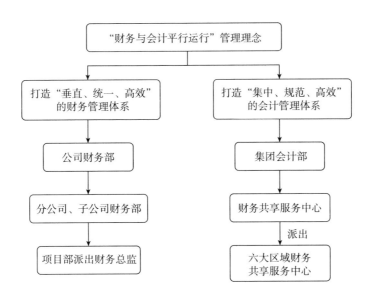

图1-12　"财务与会计平行运行"的管理模式

资料来源：根据公司官网资料手工绘制。

（2）优化财务组织结构。ZTJ 当前的财务组织结构属于三级财务组织结构，项目部的分散程度较高导致第三级项目部财务部门数量众多，ZTJ 财务组织结构整体呈现金字塔式，这种组织结构形式导致上层机构对金字塔底层的下级机构的管控效果较差。因此，为了实现集团财务统筹管理，可以考虑取消设置项目部财务部门，进行权力上收，使财务组织结构趋于扁平化和高效化。

为保障财务组织结构变革期间企业日常经营活动的开展，财务组织结构的扁平化建设可以采取逐步实施的方式进行：初始阶段，由集团公司委派财务总监到下级机构、下属分支机构分别设立财务管理岗位；发展阶段，建立包括集团财务部和分公司、子公司财务部的两级财务组织架构，完全取消项目部财务部门，建立包括分公司、子公司财务总监和项目部财务总监的两级财务总监委派制度，全面实施两级财务管理组织架构由两级的财务组织来指导、服务企业的三级组织架构，有利于加快信息传递速度，简化财务流程（见图1-13）。

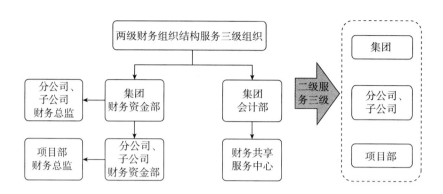

图 1-13　扁平化财务组织架构

2. 强化业务财务建设，提高业财沟通效率

ZTJ通过建设财务共享服务中心实现了会计集中核算，基本上完成了共享财务——面向财务核算层面的建设。但是工程承包业务的复杂性导致企业仍然存在较多无法纳入集中核算、集中管理的业务活动，难以实现共享财务的统一化和标准化，因此，加快业务财务——面向业务活动层面的建设，以缓解财务核算层面的压力就成为必然。

业务财务的职能是面向业务活动的财务管理，业务财务不需要做具体的财务核算工作，不参与形成决策，其职能的实现必须依靠财务数据的结果支持。立足企业的长期战略目标，业务财务需要不断地深入经营一线，以财务视角对各项业务活动进行事前、事中、事后的全流程管控，助力财务与业务的一体化建设，在为企业管理者提供相关财务信息的同时，还能够提供更重要的业财融合视角下的相关信息。

3. 建设信息系统保障型财务

完整的财务管理流程包括财务战略流程、财务运营流程和财务保障流程，是从战略层面到运营层面再到保障层面的有机统一体。根据业财融合对财务岗位职能的要求，战略财务可以保障财务战略流程的有效性，共享财务、业务财务可以保障财务运营流程的正常运转。但对于财务保障流程，尚缺少专人或者专岗负责对财务保障流程的维护，具体如图 1-14 所示。

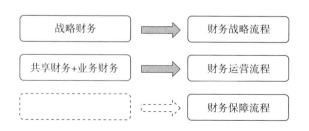

图 1-14　财务职能与财务流程的对应关系

财务人员是财务信息系统的直接使用者，但对于系统运行过程中的问题缺乏维护能力，只能完全依赖软件公司的专业人员进行修复或者更新。软件公司人员一般缺乏财会知识，难以完全实现或精准解决财务人员所提出的变更要求，因此，建设信息系统保障型财务有一定的必要性，尤其是对于大型企业来说，业务的复杂性越高，对系统数据集成的要求就越高，设置信息系统保障型财务的专人或者专岗有助于提升对财务信息系统的日常维护能力，实现与外部软件公司的有效对接，甚至对提高业财信息系统的协同性都有重要意义。

（二）ZTJ 具体财务流程再造

对财务组织结构及财务岗位设置上的调整，必然导致具体财务流程上的变动。就 ZTJ 的资金管理流程、财务预算流程、核算流程、决算流程等具体流程来看，企业财务管理仍然处于事后管理阶段，事前、事中管理效果明显不足。本节结合 ZTJ 财务流程现状及新型财务组织结构，提出具体的财务流程再造建议。

1. 资金管理流程优化

（1）执行项目合同会签制度。合同会签制度要求财务部门也参与到业务活动中来，参与合同订立前的审核流程，这是对资金管理的一种事前审批，提前对资金未来的使用规模、流入流出时间做好预测，有利于提高企业资金管理效率。

例如，对于 ZTJ 工程物资申购和合同收款的业务活动，从业务部门发起流程开始，至财务部门完成报销、回款后流程结束，在整个流程中，财务部门处于相对被动的地位，是否付款以及何时回款等问题，几乎全部取决于业务部门。财务部门缺乏对资金计划的合理预判，容易导致对资金的管控能力不足。有些工程物资的采购，虽然超出预算甚至无预算，但由于工程施工的需要，为了不影响工程进度，大部分情况下依然需要财务部门支付款项，这会对项目资金流造成一定程度的影响，因此也对资金调拨的灵活性提出了更高要求。

为增强财务部门的主动性，可以考虑增设专岗或者委派专人负责与业务部门共同进行客商合同谈判、签订，让财务人员在业务活动发生前就参与到相关事项中。通过了解合同涉及的资金规模，进而对资金的调拨做好合理统筹，同时也可以通过对客商资质、信誉进行评价，防范违约风险。可见，在业务流程中增加财务管控流程，有利于实现对业务关键节点的财务监督，更好地发挥财务管理作用。

在收款合同中，业务部门在保障各工程项目顺利开工的同时，应尽量争取甲方更早更多地预付工程款项，减少企业自有资金的占用压力。在付款合同中，关键活动是对付款进度、付款时间、付款金额的管控，这就要求财务部门与业务部门做好配合，对需要提前支付或者超额支付的款项提前做好沟通、协调，并实行严格的资金使用审批制度，齐力保证企业资金流入、流出的合规性与合理性，确保资金使用的安全、高效。

（2）强化资金预算管理。建筑施工企业实行上下结合的参与式资金预算模式，执行大额资金上报制度，坚持"预算指导资金计划、资金计划来源于预算"的原则，资金收付审批具体流程如图 1-15 所示。

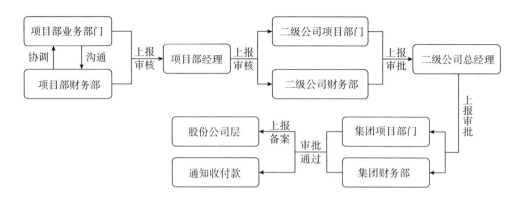

图 1-15　资金收付审批流程

　　首先，项目部业务部门协同财务部门做好项目部的资金使用总体规划，包括资金规模、使用时间、支付方式等，并按照固定周期上报详细的收付款计划，执行大额资金提前一到两周审批的制度；其次，针对各项目部上报的收款预测及用款计划，分公司、子公司财务部和集团公司财务部进行分析审批后下达资金预算数；最后，财务部门要对项目资金预算的实际执行情况进行实时分析，及时提醒业务部门催收应收未收款项，在保证满足工程施工资金需求的同时，尽量减少对企业自有资金的占用。企业财务部门与业务部门的相互配合有利于企业对资金的高效管理、合理预算。

　　2. 预算管理流程优化

　　ZTJ 在预算管理过程中存在重编制、轻执行的现象，造成这一现象的主要原因包括企业各层级、各部门对预算工作的认识不充分、集团层面的预算统筹工作不到位。这就要求企业重视预算管理工作的定位，加强对预算管理流程的管控。

　　预算管理按照自上而下、上下结合的方式进行，管理层首先要做好相关制度的宣传、指导工作，提高基层部门对预算管理工作的重视程度，明确预算管理的重要性。上下结合的预算管理方式，一方面要求管理者制定更加合理的、有激励性的预算指标；另一方面，各层级预算编制部门可以通过层层沟通和数据调整，对预算数据有更加明晰的了解及预测。科学的预算管理制度要求业务人员在实际工作中更重视预算执行情况，对预算执行的偏差进行及时、有效的调整，从而提高企业预算编制的准确性，减少因预算编制不合理造成的非必要损耗。

　　业务活动中的每一环节也需要按照预算进行。在预算执行过程中，财务部门应通过分析预算差异，找出形成这些差异的原因，如项目工程施工过程中可能存在的问题，进而针对这些问题寻求针对性的解决对策，实现预算管理对实际业务活动的管控。但需要明确的是，预算的执行情况由财务部门反馈，而具体数据则来源于业务活动，说明预算管理工作的顺利开展离不开业务部门与财务部门的有效配合，实施业财融合将有利于提高企业的预算管理水平。

在图 1-16 预算执行的管控流程中，业务部门要实时反馈经营数据，财务部门要及时分析预算差异，并将结果及时传达至业务部门，提请业务部门做好应对措施，以充分发挥预算管理对业务活动的监督作用。

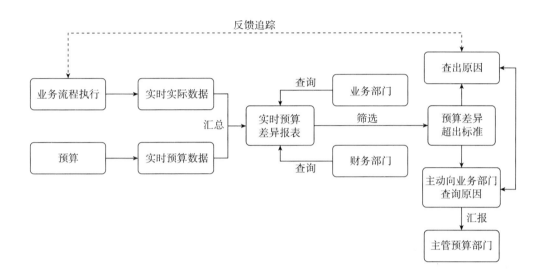

图 1-16　预算执行的管控流程

3. 核算管理流程优化

财务核算管理主要面向收款、付款及账务核销等方面，是对业务活动的经营情况的事后管理，因此，对财务核算管理流程优化再造的目标，主要体现为提高业务活动事后管理的完整性和有效性。

财务共享平台上线后，ZTJ 的绝大部分业务活动实现了线上审批，会计核算的高度集中使财务人员能够节约更多的时间去从事更重要的管理工作。但是，线上审批使会计电子资料与纸质原始资料出现断档，容易发生线上审批资料与纸质原始资料不匹配的情况，因此需要通过增设原始单据稽核岗，来完善财务核算管理流程。

如图 1-17 所示，取消部分线下审批流程的模式，将大大缩短财务核算时间，但保证审批流程的完整性，除确保线上扫描后的纸质报销凭证齐全外，需要增设原始凭证稽核岗，对收到的原始单据在付款前进行核对，确保与线上上传资料保持一致，实现资金流、信息流、实务流的同步，经稽核岗及相关线上审批流程确认无误后，才能通过 FSSC 进行付款，以确保资金使用安全。

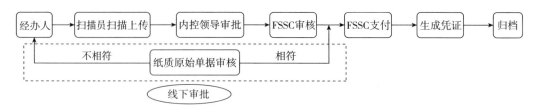

图 1-17　优化后的财务核算流程

4. 决算管理流程优化

ZTJ 由于组织层级较多、机构设置繁杂，决算报告的审批时间难以缩短，导致报批后的财务报告对业务活动的指导时效性不足，并且决算报告在连续的审批环节中会被不断地修改、调整与汇总，最终审批形成的报告数据与基层项目部的实际情况匹配性较弱，致使财务报告的可参考性不强。因此，可以通过编制月度决算报告的方式（ZTJ 的财务报告主要是季度报、半年报和年报）来提高其时效性、可参考性。

不同于季度报、半年报和年报，月度决算报告主要供集团公司使用，编报范围仅限于各二级公司及其下设项目部，由集团公司财务部主导编制，报告审批只从项目部到二级公司，而到集团公司层面只做报备处理，不仅缩短了审批时间，提高了报告数据的可参考性，同时也有助于提高集团层面对预算的管控力度。月度财务决算流程如图 1-18 所示。

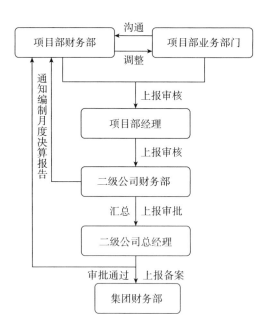

图 1-18　月度财务决算流程

（三）ZTJ 业务系统与财务系统的融合

ZTJ 作为建筑施工企业，工程项目的独立性、复杂性决定了业务活动的数据种类繁多，配套的业财系统也会相对复杂。为降低人为操作的风险，实现自动化处理以提升数据处理效率，就需要对业财系统进行融合，根据业务活动的关键节点，匹配相应的财务处理活动，找到业财数据对应关系，据此建设业财系统衔接端口，进而实现两系统间的融合。

1. 业务系统与财务系统融合框架

ZTJ 的信息化建设较为全面，覆盖了包括项目管理系统、OA 办公系统等在内的多个业务模块。但是业务系统和财务系统因为数据的专业性、类别的多样性等原因，两类系统的数据颗粒度差异较大，系统间存在壁垒，导致业务与财务的数据难以实现完全对接。因此，要实现业务系统与财务系统的融合，就需要打破壁垒，设计合适的业务数据与财务数据的转换标准，促使业财数据能够更好地衔接。业财系统数据的转换过程如图 1-19 所示。

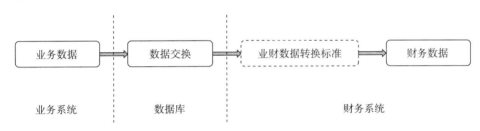

图 1-19　业财系统数据的转换过程

ZTJ 业务的复杂性决定了在选取业务系统与财务系统融合的数据要素时，不能一概而论，需要先进行选择、整合。首先，应针对业务活动选取关键数据要素，如业务活动风险点、经营指标要求、企业战略决策等。其次，分析业务流程与财务流程的关键控制节点，将所选取的数据要素与流程关键节点进行匹配，业务数据与财务数据的转化标准。最后，结合企业发展战略，将匹配好的数据要素与关键流程节点进行统筹梳理。

综上所述，可以构建如图 1-20 所示的业财系统融合框架，其中，对各层级概念的主要内容阐释见表 1-3。

图 1-20　业财系统融合框架

表 1-3　业财系统融合框架的概况

项目	主要内容
配套系统支撑	基于企业的业务特点、管理现状和未来目标等评估、优化数据要素的支撑体系
关键数据要素	梳理不同业务流程、财务流程的关键数据要素，从真实、及时、完整、合规等方面评估数据的有效性
流程节点	梳理关键业务流程、财务流程，明确流程中的控制节点及控制方式
业财搭配	将业务、财务的关键数据要素与关键控制节点进行匹配，构建业财数据转化标准
企业战略	立足企业战略，统筹业财系统融合

2. 搭建业财系统数据通道

要搭建业财系统融合的数据通道，需要全面评估现有业务数据和财务数据在流程环节、运营场景及配套系统中的衔接方式，对现有数据衔接不符合实际需求的以及未实现数据对接的端口，重新设置业财数据转化关系进行衔接优化。

依据业财系统融合框架，首先，需要对 ZTJ 工程业务活动的关键点和财务活动的控制点进行梳理，通过绘制工程项目从投标到竣工结算的全流程图，找出业务活动的关键点以及对应节点的财务活动，将业务活动节点与财务处理节点进行匹配。其次，针对匹配好的业务活动的关键点与财务活动的控制点进行细化分析，剖析业务活动和财务处理在这一节点的构成要素，并寻找各要素之间的联系。最后，根据要素之间的相互联系，设置业财系统衔接端口的数据转换关系。

例如，在工程物资管理流程中，业务活动主要涉及采购环节、入库环节及领用（出库）环节，记录要素包括工程项目、物资类别、物资数量、物资单价等；在财务处理中主要涉及付款环节、入库核算环节以及成本核算（出库）环节，甚至工程物资的领用还会影响收入的确认金额（建筑企业按照投入法确认收入），记录要素包括工程项目、物资金额等。因此，为保证业务 ERP 系统与财务系统存货模块的自动协同，可以就工程项目类别、物料金额（数量×单价）两方面的数据进行业财系统衔接，建立工程物资入库、出库时财务系统同步提示的协同机制，提升财务成本核算、收入确认工作的及时性与准确性。

随着经济全球化进程的不断深化，竞争激烈的全球化市场和复杂多变的经营环境对企业自身的发展与管理提出了严峻考验，企业财务部门亦需要主动转型求变。在此背景下，建设财务共享服务中心已成为诸多大型企业集团财务转型的重要举措，但与世界一流企业相比，我国大多数企业集团的财务共享服务中心建设仅仅停留于财务核算以及资金管理阶段，虽然这在一定程度上提升了财务核算业务的工作效率，但是对于企业业务活动的支撑相对有限，甚至很多企业集团财务共享服务中心在运行过程中出现了"信息孤岛"、业财分离等问题。在中央企业财务共享服务中心构建及运行过程中，在模式选择、职能范围及未来发展等方面仍存在诸多问题亟待解决。本章从构建财务共享服务中心的制约因素、数字化转型要素的视角出发，对财务共享服务中心的进一步建设和发展进行优化研究，为深化中央企业业财融合、强化共享服务中心能力提供经验参考。

第一节 财务共享与财务共享服务中心的概述

一、财务共享的内涵

（一）财务共享的概念

Gunn 等（1993）提出共享服务的理念，认为其本质是提供服务的组织、技术和成员等资源的共享使用，使企业管理能从分散中取得竞争优势的新型管理观念。财务共享服务，简称 FSS，专指共享服务在财务领域的运用。财务共享服务的核心为财务业务，以降低企业管理风险和运营成本、提高财务业务处理效率为目标，通过建立财务共享服务中心以整合人员、流程等核心要素，将财务业务标准化，然后通过流程再造对低附加值的日常会计工作实现统一处理的一种新型财务管理模式。简而言之，财务共享服务把分散在各个业务单元的重复、相同的财务业务整合，集中至财务共享服务中心来处理，最终达到整合优质资源、提高工作效率并节约企业成本的目的，有利于提升企业的竞争优势。

共享服务中心一般采用依据业务种类分类的组织结构，主要有财务共享服务中心、IT共享服务中心等，其中财务共享服务中心运用尤为频繁。随着电子通信技术和云计算、大数据算法的不断发展和升级，企业在建设共享服务中心后的业务结构如图2-1所示。

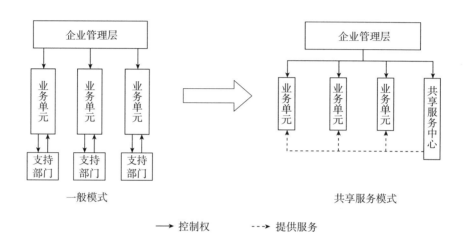

图2-1 共享服务下企业组织结构变革

（二）财务共享的优势

财务共享有利于强化企业的资金管控能力，它在集中核算、流程优化方面突破了现有的财务管理方式，能够更好地满足财务管理的转型需求，与传统财务管理方式相比具有诸多优势。

1. 降低财务成本，提升议价能力

财务共享服务的最大优势为降低财务管理的成本，美国管理会计协会比较分析了《财富》500强中的100家企业的6类业务发现，其中实施财务共享服务的企业运营成本平均下降了80%。一般来说，财务共享服务的企业主要从以下几个方面达到降低成本的目的：首先，企业通过建立财务共享服务中心，集中业务流程和规则，同时减少多余的重复步骤，使工作流程更加规范，为提高效率和降低成本奠定基础；其次，集中化的财务管理在一定程度上有助于控制风险，有利于集团公司更好地把控其子公司的财务风险；最后，财务共享服务的一个最重要作用是整合企业集团资金以形成规模效应，企业能够获得更高的投资议价能力和更低的外部融资成本。

如图2-2所示的调研结果显示，实施财务共享企业的整体运营成本远低于未实施的企业。

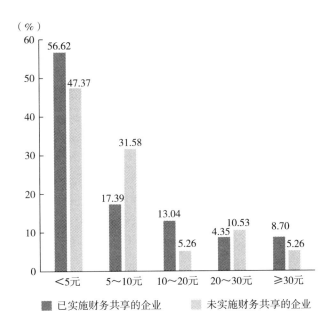

图 2-2 中国企业单位发票处理成本对比

资料来源：《2017 年中国财务共享服务调研报告》。

2. 提高工作效率，提升服务质量

企业通过财务共享服务的实施，利用规范化的操作和细致化的分工，强化了财务工作的专业化程度，能够获得更精确的财务信息。原因在于：首先，规范标准的业务操作统一了会计信息口径，再加上细致精准的分工，可以形成标准化、高效率、高质量的会计信息；其次，强大的信息系统支撑了财务流程的整体运行，并且异地会计信息化能够使信息得到快速传递；最后，财务共享服务中心通过支持对服务、绩效以及产品质量等方面的管理工作，为企业的服务质量和运行效率提供有效保障，有助于提高企业整体的财务工作效率，使企业获得更加优质的财务服务。

3. 提高财务管理水平，加强信息透明度

在企业实施财务共享服务后，由于采用标准化的业务流程来处理所有子公司的业务，获取和汇总的子公司所有财务数据将更有利于集团公司进行数据的分析和评价，同时也有助于实现跨区域的数据整合，防止子公司利用自身权力进行数据特殊化处理，对集团公司公平分配内部权力起到保障作用。可见，标准化的操作流程使企业财务管理水平得到显著提高，高效的信息系统方便了财务数据的远程传递和整合，财务信息的准确性也获得一定程度的保障，有助于提升财务信息的透明度。

4. 提升企业竞争力，增强企业扩张能力

一方面，企业通过建立财务共享服务中心集中处理非核心财务业务，能够使大部分企业财务人员的精力投入到核心业务上来，为企业创造更多的价值。另一方面，企业在收购或者成立子公司后，财务共享服务中心可以迅速为新建立的公司提供所需的基础财务服务，实现资源的高效配置。因此，企业实施财务共享服务有利于迅速建立新的业务部门，企业将具备更强大的扩张能力。

二、财务共享服务中心的内涵

（一）财务共享服务中心的概念

财务共享服务是共享服务的一部分，通过集约化分工处理财务业务和财务信息，推动企业财务管理能力的不断提高，帮助财务人员提升价值创造能力，深化企业业财融合程度。财务共享服务中心为财务共享服务提供了平台和媒介，企业可以通过构建适合本企业持续发展的财务共享服务中心，为企业各部门提供支持性服务，以完善企业共享服务整体架构。

（二）财务共享服务中心的运行模式

2010 年后，越来越多的大型中央企业开始选择构建财务共享服务模式，如宝钢、苏宁、万科、国泰君安等，遍布各个不同行业。目前来看，财务共享服务中心的运行模式主要有以下 4 种：

1. 独立经营模式

独立经营模式将财务共享服务中心看作一个经营实体，服务于企业内外部利益相关者。但作为经营实体，该类型的财务共享服务中心需要向外部投资者呈现持续向好的专业技能和优质服务以争取和吸引来自外界的稳定投资，以维持自身持续发展。

2. 市场模式

市场模式下的财务共享服务中心类似市场中的运营企业，根据使用者的需求提供相应的服务，并且需要根据使用者的需求变化对所提供的服务进行优化升级。在这种模式下，使用者的满意度将成为衡量财务共享服务中心运行成效的一大指标。

3. 高级市场模式

高级市场模式下的财务共享服务中心在市场模式基础上进行了升级，类似市场中提供专业服务的专业机构。使用者可以根据自身的需求对比多家财务共享服务中心，从各个层面进行评价衡量，最终选择综合实力最突出的共享服务中心提供服务。

4. 基本模式

基本模式是国内大多数企业集团选择的模式，该模式下的财务共享服务中心作为企业内部部门，或受财务部管辖，或独立平级于财务部，为公司内部各个部门提供服务。

不同于国外成熟的财务共享服务模式，我国大型中央企业财务共享服务中心的建设与运行的时间尚短，多数仍处于基本模式的发展阶段，主要为企业内部各部门机构提供支持性财务服务，以达到降本增效的目的。

三、财务共享服务中心构建的主要内容

（一）构建目标

构建财务共享服务中心的最初目标是为了将复杂的工作简单化，主要是通过将企业分公司、子公司中财务业务相同的部分集中至财务共享服务中心进行标准化处理，以提升企业的信息获取质量和业务处理效率，实现资源整合流程在企业内部范围内的共享。其后是为了拓展财务共享业务范围，共享服务中心不再仅仅是财务核算的机构，还可以通过进行财务分析和财务决策活动等，不断为企业创造巨大价值。简单来说，财务共享服务中心的构建目标具体指通过发挥财务共享作用，实现降本增效，为标准化处理各项财务业务提供保障。

（二）构建原则

企业构建财务共享服务中心需要以企业的实际业务情况为总体依据，结合企业的未来发展战略进行设计。

1. 目标导向原则

财务共享服务中心的建立不可能一朝一夕完成，而是需要在实施中不断完善和更新，因此，应当依据中心的具体目标制定相应的原则，并且在运行过程中及时解决与目标方向不一致的管理问题，提升服务水平和质量。

2. 成本效益原则

在企业内部构建财务共享服务中心需要考虑成本效益原则，因为中心的建立具备独立核算的性质，期望用最低的成本创造最大的效益，若在构建过程中不考虑效益和成本之间的比例关系，将会极大地削弱财务共享服务中心降低管理成本的效果。

3. 风险可控原则

风险的防范和控制都是影响管理成效的重要因素，因此，财务共享服务中心构建的过程中需要遵循风险可控原则，通过分析其运作流程考虑管理中可能出现的风险，提前做好防范措施，将风险控制在可接受的范围内，保障其安全平稳地运行。

除上述关键构建原则外，在建立财务共享服务中心时，企业还需要考虑是否符合企业发展现状、是否满足企业发展的需求、是否有助于解决企业面临的问题、是否有利于企业的快速发展等相关问题。

（三）构建流程

1. 财务共享服务中心的办公选址

通过对一些实际案例的研究发现，大多数企业财务共享服务中心的选址集中于大城市或其周边地区，包括上海、北京、广州等。在构建初期，大多数企业常用的选址方式是总部式选址，即将中心建立在企业总部所在的城市，主要目的是加强管控。综合来看，一个企业的财务共享服务中心的选址可以从城市环境因素和企业内部因素两方面来考虑。

就城市环境因素而言，有以下几个主要评判标准：

（1）人力资源：大部分企业将总部所在城市作为最终建立地址，这样有利于员工的集中培训和管理，此外，还应当考虑共享服务中心的人员招聘、素质水平、人力成本和质量等方面的因素。

（2）政策环境：企业在考虑选址时，通常更多地选择行业相关政策能得到及时推行的大城市，同时，还要考虑中心选址在与企业总部所在地的政策环境、经济环境相近的城市，避免由于税收政策、地方规制不同等差异造成财务风险。

（3）基础设施情况：不同的城市会存在技术成本、电信成本等差异，基础设施对财务共享服务中心有着关键影响，如上海的专业人才就业率较高，有利于满足企业建立财务共享服务中心的技术需求。

相较于城市环境因素，企业内部因素对中心选址的影响程度较小，主要需要考虑企业的业务规模、服务范围、服务质量和服务成本等。一般来说，财务共享服务中心在选址后，有可能因为企业内部和外部环境的变化而进行二次选址。许多跨国企业往往会建立两个以上的中心，两个中心在地域和时间上相互补充，但是在采用多个中心的情况下，具体地点还需考虑成本因素、环境因素、人力资源因素和资金因素等方面的限制。

2. 财务共享服务中心的组织结构

企业建立财务共享服务中心的其中一个重要任务就是深度变革企业的财务组织结构。财务共享服务需要财务部门提供多维度、高效率的财务信息，以满足管理和发展的需要，而单一分权或者集权的财务组织结构已经难以满足需要，所以，通过建立财务共享服务中心，企业将重复性高、共性程度大以及容易标准化的业务集中到中心来处理，以这样的方式汲取了集权和分权的优势，剔除了集权和分权的劣势，让中心变为"财务集成芯片"，集中处理企业日常业务，使财务共享服务发挥增值作用。在财务共享服务中心的整体运行中，扁平化组织结构的优势比较突出，这种结构方式能够使中心内部可以获得有效沟通，并且有助于增强中心与企业其他部门的沟通效率，能够集中大部分财务职能以节约人力成本，来更好地应对企业战略的需要。

3. 财务共享服务中心的业务流程

财务共享服务中心的具体建立过程主要是通过运用信息技术和扁平化管理方式对原本分散的业务进行整合统一，使业务流程适应企业自身发展需要，它是企业内部流程达到精简标准化的创新管理方法。财务共享服务中心的财务流程一般可以分为应收、应付、总账、资产管理和费用报销等部分。应收流程就是财务人员收集和扫描发票信息，中心利用影像系统、ERP/SAP 系统将发票信息录入系统并进行审核及账务处理，最后通过网上银行完成付款。应付流程就是在企业的合同管理系统或者电子商务系统中获取订单的相关信息并记录，通过 ERP/SAP 系统或者业务处理系统确认合同条款并进行开票账务处理，最后通过网上银行和资金管理系统，与客户进一步对账处理业务。总账流程就是在系统中设定好会计期间，财务人员录入并审核分录，由系统自动编制财务报表。资产管理流程就是在企业采购资产时，将采购的资产反映在采购管理系统中，这些资产每期折旧、维护以及后期处置都通过 ERP/SAP 系统中固定的资产模块进行处理。费用报销流程就是工作人员将需要报销的票据通过影像系统和扫描条码的方式录入到系统，然后在影像系统、业务处理系统、ERP/SAP 系统中录入信息并且审核、账务处理，最后利用网上银行和银企直联支付报销金额。

4. 财务共享服务中心信息化建设

建立完善的财务共享服务中心需要先进的信息技术作为后盾。同时，快速发展的信息技术也给财务共享服务中心的发展和成熟奠定了技术基础，以支撑会计、税务和管理等职能在共享平台中实现，满足财务流程再造和企业财务转型的需要。

（1）业务层信息系统。业务层信息系统覆盖价值链的业务过程和管理过程，是企业核心业务处理的支持系统，主要使用者是业务人员，但在系统设计时，除考虑业务需求外，还需要结合财务需求，把信息采集点和财务数据安排在业务前端，这样业务人员在进行业务处理的过程中，会自动将信息和数据发送到核算层信息系统进行处理。一般而言，企业采用的业务层信息系统主要包括企业资源管理系统（ERP）、客户关系管理系统（CRM）、产品生命周期管理系统（PLM）和人力资源系统（HRM）等。

（2）核算层信息系统。核算层信息系统具有资金管理、税务管理、财务会计处理和财务报告职能，可用来处理企业业务系统用于财务交易的数据，也可为企业内外部提供财务报告和信息。核算层信息系统包括会计核算系统、财务运营系统、资金管理系统和税务管理系统。

（3）管理层信息系统。管理层信息系统与企业的经营管理密切相关，是企业从经营计划、预算管理、成本绩效管理到风险管控等一系列相关的信息系统功能的集成，主要由成本管理系统、预算管理系统和风险管理系统组成。

（4）决策层信息系统。决策层信息系统主要为管理层决策提供支持，因此，需要运用智能化的信息技术直观地反映企业的整体经营情况，增强信息的可读性和可视性。

第二节　财务共享服务中心构建的制约因素与优化策略

一、财务共享服务中心构建的制约因素

财务共享服务中心是企业对传统财务管理模式的重大革新与突破，从财务管理的组织架构、关键流程、信息系统、沟通平台到价值链体系都要做出根本性的变革。对于企业而言，财务共享服务中心在优化过程中主要面临业财融合运作机制、集团

领导重视程度、相关人员管理情况、信息系统对接这四个方面的制约。

（一）业财融合运作机制

企业的财务共享理念采取由上至下的推进模式，从顶层设计到底层实施都需要变革，而企业的业财融合运作框架需要由战略财务、业务财务、共享财务以及专家团队四个方面共同构成，业务融合的基本运作机制的流畅性对企业财务共享服务中心的优化过程有一定影响。

具体而言，顶层为战略财务，顶层设计不合理，便难以构建完善的业财融合运作框架，无法负责财务职能中的决策行为；中层为业务财务，中层的各分公司、子公司的财务管理没有深入业务活动，便难以为全价值链的业务活动提供财务服务；底层为共享财务，底层的共享服务未落实，财务职能就难以有效执行，无法依照统一标准对会计核算及资金支付业务进行集中处理；而专家团队覆盖业财融合运作框架的各个层面，负责指导各个层级的财务管理工作，由各个层级骨干人员组成虚拟团队。

业财融合运作机制中的各个层级都对财务共享服务中心的建设起着支撑作用，若在业财融合过程中四者之间的职责划分出现模糊，各自之间的补充协调关系便会破裂，业财融合财务共享服务中心可能将难以成功建立。

（二）集团领导重视程度

对企业而言，财务共享服务中心的建设不仅需要投入大量的财力、物力资源，还需要投入大量的人力资源，且耗时较长、成果见效较慢，对传统财务管理模式会产生根本性的冲击，无论是总公司还是分公司，各个部门都必然发生根本性的工作内容和工作流程的变化。在这种情况下，企业集团领导对于财务共享服务中心的重视程度会直接影响其能否顺利建设。由于这种模式革新改变了员工长久以来的工作方式，必然会受到一些分公司、子公司及其员工的抵触，利益受损者会强烈反对财务共享服务中心的建设。企业管理层对财务共享服务中心建设的大力支持，将为企业财务管理和业务管理的融合提供一定程度的保障，也有利于提升财务共享服务中心运营的稳定性。

（三）相关人员管理情况

企业财务共享服务中心实现的财务工作集中化处理，将使企业出现财务人员冗余，如何妥善分配及管理这些财务人员，就成为影响企业建立财务共享服务中心的重要问题。并且，企业二级、三级单位的财务信息都需要汇总到财务共享服务中心，在降低了各分公司、子公司的会计核算工作量的同时，财务共享服务中心的工作量却明显增加，在这种情况下若没有给予中心财务人员必要的薪酬或非薪酬待遇，无疑会导致员工对企业的满意度下降，不利于财务共享服务中心优化工程的后期建设。同时，财务人员的专业化分工，容易导致部分中心财务人员仅仅从事如财务核算、审核等重复性高、强度大的财务工作，在工作时间内仅处理同一类型业务，虽然提升了业务处理效率，但却会让员工觉得枯燥乏味，降低员工的工作积极性，给企业文化带来负面影响。

（四）信息系统对接

信息系统的对接情况直接影响财务共享服务中心能否顺利产生协同效应。财务共享服务中心的建设对信息系统有极高的要求，例如集团型企业，实现财务资源合理配置需要建立符合行业特点的财务数据中心，通过应用云计算技术、大数据技术实现财务系统与其他信息系统的对接，选择优质的软件开发设计供应商对于企业财务共享服务中心的优化建设至关重要。企业在优化财务共享服务中心的过程中，需要增加数据接口，对合同信息、物料使用情况、采购情况等业务数据进行收集，并与财务数据进行智能管理及匹配，为数据处理提供依据，提高财务共享服务中心数据管理水平。信息系统的对接也应配合业务处理流程，避免为了优化功能而导致流程运转不畅的情况。

二、财务共享服务中心构建的优化目标

想要成功建设企业财务共享服务中心，企业首先应当明确企业财务共享服务中心的建设目的与优化目标。

（一）建设交易处理和数据处理中心

建设交易处理中心与数据处理中心是企业建设财务共享服务中心的重要目的，交易处理中心可以满足对业务层面具体交易的支持，而数据处理中心可以对企业管理层的决策提供支撑。

财务共享服务中心应当作为交易处理中心存在，利用财务共享服务中心的前端影像扫描系统、报账系统将各类业务单据进行集中化的录入与处理，经由财务共享服务中心的会计核算模块依照统一标准进行核算后，集中进行资金结算处理，实现对企业各类业务的核算、报销以及归档的财务处理效率的提升。

数据处理中心也是业财融合型财务共享服务中心的重要建设目标，因为在数据处理中心的建设过程中，需要依托信息化系统在海量业务数据中提取基础层业务信息，以提升会计核算的便捷性，实现业务数据的集中化处理。财务共享服务中心还应当对财务数据进行采集，并在财务共享服务中心实现财务数据与业务数据的聚焦，将海量数据进行加工与分析，为管理层制定预算控制、绩效考核等标准化管理内容提供数据分析支持。

（二）建立事件驱动的业务处理流程

建立事件驱动的业务处理流程是企业建设财务共享服务中心的主要目的，可以依托计算机程序中的事件驱动机制推进财务管理与业务管理的信息交换与一体化进程，提升财务数据的综合利用情况，实现业务流程再造。在财务共享模式下，企业各个业务部门可以依照从事工作的差异性划分不同的业务事件，并依托事件驱动机制调整业务处理流程，对各项业务进行密切的监督与跟踪，记录业务处理过程中的相关数据。建立财务共享服务中心后，企业在各业务主体递交业务申请后，可以直接通过财务数据分析系统进行审核与评估，形成对业务活动的实时监督。

（三）提升财务共享服务中心能力和效率

提升财务共享服务中心的整体能力及效率是优化财务共享服务中心的核心目标。随着信息时代的到来，信息化技术在企业各部门中的应用越来越广泛，企业各项业务逐渐向信息化管理、信息化操作的发展方向迈进，企业的资金管理环节、网上报账环节、财务核算环节均可以通过财务共享服务中心实现统一且高效的管理。

对财务共享服务中心进行优化，可以进一步推动企业业务管理及财务管理的融合进程，提升财务共享服务中心的整体能力及效率。在对二级、三级单位或各部门的业务情况进行监管时，企业也可以依托财务共享服务中心采取集中记账、分布查询的方式，实现各分公司、子公司财务系统的对接，并对业务活动进行集中管理，保障业务的标准化、规范化开展，以进一步发挥财务共享服务中心的监督及咨询作用。

三、财务共享服务中心构建的优化策略

（一）财务共享服务中心核心业务管理的优化建议

1. 结合核心业务设计共享中心

企业业务部门应依托财务共享服务中心现有的信息优势及数据资源优势，全方位分析企业核心业务的资金占用情况、存货周转率等关键运营能力指标，进而全面掌握企业的整体运营情况。企业业务部门可以依托财务共享服务中心进行项目业务管理，参与产品全生命周期的财务核算工作，从预算阶段到成本控制阶段再到财务决算阶段，以全生产流程为基础，拉近业务管理与财务管理之间的距离，实现业财深度融合。如图2-3所示，企业应针对核心业务类型及相关运营情况优化财务共享服务中心，充分发挥财务共享服务中心对企业经营以及核心业务管理的支撑作用。

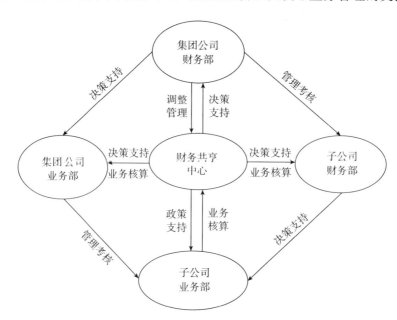

图2-3　企业财务共享服务中心决策支持职能

在结合核心业务优化财务共享服务中心的过程中，企业可以考虑将财务指标作为各业务单元、各部门绩效评价的重要依据，从财务角度出发对企业核心业务的发展目标进行诠释，通过财务共享服务中心分解企业整体发展目标，再将财务指标下达至各业务单元，跟踪核心业务决策的落地情况，提升财务共享服务中心在企业内部管理体系中的作用效果。

2. 细化财务中心管理报告体系

财务共享服务中心本身拥有出色的信息采集和数据分析能力，为了对企业决策提供支持，企业可以从以下几点细化财务管理报告体系：①财务信息报告。基于财务共享服务中心数据库系统，对主要财务指标以及业务部门业绩指标达成情况进行自动编制。②业务模块报告。面向管理层与业务部门，针对企业供产销情况生成报告。③经济分析报告。对企业经济发展情况进行宏观分析，生成风险监控分析、投资融资决策分析以及企业经营现状分析报告。④财务预算执行情况报告。对财务预算指标完成情况进行动态监控及预实情况对比分析，并生成报告以参考调整全年预算。⑤内部控制报告。建立财务共享服务中心后对业务管理全流程的关键环节以及相关内部控制要素进行评估，生成企业内部控制情况报告。⑥例外事项报告。针对经营过程中的重大事件、特殊情况或意外事项生成报告。

3. 在共享服务中心体现子公司业务

如图 2-4 所示，企业应分阶段将下属二级、三级单位的财务职能纳入财务共享服务中心，实现各业务单元对财务与业务的统一化管理。在二级、三级单位建立业财融合型财务共享服务中心时，企业应当识别母公司与子公司的业财融合目标，确保子公司的财务管理活动可以为业务管理活动提供支撑，并通过深入了解子公司的核心业务，帮助决策层找到经营过程中存在的不利影响，引导子公司规避发展误区，有效降低企业的沉没成本。

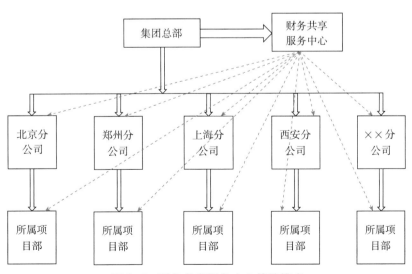

图 2-4　财务共享服务中心管控模式

（二）财务共享服务中心数据信息管理优化建议

1. 强化业财数据融合功能

企业应对业务管理部门以及财务管理部门的信息系统的数据接口进行调整，对人力资源系统、佣金结算系统等业务系统进行整合，实现业财系统的自动化对接，以提升信息传递质量、数据处理效率及财务共享服务中心数据信息的可靠性。业财融合型财务共享服务中心的大部分数据都是经过业务数据加工所得，财务数据显示异常时难以从财务数据本身找到问题，这就需要对业务数据进行辅助比对分析，寻找问题根源。

2. 建立财务信息共享平台

在建立业财融合型财务共享服务中心后，企业可以利用数据库处理海量信息，构建全面化信息系统支撑业财融合需求，通过有效地整合分散的会计资源，对各个系统产出的财务数据进行整合与分析。数据信息共享平台可以划分为数据层、平台层与应用层三个层次，通过从各层次加强对数据的监督，有助于加快实现向大数据平台支撑模式转化。

数据层主要处理结构或非结构的业财数据，满足企业日常生产与运营的数据需求，为业务流程再造提供数据支撑，这就需要企业构建完善的自动化数据处理系统，尽可能剔除数据层中的人工操作处理，细化数据颗粒，以清单作为数据度量标准，为数据处理提供支撑。

平台层主要负责将基础数据进行加工，形成构建数据层的基础业务信息，通过整合基础数据满足企业经营管理层的决策需要。平台层是财务数据信息共享平台的核心结构，数据加工分类越详细，对管理层的决策支撑作用越明显。

应用层是业财融合效果的最终输出层，关系着企业资源的优化配置效果，企业通过优化数据应用层的信息化处理系统，可以提升企业资源的利用效率，实现产品及服务的准确定位，从而实现保持企业竞争优势的业财融合目标。

3. 构建共享数据库的系统

对企业而言，"信息孤岛"问题会导致部门间信息沟通不畅，削弱财务共享服务中心对业务数据、财务数据的使用效率，阻碍企业业务活动的顺利开展。

（1）为保证企业财务数据、业务数据的最大化利用，企业应构建共享数据库系统，打通信息互通及交流渠道，通过对财务部门、业务部门的基础数据进行编码操作，形成编码对照表，以消除数据信息在跨系统传输时的障碍。

（2）各分公司、子公司业务系统的数据库存在差异，企业应针对具体情况，建立 ODBC 数据源接口，并设置数据库监听文件，提升不同系统间数据匹配的整体精确度，对于数据库信息交流的安全及效率问题，应积极完善不同业务单元之间的数据库连接配置。

（3）在财务凭证数据的整合过程中，应综合利用各类数据模板，根据企业业务开展的客观情况选择最匹配的模板工具，以保证财务数据、业务数据的安全性、准确性以及实际业务开展过程中对数据的利用效率。

（三）财务共享服务中心财务风险管理的优化建议

1. 强化财务部的监督职能

财务共享服务中心虽然负责统筹各个业务单元的财务数据信息，但并不代表各个业务单元的所有财务职能都完全转移到了财务共享服务中心中，企业下属分公司、子公司的财务部门仍然存在，但财务工作人员的工作职能在逐渐向财务监督职能转变。在业财融合的过程中，企业分公司、子公司应明确财务部门的权力及责任边界，当出现有关财务问题时，进行及时、准确地问责。子公司与母公司的财务部门需要监督彼此工作，加强企业内部监督与控制力度，并建立外部检查机制，对运营过程中的财务管理、业务管理情况进行定期核查，监督业务部门与财务部门的沟通过程及质量，降低财务风险发生的可能性。

2. 定期巡查关键绩效指标

建立定期巡查关键绩效指标的管理机制有助于准确地评价业财融合型财务共享服务中心在运营成本管理、业务流程再造方面的成效，便于企业根据绩效考核指标进行相应的调整，以充分调动业务部门与财务部门的积极性。企业可以考虑采取如平衡计分卡、六西格玛等新型绩效管理方式，实现企业绩效目标及战略规划的进一步优化。

（四）财务共享服务中心运行管理制度的优化建议

从战略层面来看，企业对财务共享服务中心的优化不仅可以实现财务核算业务流程的变革，而且有助于实现业务管理、财务管理方式的创新，使业务部门可以掌握财务思想，使财务部门获取业务数据，助力企业内部管理组织结构的重组。因此，为了财务共享机制的协调发展，企业管理制度也需要做出相应的改进，将业财融合目标以及财务共享理论贯彻到企业日常财务管理及业务管理活动中。

从执行层面来看，财务共享的核心目标是实现业务管理与财务管理的融合，由于企业集团通常拥有大量的分支机构，在制度管理层面，各分公司、子公司之间的制度差异，势必对财务共享服务中心模式的推广与优化造成一定阻碍。为了保证财务共享服务中心的有效优化，应设立贯彻企业集团的财务制度和管理制度。并且，在对业务流程进行再造的过程中，为保证财务共享理念的有效贯彻，企业需要考虑集团内部规章制度的统一性，并对其进行重新设计和修正。

企业应立足集团层面统一管理基础，结合财务共享服务中心的优化需要，科学设置集团统一管理总则，考虑到分公司、子公司的实际经营需要，可以酌情建立规章制度分则，但建立原则不能与集团总则相违背，由分公司、子公司在报批集团审核并通过才可以正式实施。企业集团可以考虑组建专门的监管部门，负责对分公司财务共享服务中心的工作情况进行内审，并对其业务管理和财务管理的活动情况进行监督。

第三节　ZTJS财务共享服务中心的建设实践与转型优化

一、ZTJS财务共享服务中心的基本情况

（一）ZTJS财务共享服务中心建设背景

ZTJS集团业务涵盖建筑、房地产及金融服务等，产业链较完整，在企业规模以及综合实力方面都在全球建筑行业具有广泛影响力。从其近三年主要财务数据中可以看出（见表2-1），ZTJS高质量发展趋势持续向好，企业经营业务规模稳中有升。在不断拓宽业务范围、提升业务发展水平的同时，ZTJS对业务与财务融合的需求愈加强烈。据企业实地调研访谈结果表明，进一步推进业财融合，推动财务共享服务中心转型升级，是针对企业财务共享服务中心未来发展的一大现实需求。

表2-1　ZTJS 2016~2018年主要财务数据

财务指标	2018年	2017年	2016年
总资产（元）	917670582.00	821887459.00	759345034.00
营业收入（元）	730123045.00	680981127.00	629327090.00
归属于上市公司股东的净利润（元）	17935281.00	16057235.00	13999610.00
归属于上市公司股东的扣除非经常性损益的净利润（元）	16695417.00	14770950.00	12928512.00
归属于上市公司股东的净资产（元）	169889912.00	149411983.00	131187072.00
经营活动产生的现金流量净额（元）	5447861.00	25404178.00	37137579.00
基本每股收益（元）	1.26	1.00	1.03
稀释每股收益（元）	1.23	1.09	1.01
加权平均净资产收益率（%）	12	12	11.55

资料来源：ZTJS（2016—2018）年财务报告。

ZTJS作为一家大型集团公司，分公司、子公司分布区域分散、业务种类繁多，核算单位、银行账户以及员工人数的规模庞大，因此，ZTJS财务核算账套数量众多，财务管理的难度较大。并且，传统财务管理模式效率低下、资源配置不合理、人员成本居高不下等问题严重限制了企业财务管理水平。因此，ZTJS做出了构建财务共享服务中心的选择。

2012年6月，ZTJS开始对构建财务共享服务中心进行可行性研究分析，决定依

据集团总部"先试点，后推广"的建设原则，计划从以下几个阶段进行构建和优化发展。

第一阶段（2014年8~12月）：根据会计准则、税收法规、内控制度及集团公司各项规定，选择试点单位试运行，进行流程梳理和优化。根据核算模式的转变情况探索流程、体制、规范、岗位等方面的适应方案，为构建财务共享服务中心奠定基础。

第二阶段（2015年1~10月）：在试点成果的基础上，总结制定适用全集团的核算标准、基础工作规范及相关财务制度，根据所属单位规模及业务量情况制订上线计划，将所有公司、项目部分批纳入。通过对流程和系统的持续优化、人员技能培训的逐步加强、运营管理体系的深入完善，将共享服务模式推广至全集团。

第三阶段（2015年11月至2017年12月）：打造共享服务中心2.0升级版，接入战略财务领域的基础分析工作和风险预警系统，争取实现业务与财务数据互联互通。

第四阶段（2018年以后）：在各局集团财务共享服务中心稳定发展的基础上，根据战略变化积极调整财务共享服务中心的运行模式和服务范围，探索构建区域性财务共享服务中心的可行性及拓展共享中心的服务范围和职能范围的可行性。

ZTJS现在处于财务共享服务中心构建的第四阶段，着力将分散运行的各局集团财务共享服务中心进行整合、优化，计划到2025年在全国建立4~5个区域性财务共享服务中心，分管全国各大区域，并由集团总部的财务共享工作室统筹管理。

（二）ZTJS财务共享服务中心现有基础

1. 财务数字化建设环境良好

ZTJS所在行业内不仅同行竞争激烈，而且跨行竞争者数量也日益增加，在这种激烈竞争的市场环境下，如何实现企业增效降本，顺应财务数字化发展大趋势成为重中之重。

因此，ZTJS集团高级管理人员及财务共享服务中心管理人员均密切关注我国及国际中关于财务数字化的各项政策及政策推行计划，紧跟财务数字化相关政策导向，ZTJS集团的财务数字化发展在行业中属于快速追随者，为集团财务共享服务中心数字化转型提供了良好的建设环境基础。

2. 利用云技术升级财务系统

随着ZTJS分公司、子公司的逐步发展，整体规模不断扩大，集团整体层面的业务数据、财务数据体量巨大，全系统核算单位累计超过13600个。若未来实现集团整体数据互联互通，全集团将有超过20万人共同使用财务系统，年数据增长量达1万亿字节。基于此，ZTJS积极配合外部财务软件供应商，利用云技术升级财务系统。财务信息化、数据集成化是推动企业财务数字化转型的基础之一，ZTJS推动云技术财务系统优化将为未来在集团整体范围内进行跨局集团的业务财务数据整合提供支持。但从目前的情况来看，该财务系统还在分点、分布进行中，尚未在全集团实现整体构建，且已有的功能只局限在核算、报账和资金方面，并不具备决策功能。

3. 部分已实现在线报销审批

ZTJS逐步在已建立财务共享服务中心的局集团推行在线财务审批。在局集团财务共享服务中心，75%实现适用电子发票，50%已完全实现在线财务审批，财务审批效率得到显著提高。

ZTJS的费用报销审批流程如图2-5所示，全部流程均在线上进行，降低了以往来回邮寄报销单的时间成本，及时完成当期相关费用报销，也有利于提升各期费用核算的准确性、及时性和完整性。但是，由于各局集团财务共享服务中心的发展程度不同，目前只在部分财务数字化程度发展较好的局集团实现了在线费用报销审批。

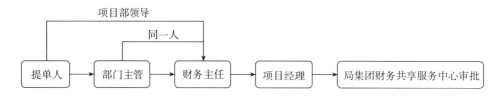

图 2-5 ZTJS 费用报销审批流程

资料来源：根据公司官网资料手工绘制。

二、ZTJS 财务共享服务中心的模式分析

在综合分析企业发展现状及未来发展规划后，ZTJS选择了不同于第二阶段中预计将集团范围内全部会计核算业务纳入财务共享服务中心业务范围的计划，即选择在集团总部建立隶属于总部财务部的财务共享工作室，由总部财务部管辖，主要是将总部财务部的管理模式、运行思路等落实到财务共享工作室。同时，在各局集团公司财务部设立与其财务部平级的财务共享服务中心，各局集团根据自身特点对本局集团财务共享服务中心进行构建，适应本局集团发展（见图2-6）。在此运行模式下，ZTJS实现了加强集团管控、增效降本的构建初衷。

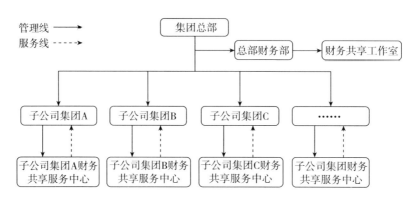

图 2-6 中央企业财务共享服务中心运行模式

资料来源：根据公司官网资料手工绘制。

以下对 ZTJS 财务共享服务中心组织架构及业务范围进行具体介绍。

（一）组织架构

在财务共享服务中心构建前，ZTJS 主要实行分散的财务管理模式，主要管理人员由集团公司派遣，如图 2-7 所示。

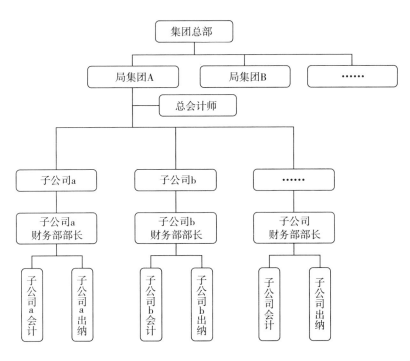

图 2-7　ZTJS 构建财务共享服务中心前的财务组织架构

资料来源：根据公司官网资料手工绘制。

随着企业的迅猛发展，分散的组织架构模式已经不能适应企业发展需要，由此出现了许多财务管理方面的问题，如分散模式下层级较多、信息上传和下达都要经过层层传输和审批，导致财务运营效率低下、集团总部管控能力弱等问题。因此，ZTJS 在原有组织架构的基础上对财务部门组织架构进行了优化改进。在构建财务共享服务中心后，集团总部建立财务共享工作室，由总部财务部管辖，主要将财务部的管理模式、运营思路进行落地，综合管理下属各局集团的财务共享服务中心。各局集团分别建立与本局集团财务部平级的财务共享服务中心，将财务业务处理集中到财务共享服务中心完成。其组织架构如图 2-8 所示。具体构建原则为，实行专业化的分工，每个科室负责的业务不同，每个科室的财务人员有自己专门负责的领域，实现在财务共享服务中心将业务进行集中审核处理，业务流程保持标准化、制度化，集团总部也能够更好地把控下属各局集团的运行情况，进一步强化集团整体管控能力。

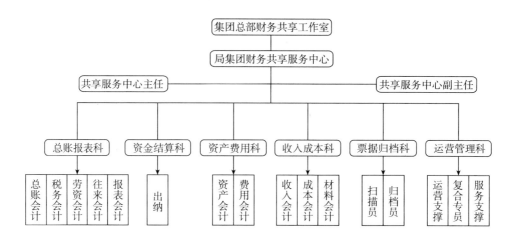

图 2-8 ZTJS 财务共享服务中心组织架构

资料来源：根据公司官网资料手工绘制。

（二）业务范围

由于 ZTJS 的主营业务范围广泛，各业务板块内容不尽相同，对财务共享服务中心所提供的服务需求也会出现差异。目前 ZTJS 的财务共享服务中心仅提供财务核算相关服务，各局集团财务共享服务中心将分散的财务核算、业务处理集中到共享层面的 6 个科室，分别为会计核算、资金预算、各类报表、合规审核、信息储存、档案管理，如表 2-2 所示。未来随着财务共享服务中心运行模式的完善、信息系统的成熟以及财务数字化转型发展，ZTJS 财务共享服务中心将有能力逐步提供更加多元化的共享服务。

表 2-2 ZTJS 财务共享服务中心服务范围

服务范围	内　容
采购相关	供应商信息维护、付款单审核与付款
销售相关	客户信息维护、销售合同审核与收款、信用与坏账管理
收入成本	收入核算、成本管控、费用报销管理、薪酬管理等
资产管理	资产确认与清算、折旧与摊销管理、金融资产管理等
总账报表	日常账务处理、外汇业务管理、报表编制

资料来源：根据公司官网资料手工绘制。

三、ZTJS 财务共享服务中心的现存问题

基于 ZTJS 财务共享服务中心的运行现状及已取得的成效，结合对 ZTJS 的问卷和访谈结果，进一步对 ZTJS 财务共享服务中心数字化转型优化的现存问题进行简要分析。

（一）财务数字化战略中数字化程度不高

根据调研结果，ZTJS 财务共享服务中心的多数管理人员认为财务数字化战略应支持企业核心业务战略，超过半数的管理人员认为财务数字化战略应具有较高地位。可见，ZTJS 财务共享服务中心管理人员认识到财务数字化转型的重要性，并且认为财务数字化与企业整体数字化有一定的关系，财务部门应配合企业总体部署而主动参与。这一认知主要是由于多数局集团在财务数字化发展上并没有成立相关团队或部门，或者只是由信息化（或 IT）部门直接推动，只有少数局集团在财务共享服务中心下成立数字化转型团队。虽然 ZTJS 意识到企业未来发展是数字化、智能化的，但还没有及时将数字化发展的战略部署到各个局集团，财务数字化战略高度明显不足。

（二）信息系统上尚未实现业财数据互通

ZTJS 虽然有很多信息系统，且能够实现部分系统互通，但没有实现数据互通，企业内部信息系统、内部数据库均未全部打通。这主要是因为 ZTJS 集团总部及各局集团的信息系统建设程度不同。根据访谈得知，集团总部和 2 个发展较好的局集团财务共享服务中心基本实现了 ERP 系统构建和信息部分互联，绝大多数局集团的信息系统建设和业财数据互联互通仍处于计划阶段或初步构建阶段，这导致了集团总部与各局集团之间的信息互联存在障碍。更重要的是，ZTJS 的财务信息系统自动化程度一般，能通过系统线上自动获取少量财务分析数据、管理报告等，但大部分仍需线下人工传递或 E-mail。超过 90% 的接受调查的 ZTJS 财务共享服务中心管理人员表示，从集团总部到各局集团，都亟须建立完善的大数据基础设施，推动集团整体财务共享服务中心的信息系统建设。

（三）各局集团财务共享服务中心发展不均衡

由于 ZTJS 采用下属二级单位分别建立财务共享服务中心的模式，已建立的 23 个财务共享服务中心运行成效和发展现状各不相同。个别局集团财务共享服务中心已经完成了财务数据和业务数据的整合，实现了 ERP 系统全覆盖，并打通了所有业务数据，为未来的数字化转型发展提供了数据集合基础。但除已经打通所有业务数据的局集团财务共享服务中心外，其他局集团已建立的财务共享服务中心基本还停留在处理简单财务工作的阶段。

从现阶段来看，各局集团财务共享服务中心发展并不均衡，且 ZTJS 财务共享服务中心的未来发展计划是在 3~5 年将所有局集团的财务共享服务中心整合成 4~5 个由集团总部财务共享工作室统御的区域性财务共享服务中心。因此，需要针对各局集团发展不均衡的现状，对 ZTJS 财务共享服务中心的发展计划作出调整，考虑由现行的下级单位单独建立财务共享服务中心模式转变为集团层面建立相对统一的财务共享服务中心模式。

（四）缺乏财务数字专业的相关人才

由于 ZTJS 财务数字化的战略高度不足，结合 ZTJS 财务共享服务中心管理人员对财务数字化转型的人才需求来看，33% 的财务共享服务中心管理人员认为企业急需财务数字化战略领导者，超半数管理人员认为企业需要战略领导者从战略高度对财务数字化进行落地推行，引领企业财务共享服务中心的数字化战略转型。另外，ZTJS财务共享服务中心配备的人员基本都是与财务工作相关的人员，在财务数字化专业领域有较深研究的专业人才还比较匮乏，如数字化项目经理、机器人和智能化工程师等，这与ZTJS财务数字化战略高度不足有一定关系。在战略层面缺乏专业领导，无法根据发展需求部署足够的财务数字化专业人才，将导致财务共享服务中心的数字化发展在一定程度上受阻。

（五）财务数字化建设处于初级阶段

ZTJS的财务数字化建设一直都在进行中，集团总部及各局集团统计的已实现或部分实现的财务数字化项目中，主要侧重依托财务共享服务中心的平台实现在线财务审批、电子发票等功能，仍处于从财务处理纸质化发展到财务电子化、电算化的阶段，并没有在全集团推广利用财务智能化、自动化发展阶段的财务机器人、智能财务管理分析等工具，也尚未实现银企直联、数字化内审平台等（见图2-9）。

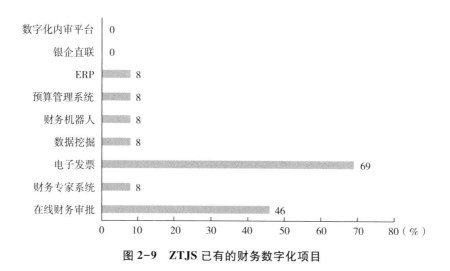

图2-9　ZTJS已有的财务数字化项目

未来的财务数字化转型是依托大数据、人工智能、区块链等技术的创新和应用，对资源进行进一步整合，增强财务共享服务中心对企业财务管理、战略发展的促进作用。但从财务共享服务中心的数字化建设现状来看，ZTJS的财务数字化进程还处于发展的初级阶段，因此，针对ZTJS财务共享服务中心进行数字化转型优化极具重要性和关键性。

四、ZTJS财务共享服务中心的数字化转型策略

财务数字化转型的核心要素是扁平化组织结构、数据互联、业财融合和智能化发展，其中，引入现代化智能信息技术是实现财务共享服务中心升级再造的关键。本节根据企业真实需求提出以下几点财务共享服务中心数字化转型策略：

（一）选择财务中心区域模式，优化平台要素

ZTJS 由下属二级单位单独建立财务共享服务中心，但是在该运行模式下，各集团之间的业务流程和制度管理的耦合度较低，无法满足 ZTJS 实现业财数据互联互通的需求。结合 ZTJS 存在的各局集团财务共享服务中心发展不均衡的问题和未来 3~5年的发展规划，可以考虑在现在的二级单位单独建立共享服务中心的布局基础上，侧重发展建立 4~5 个区域性财务共享服务中心，各区域性财务共享服务中心分管各大区的相关财务工作，保留现有的集团总部财务共享服务中心工作室，统筹管理各区域性财务共享服务中心（见图 2-10），推动集团财务部的整体性发展思路和战略规划在各区域落地。

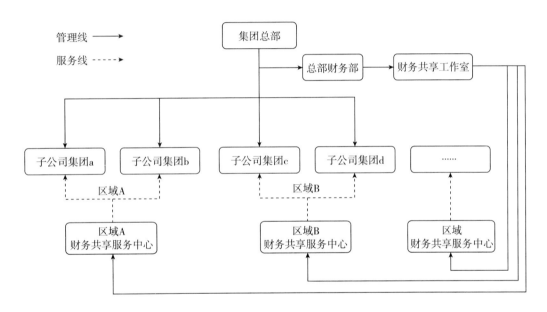

图 2-10　中央企业区域财务共享服务中心运行模式

（二）搭建数据信息集成系统，优化数据要素

企业财务管理需要综合分析内部数据和外部供应商、客户、银行、税务等各方的相关数据，因此，ZTJS 财务共享服务中心的数字化转型发展需要搭建能够处理企业内外部关联数据的集成系统，从数据要素层面进行优化，在数据收集过程中实现 3个层次的扩展，即从单纯会计数据向业财相关数据扩展、从内部数据向内外部数据扩展、从只使用结构化数据向综合非结构化数据扩展，充分发挥和利用好财务共享服务中心作为数据库的数据集中和共享作用。从 ZTJS 的内部数据集成情况来看，仅集团总部基本完成了外部客商数据维护，部分局集团财务共享服务中心实现了 ERP系统构建，绝大多数局集团财务共享服务中心未完全实现内部数据整合。接受访谈的 ZTJS 财务共享服务中心管理人员表示，无论是在集团整体层面还是在局集团财务共享服务中心未来发展层面，都亟须搭建企业内外部数据集成系统，推动财务共享

服务中心大数据平台建设。

1. 与银行对接的银企直联系统

从前文对财务共享服务中心现存问题的分析来看,ZTJS 并未实现银企互联,企业无法及时与银行确认资金收付情况。在建立区域性财务共享服务中心的基础上,ZTJS 各区域性共享中心服务范围内所有公司的资金支付及转账工作都要交由财务共享服务中心承担。因此,亟须搭建"银企直联"系统,完善财务共享服务中心信息化建设以支撑重复性高、工作量大的支付和对账工作。银企直联系统与内部 ERP 系统有效结合后,ZTJS 可以直接通过财务系统完成银行账户的查询、转账、对公付款等综合业务,还可以直接在企业财务系统中完成银行对账单、银行存款日记账、现金日记账等对账工作,大大提升了财务工作质量。

2. 与客商对接的"客商协同"系统

企业与外部客商进行交易时,在订单确认、合同签订、收货发货、发票开具和验收等环节都要涉及外部供应商、客户的信息数据。另外,在相应的应收账款、应付账款管理过程中还涉及对外部客商的信用评级、还款能力等信息,用以辅助企业进行应收、应付账龄分析,提高会计核算的准确性、真实性、严谨性。因此,ZTJS 可以构建客商协同系统,并与企业内部财务系统的其他相关模块进行对接,促进业财融合和数据共享,加强与供应商、客户、银行之间的数据互联互通。

3. 与税务对接的自动报送系统

税务机关要求各大企业采取线上纳税申报,为了更好地完成线上纳税申报,ZTJS 需要搭建统一的税务信息共享平台,支持发票、申报、风控等环节涉及的税务管理需求,实现税务管理的在线化、自动化,为未来充分挖掘税务大数据提供数据基础。

(三)加强业财数据互联互通,优化协同要素

ZTJS 财务共享服务中心提出基于数据要素构建企业内外部数据集成系统,为加强业财数据互联互通提供大数据平台基础。ZTJS 可以将财务共享服务中心分为前台、中台和后台进行数据协同优化。前台主要是对业务数据、财务数据进行收集和共享的大数据平台;中台主要负责会计核算、记账等业务,在中台可以嵌入大量数字化设备实现记账、过账、清账、报账等工作的自动化、智能化;后台主要根据前、中台集合的内外部业务数据和财务数据进行整合、筛选、分析,利用信息化、智能化技术进行可视化处理,展现财务经营效果,为财务人员制定财务决策、战略计划等提供参考。

以主营业务的建筑工程项目为例(见图 2-11),前台根据大数据平台收集企业内部业务数据、合同数据,外部建筑工程政策、税务、客商等信息数据。中台根据财务共享服务中心各科室审核批准后,利用智能化技术实现该工程项目相关的会计业务自动化处理。后台则提取与工程项目相关的重要内外部数据,将其进行可视化处理,将结构化数据信息转化为直观的图表类型的非结构化数据,分门别类地列出该工程项目中涉及的各项成本、费用消耗情况,以及与历史数据对比的变动情况。

以便于财务人员将数据信息转化为管理信息，分析成本费用变动情况异常的原因，并根据分析结果对工程项目业务人员从采购原材料、工程建造、验收交付到差旅费用等活动节点制订更合理的预算计划，进一步提高企业综合管理水平。

图 2-11 优化后 ZTJS 财务共享服务中心业财数据处理流程

（四）利用人工智能财务机器，优化智能要素

ZTJS 财务共享服务中心现有的与财务数字化相关的项目中并未引进财务机器人。在智能财务决策方面，虽然 ZTJS 已经在集团内开始推行一键生成财务报表的功能，但仅限于生成报表，对于财务报表的分析决策还是完全依靠财务人员人工完成。从优化需求来看，超过 70% 的 ZTJS 财务共享服务中心管理人员认为需要利用财务机器人辅助财务分析与财务决策，提升财务管理效率。

在一键生成财务报表的功能基础上，ZTJS 可以引入财务报表机器人辅助财务报表分析工作。在人工智能技术下，财务报表机器人能够通过几次业务处理的反复学习掌握报表数据的相关处理工作，将机械重复的工作交由财务机器人完成，在一定程度上通过取代人工降低了人员成本，提高了运营效率。另外，ZTJS 还可以在资金管理、账务管理等多个业务领域引入资金排查机器人、银行回单机器人、凭证归档打印机器人等多类型软件机器人和硬件机器人，解锁更多业务场景下的创新应用模式，为企业数字化转型提供强有力的支撑。

（五）加强对数字化人才的培养，优化人员要素

培养财务共享服务中心的专业财务团队是推进企业数字化转型的重要一步，ZTJS 财务共享服务中心对于专门的数字化财务人才具有极大需求，因此，应不断加强对财务共享服务中心的人才多样化培育，积极引入数字化财务人才。

根据 ZTJS 财务共享服务中心管理人员的需求，可以考虑在财务共享服务中心建立专门的信息化和智能化的维护团队，与中心各科室会计人员进行对接。在职业发展培养中，增加对财务共享服务中心人员在信息化、智能化方面的培训，如对负责财务共享服务中心前台大数据集成的人员增加 Python 等数据抓取、挖掘方面的技能培训；对后台负责数据分析、财务决策的人员增加智能化软件、硬件应用和管理会计方面的培训以推动财务共享服务中心团队信息化专业水平的同步提升。

第三章
集团资金集中管理

在企业集团迅速崛起的过程中，实施资金集中管理可以聚集成员单位资金，由集团公司对资金进行合理配置和统筹安排，有利于财务风险和经营风险的及时应对。企业集团财务公司不但对增强企业集团资金集中管理效果发挥着至关重要的作用，而且对集团资金的科学配置、合理投资有着深远影响。因此，财务公司资金集中管理模式的运转和优化对助力企业集团的高质量发展尤为重要。

第一节　集团资金集中管理概述

一、集团资金集中管理的内涵

一般情况下，大部分跨国企业都会选择运用资金集中管理模式管理企业资金，通过在母公司开设职能部门实现企业集团资金的集中管理，或设立独立运营的财务公司，负责对集团资金实行统一的筹集、配置、回收和投放，以提升企业资金使用效率，节约资金使用成本，保障企业集团利益。资金集中管理的本质体现在以下四个方面：

（一）资金的信息集中管理

为了保证集团本部或是处于独立状态的财务公司能够对集团内部每个组成单位的资金进行监管，各被监管单位需要把资金流信息、现有资金存量信息及资金预测信息定期汇报给母公司。

（二）资金的权限集中管理

深入学习企业集团的现行财务管理制度，集中企业集团每个组成成员单位的主要资金管理权限，主要包括：①企业集团重大事项决策权、管理权和资金分配使用权；②企业集团组成单位日常运营所需的资金应用权及决策权；③设置成员单位内设部门和下属企业对资金的使用权和支配权。

（三）资金的资源集中管理

不同成员单位到母公司的结算部或者在财务公司的合作银行开户，存放闲置资金，集中管理方借助银行接口进行实时监督控制，依照组成单位的实际需要或是项目重要等级，对资金实行有效、规范的配置，杜绝资金资源浪费。

（四）从业人员的集中管理

制度完备的企业集团通常会设立分派专人负责员工档案的管理、任职、晋升、考评、轮岗、薪资、培训等的委派制度，集团母公司会向子单位分派专业的财务管理人员，进行财务监督与管理。

二、集团资金集中管理的必要性

资金集中管理对资金处于分散状态的企业集团来说是一种高效、科学的财务管理模式，其必要性体现在以下四个方面：

（一）有利于降低财务成本

在分权管理模式下，集团各成员之间不可随意拆借资金，资金充裕的企业会有大量的闲置资金，而资金短缺的企业需要向外部市场贷款以维持企业的正常运转。企业集团在启用资金集中管理模式后，能够吸收成员单位的闲散资金，实现资金从盈余部门向短缺部门的定向流动，可大大降低信息交换成本和资金使用成本。

（二）有利于防范资金风险

分权管理的集团各成员在不同的银行开设账户，母公司难以实现对成员单位财务状况的全面了解，存在较大的风险隐患。在资金集中管理模式下，各成员单位的资金支取情况透明，且成员单位间的资金运转在集团监控下，为各单位资金的合理、规范、有效流转提供决策支持。

（三）有利于增强战略执行力

在分权管理模式下，各成员单位作为独立融资方，与银行的谈判能力较弱，筹资成本相对较高。在资金集中管理模式下，成员单位的信贷业务将以企业集团的名义开展，议价能力的提高能够为集团争取更优质的金融服务及业务条款。

（四）有利于增强集团管控力

在资金集中管理模式下，企业集团可以在更高的决策视角参与成员单位间的管理，不断提高运营效率。而且，采用资金集中管理的模式将有效提高各单位的货币时间价值认知，促使各成员单位自主展开更优的经济核算。

三、集团资金集中管理的原则

资金作为企业健康运转的"血液"，能否得到有效的管理与配置，与企业稳中向好的发展目标息息相关。为实现企业资金管控效用最大化，完成预设的资金管控目标，就必须遵循一定的资金管控原则。

（一）集中性原则

这是企业集团在资金管控中需要遵循实施的方法。各个成员单位的小量资金整合进入集团整体资金链，才能实现资金在集团层面的全面管理，达到监督、控制各成员单位资金流转目的，此外，还可以有效减少各分公司、子公司之间资金流转的交易成本，优化配置各分公司、子公司的闲散资金，更好地满足集团开展战略业务的投融资需求。

（二）及时性原则

这是企业集团在资金管控中需要贯彻始终的宗旨。集团准确把握时机，在适当的时间把适当的资金调配到适当的业务项目中，调配方向的准确性与时机把握的及时性是此项原则的核心，也有利于打造企业关键竞争优势。

（三）效益性原则

这是企业集团在资金管控中需要时刻谨记的方针。集团将各分公司、子公司的投贷权收回，进行统一的投融资管理。流出资金的投向主要依据资金管控的及时性原则，流入资金的成本则是衡量资金管控效益原则的主要标尺。

（四）协调性原则

这是企业集团在资金管控中想要达到的目标。通过对集团资金的统一管理，使所属分公司、子公司能够将集团的整体利益放在第一位，以实现集团整体的战略目标为共同目标，与其他成员单位通力协作，最终在集团层面达到整合优势资源、全面协调发展的目标。

第二节　企业集团资金集中管理的主要模式

一、企业集团资金集中管理主要模式

企业在进行资金的集中管理时，需要考虑企业的多种现实因素，合理选择资金集中管理的模式。企业集团资金集中管理的模式主要包括以下四类：

（一）报账中心模式

报账中心模式是将全部现金都收入到母公司的财务部门进行集中管理，并设有报账中心部门，报账中心部门的主要职责是将收回的全部现金以及支出的所有资金进行统一的汇总和报账。具体分为统收统支和拨付备用金两种模式。

1. 统收统支模式概念与运作流程

（1）概念。统收统支模式也称收支两条线模式，各单位成员可以在内部银行开设账户，资金的支出需要根据申请表进行统一处理，成员单位收到资金后会定期存

到集团的账户内，但成员单位内部账户和记账机制不变。

（2）运作流程。如图3-1所示。

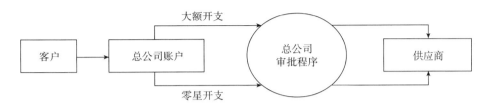

图3-1 统收统支模式运作流程

从资金流向看，统收统支模式要求成员单位在企业集团内部或当地银行开设两类账户，并且规定收入必须存到收入户中，收入户的资金由企业集团的相关财务部门进行统一规划和管理，所有支出都必须由支出户进行支出，支出户的资金都必须来自收入户的资金转入。

2. 拨付备用金模式概念与运作流程

（1）概念。企业集团会定期给成员单位拨付一定数额的资金头寸，如果出现头寸不足的情况，可用结算凭证向企业集团说明情况，企业集团负责补足。这种模式是将资金进行有限集中管理，成员单位具有一定的资金管理权及自主经营权，在可控范围内，下属分公司、子公司以及成员单位可以自由合理地分配资金与使用拨付备用金，对备用金有自主决策权。

（2）运作流程。如图3-2所示。

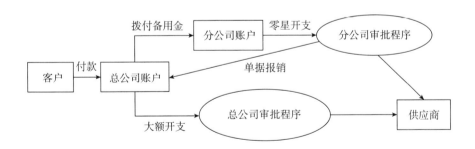

图3-2 拨付备用金模式运作流程

企业集团将资金进行统一归集后全部交与集团总公司的财务管理部门，在相应的期限进行拨付备用金统一核算管理，企业集团应依据成员单位实际业务范围和经营状况对其展开备用金额度预估及评价。各单位的支出和报销必须要经过企业集团的财务部门，由财务部门经手审核，如果有超出规定范围和标准的支出，财务部门需要上报集团的相关负责人，经负责人批准后才可以实现资金支出。

（二）内部银行模式

1. 概念

模拟银联企业模式在企业内部上下级公司之间形成一种稳定的借贷关系，内部银行将"企业（基础）管理"、"金融信贷（银行机制）"、"财务管理（会计核算）"三者融为一体。通过内部银行将企业的自有资金和商业银行的信贷资金统一调剂、融通运用，并吸纳企业下属各单位闲散资金来调剂余缺，减少资金占用，加速企业集团整体资金周转速度，提高资金使用效率和效益。

2. 运作流程

内部银行可以针对各分公司的需求设立结算账户，如此一来，分公司无论是进行实物转让，还是劳务合作，均可视为与总公司之间的交易。按相关规定，内部银行拥有发行在企业分、子公司间流通的支票与货币的权力，集团公司在核定需要发放的每一笔资金、费用后即可通知内部银行统一、定额向分公司、子公司发放内部贷款。分公司、子公司无权以自身名义向外界筹措资金，必须由总公司统一对外进行筹措后，根据企业运营情况酌情由内部银行统一调配资金，同时由内部银行制定相应的结算制度、发放贷款的期限以及方式，严格按照银行标准化管理模式，实行责任到人的贷款制度规范整体结算流程。企业还应当设立专业的监督机构，对企业内部所有结算业务中的资金流向进行细致化的监督，做好以预防为主的风险防范方案。同时可以建立相应的反馈交流系统，将各分公司的资金流动收支情况形成报表，统一交由总公司进行整理和审核。要在集团公司特别是各级分公司、子公司内部严格地执行培训计划，落实资金必须独立核算、自负盈亏的管理原则，运作流程如图3-3所示。

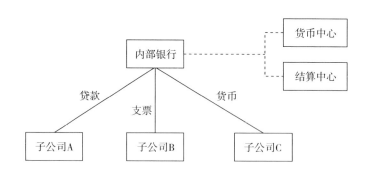

图 3-3　内部银行模式运作流程

3. 利弊分析

内部银行模式的优点在于对融资规模与融资成本进行统一调配可以大大降低企业的融资风险，有利于提升集团整体信用等级，提升外部融资能力。劣势在于内部银行模式的资金筹集模式较为单一，缺乏追求资金成本最小化以及利润最大化的动力。原因在于：首先，内部流动货币以及证券的发行与监管还处于我国法律空白阶段，缺乏相应的制度基础和法律依据，有一定的政策风险。其次，内部银行并不属于独立的机构，与外部单位进行结算时可能会出现差异化的结果。最后，内部银行仅模拟商业银行的职能，缺少真实市场以及环境，存在一定程度的操作风险。

4. 适用条件

内部银行模式在风险管理与投资管理方面仍存在不足，这种模式仅适合资金管理相对集中的初级阶段，或产业关联度比较紧密的企业，还有急需融资发展的高速成长型企业。

（三）结算中心模式概念与运作流程

1. 概念

资金结算中心是实行该结算中心模式的核心机构，对整个集团的资金流向进行监察、调配，由集团高层统一领导，而非市场化管理。实行结算中心模式能够将统筹资金、调剂资金、预算资金等管理活动进行高度的集中，通过对业务进行全面的实时监控，对票据进行统一、严格的管理，使各分公司、子公司以及成员单位与银行之间形成更加稳定顺畅的结算体系。

2. 运作流程

集团总部根据成员单位的地域分布、银企关系等特征，选择 2~3 家银行为主办行，对集团账户进行统一管理。结算中心和成员单位之间可以通过建立内部网络结构，对资金的收支进行准确、高效的结算。而且结算中心模式还可能吸引成员单位以外的供应商或客户一同加入到结算网络中。结算中心模式运作流程如图 3-4 所示。

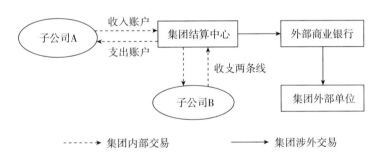

图 3-4 结算中心模式运作流程

3. 利弊分析

优势在于提高成员单位的财务自主管理积极性，有效提升沉淀资金的流动性和使用率，降低资金成本，并通过实时监控、实时汇报，杜绝资金使用情况的人为修饰。劣势在于资金的来源渠道有限，难以满足企业集团的资金需求，容易造成产权关系的模糊与管理的形式化，无形中提高了企业集团的管理成本。

4. 适用条件

资金结算中心模式主要适宜在对资金管理要求较低的企业中运用，例如日用工业品行业企业。

(四) 财务公司模式

1. 概念

财务公司是大型企业集团经过长期发展后，出于对企业内部资金实行集中管控的现实需求，为克服诸多模式的固有弊端，由集团总部及各主要分公司、子公司出资，经国家金融监管部门备案批准后设立的内部非银行金融机构。

2. 运作流程

财务公司的设立可以对企业集团的资金进行更加高效的系统化管理，全面形成市场化管理。财务公司模式并不会影响集团公司原本的权责构架与组织制度，也不会导致集团内部的结构调整与人员调动。财务公司主要从技术层面与操作流程上对企业内部进行优化与改进。财务公司模式运作流程如图 3-5 所示。

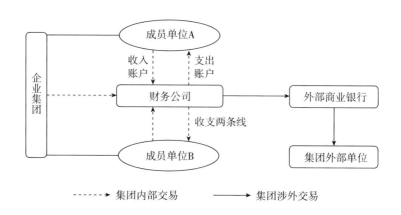

图 3-5　财务公司模式运作流程

3. 利弊分析

企业集团财务公司的独立法人地位及金融机构性质这两大无法比拟的优势，使财务公司从诸多资金集中管控的模式中脱颖而出，成为国内外现代大型企业集团开展资金集中管控工作的更优选择。但是财务公司模式在发展中仍存在一定难点，如对软件安全的要求特别高，因为财务公司的资金都是由信息化平台进行统一收支的，财务公司虽然是独立公司，但是在系统软件的安全性和稳定性上难以企及专业金融机构，操作风险和环境风险较高。

4. 适用条件

主要适用于成员单位分布地区广、业务涉及行业多、市场化程度较高、处于成熟期的大型企业集团。

二、企业集团资金集中管理模式的比较

(一) 集团资金集中管理模式总体比较

上述 4 种常见的资金集中管理模式在功能、独立性、效果等方面各不相同，集

团在选择时需结合自身业务实际、资金需求程度等现实情况统筹考虑，选取符合自身经营状况和需求的资金集中管理模式，助力企业集团良性发展。4 种资金集中管理模式要素与特征对比如表 3-1 所示。

表 3-1　资金集中管理模式对比

比较内容	报账中心模式	内部银行模式	结算中心模式	财务公司模式
组织形式	集团内部部门	集团内部部门	集团内部部门	独立法人
功能	资金存放、财务报销	资金调剂、资金结算、信贷融资	资金调剂、资金结算	结算、信贷、票据、融资、投资、同业拆借等
优点	提升集团资金收支计划精确度，加快资金流通速率	降低集团融资成本及融资规模，提高资金使用效率	降低财务费用，提高整体信用水平	调剂余缺，提高资金使用效率，降低资金成本
不足	成员单位缺乏提升业务盈利水平的激励机制，经营僵化	与银行真正的市场化相去甚远，有一定风险	筹融资渠道有限，市场化程度低，资金管控风险较高	设立条件高，对人员素质要求高，受外部形势影响大，运营风险较高
适用企业期	初创期	成熟期	快速发展期	成熟期
集权程度	高度集权	集权分权结合	集权分权结合	分权
与银行关系	紧密型	半紧密型	半紧密型	松散型

从表 3-1 的对比结果可以看出，企业集团更适用的模式类型有 3 种，即内部银行模式、结算中心模式和财务公司模式。就制度环境而言，第一种模式的适用条件与我国国情不匹配，因此这种模式正逐步退出市场。结算中心模式和财务公司模式是我国近年来鼓励采用的模式，随着市场竞争越来越激烈，不确定风险不断增加，财务公司模式的优势与特点更被广大企业集团信任和使用。很多企业集团一般会在建立集中资金管理模式的初期成立结算中心，在取得一定效果后再转向财务公司模式。

（二）集团资金集中管理模式适用性比较

不同的资金集中管理模式的优势及劣势各异，下面从 3 个层面对 4 种模式的适用性进行对比分析。

1. 财权集中程度

集团公司通常会使用分权型、集权型或集权与分权结合的财务管理模式，在上文提到的对资金进行统一管理的模式中，报账中心绝对集中了全集团资金的收支，成员单位没有可以自行支配的资金，所有支付请求都会集合到报账中心统一支出。相比来说，财务公司模式则属于分权型管理模式，财务公司具备法人资格，可开设独立账户，主营业务还涉及各类金融服务，此类模式的自主化特征极为突出。以上两种模式都可以对资金进行集中管理，但成员单位的资金运营权、决策权的自主程度不同。

2. 投融资权限及外部支持环境

对报账中心模式而言，集团总部具备完全的融资权、投资权，而组成单位没有独立账户，不具备绝对融资权和投资权，因此，对外部融资环境的要求不高。结算中心模式把各个组成单位的资金都集中至集团公司总部，通过现代化网络信息技术，对资金去向、投资、筹资等流程实行监控。各个子公司的实际资金缺口汇总到集团公司总部后，以集团名义在外部市场上筹集资金，但是集团分公司、子公司有权自行决定投资方面的计划安排。内部银行属于企业集团内部机构，并不具备独立的法人资质，集团分公司、子公司如果想要在市场上筹集资金，唯一的途径就是通过集团的内部银行，当内部银行获得融资后，子公司才能得到相应的资金用于定向投资，此模式对外部网络环境的要求比结算中心高。财务公司是集团所属单位，虽然不属于专业金融机构，但是财务公司拥有独立的法人代表，在金融业务中可以做到市场化、自主化经营，并肩负着全企业集团的资金筹集、调配、投资以及监管集团公司内部的资金使用情况的重任。在财务公司模式下，各成员单位有较大的融资权和资金使用权，但资金来源于财务公司的统一筹资，仍受到财务公司监管。因此，财务公司对集团外部网络环境、信息系统质量要求较高。

3. 模式特点和职能

（1）报账中心模式。当集团在某段时间内总体收支情况较好时，可以选择对外投资一些稳健的项目来提高集团的资金使用效率。但集团总部对于资金流出的审核程序较为烦琐，导致集团分公司、子公司和各业务部门的投资积极性不高。由于各成员单位在日常经营过程中没有足够的自主权，长此以往会对集团的整体业绩表现造成负面影响。因此，当集团属于独立核算的全资子公司时，统支统收的管理模式并不适用。

（2）结算中心模式。这种模式对于减少公司财务成本、整合公司内部资源、增加对外融资等都可以起到积极作用，从收益的形成环节就开始监督管理的方式，使得沉淀资金能够得到有效使用。结算中心还负责监督下级部门的资金收入、支出情况以及投资行为，是集团内部极为重要的职能部门之一，但成立结算中心不需要中国人民银行方面的批文，相比于注册成立财务公司的各方面条件，此种模式的应用条件较宽松。

但结算中心模式也存在相应不足。第一，在集团多元化发展的主导趋势下，资金管理的集权与分权间的界限难以准确界定。第二，采用结算中心模式的过程中必然要依赖集团内部各职能单位，集团内部的行政模式必然会对资金配置方面产生隐性阻碍。第三，对于规模较大的企业集团来说，运用结算中心模式进行管理的成本较高。

（3）内部银行模式。根据内部银行的相关规定，储蓄或贷款都是有偿活动并且计息，所以要求集团子公司在资金存贷方面做出充分的考虑，尤其对贷款额度要严格控制。但内部银行没有法人资格，主营业务范围只在集团内部，不能自行规划资金来源渠道，并且内部银行目前面临的制度监管力度不大，相应的监管制度依据尚不全面。此种模式在发展较为成熟但规模较小的企业集团中适用性更强。

（4）财务公司模式。财务公司的业务设置遵循市场规则，更注重提供综合性的金融服务，尤其重视产融结合，这样对于集团优化内部产业结构，在金融市场上获得更大的市场份额，为集团子公司提供多样化的融资方式等方面，都可以起到积极作用。为了提高集团子公司在日常经营活动中的积极性，允许子公司适度自行调配内部资金。财务公司模式完全符合当前市场经济下的资金管理要求，给予集团子公司更多的自主经营权，减少过多的行政干预，而且不要求子公司把当期的经营收益统一归入总部账户中，允许子公司寻找外部专业公司进行财务核算。但财务公司作为专门负责企业集团内部资金管理、筹集及融资结算业务的非银行金融机构，在注册成立时需要满足很多门槛，包括：注册资产规模不少于50亿元，注册资本不少于8亿元，经营收入不少于40亿元，等等。因此大部分一般规模的企业集团难以达到。

三、资金集中管理模式选择的影响因素

（一）企业集团管控模式

集团总部对所属分公司、子公司的管理，主要有3种模式，各模式间的特征主要体现在集权和分权的程度，具体的情况如表3-2所示。

表3-2　企业集团管控模式

管控内容	运营管控型	战略管控型	财务管控型
总部定位	经营决策、生产指标管理	战略决策、投资决策	投资决策
财务控制	每月检查各项财务指标	每季度跟踪主要财务指标	最基本的财务管理
投资控制	启动并管理投资项目	检查并批准主要投资项目合理性	设定预算范围和现金流目标
业务关联	基本单一业务	两三个甚至多个关联业务	多个非相关独立业务
集权程度	集权	适中	分权

1. 运营管控型

运营管控型是集权程度最高的管控模式，几乎所有事务的最终决策权均收归集团总部，集团子公司只是被动执行总部决策的对象。

2. 战略管控型

战略管控型是集团总部根据各分公司、子公司的业务计划和战略目标适当放权，但核心权力仍在集团总部，集团子公司可以依据自身的发展情况，从业务层面进行战略部署，并向集团总部申请达到战略规划目标需要投入的资源保障。

3. 财务管控型

财务管控型是分权程度最高的管控模式。集团总部将注意力集中在财务管理和

领导能力方面，按年度给下属公司设定财务目标，但能够对投资决策起决定性作用的还是集团总部，并且按照规定的管理范式对子公司的财务指标定期进行考核。

（二）企业集团所处的发展阶段

企业在发展过程中需要先经历初创期与成长期，之后迈入成熟期，最后进入衰退期。企业集团所处的发展阶段对资金集中管理模式的选择有重要影响，资金管理模式作为企业实现阶段性战略的重要抓手，财务战略目标不同，适用的资金管理模式也就不同。集权模式适用于处在初创阶段的企业集团，此时集团内部层次相对简单，集团总部与子公司之间的业务往来也比较密切，共同的发展目标有利于整个集团把有限的资源集中到一起。随着集团发展壮大，综合实力与市场竞争力得到显著提升，为促进各子公司的进一步发展，集团总部可以适当下放一定程度的自主经营权。当集团发展到成熟阶段，集团的整体情况比较稳定且与子公司之间具有较多业务往来，此时，集团总部仍需要发挥统筹资源安排的作用，因此，管理模式以分权和集权相结合为主（见表3-3）。

表3-3　企业集团发展阶段与资金集中管理对比

发展阶段	企业主要特征	管控权特点	资金集中管理模式
初创阶段	财务风险与经营风险偏高，企业管理秩序简单	为降低财务风险和财务费用，企业集团需要对资金进行高度集权控制	统收统支和拨付备用金
成长阶段	营业收入和利润总额开始快速增长，前阶段高度集权模式已不适应企业集团继续开拓市场	企业集团需要下放一定程度的资金集中管理权，提高管理灵活度	拨付备用金或内部银行模式
成熟阶段	企业集团经营活动基本稳定有序	为实现可持续发展，企业集团需对权属公司进一步分权，发挥各自优势	结算中心、内部银行或财务公司
衰退阶段	维持企业集团存续或寻找新的发展优势	为集中资源发挥集团优势，企业集团需要对资金进行高度集中控制	统收统支和拨付备用金

（三）企业集团地域分布

企业集团成员单位的地域分布范围会影响到企业集团内部的沟通效果与管理成本，如果集团总部和子公司的设立地点较为集中，更有利于总部采取集权的形式进行资金集中管理，以更好地掌控子公司的资金情况和了解子公司实际经营状况等。如果集团子公司与总部所在地相隔较远，各成员单位所在地区存在环境与文化的差异，那么企业集团更适宜采取分权或者分权与集权相结合的管理模式。

（四）企业文化的差异

不同企业集团的企业使命、核心价值观等不同，管理层的管理风格也不同，企业的内部文化也会对选择何种管理模式产生一定影响。企业的管理模式会因为集权和分权程度的不同而产生差异，如果企业采取的是集权管理的模式，那么在资金管理模式上采取的方式主要为统收统支和备用金支付。集团要充分调动结算中心、内部银行进行高效率工作可以选择两种资金管理模式并行。如果集团采取分权管理的模式，那么财务公司模式更为匹配。

现今资金集中化管理渐成主流，企业可以通过加强集团内部的资金管理力度，进一步提升企业的资源整合能力，有助于增强企业整体实力，为企业带来一定的竞争优势，同时也带来了更加经济、更具效率的资金管理优势。

第三节　中央企业财务公司资金集中管理模式的实践探索

一、财务公司的资金集中管理功能及方式

（一）财务公司的资金集中管理功能

1. 内部结算功能

集团性质的企业通常分公司、子公司众多，甚至分支机构遍布全国，因此管理层级较多，信息传递成本较高，而且各分支机构之间也会发生业务往来和资金结算交易等。资金在整个企业集团内部流动，容易出现部分分公司、子公司有过多资金闲置，部分分公司、子公司资金短缺的矛盾。因此在进行集团资金的内部结算时，要从集团整体角度考虑，尽可能减少集团的资金使用成本。集团内部的财务公司能够监控各个分公司、子公司的现金流，在集团层面迅速调拨资金，减少对外借款导致的资金成本，并在集团内部结算过程中加强内部控制和风险管理，防止分公司、子公司舞弊和财务造假导致的资金管理失效。

2. 筹融资功能

筹融资业务对于集团层面来说是资金流入的重要方式，也是集团财务公司的重要职能。企业集团通过建立内部的财务公司进行资金的调拨使用，从而提高集团整体的资金利用率，并且通过扩大外部融资渠道，为集团筹集更多资金。财务公司的筹融资功能具体如下：一是监督成员单位的经营情况及资金往来业务，必要时以集团为担保主体向下属企业放贷或者贴现，解决部分公司资金短缺的问题。对于新成立的公司而言，财务公司能够解决其难以达到信贷门槛且贷款利息较高的融资困境。二是集团下属的各级分公司、子公司享有的金融服务、金融产品由财务公司供给，财务公司可以由此获益并扩大信贷业务，进而提高财务公司自身的经营业绩。三是整合集团内部的资金资源，根据成员单位实际融资情况及时调配资金资源。

3. 投资管理功能

集团在经营活动中可能会积累大量的闲散资金，统一归集至集团财务公司之后，部分资金可以作为贷款发放给缺少资金的分公司、子公司，如还有资金剩余，则可以进行投资活动，创造增值收益，有利于分散集团的资金风险，更好地发挥财务公司的职能。

4. 财务咨询功能

财务公司对于整个集团来说能够起到财务顾问的作用，也可以提供财务咨询服务，集团在进行上市、收并购等过程中，财务公司可以制订收并购方案、提供资金支持等，发挥重要的财务咨询功能。

（二）财务公司的资金集中管理方式

1. 司库型模式

司库型财务公司也称资金管理型财务公司，是专门满足大型企业集团对资金高度集中管理而设立的财务公司。企业达到较大规模后，自然会产生众多的管理层级以及分公司、子公司，这些下属机构也都要经过单独的核算，总部通过财务公司进行资金集中管理，有利于整个集团的资金使用效率最大化。由于大型企业集团的分公司、子公司一般与总部不在同一区域，因此这些分公司、子公司通常在当地银行开设独立的账户。由于缺乏系统性的资金管控，各级分公司、子公司的资金盈缺情况并不透明，有资金盈余的公司可以将闲散的资金存入银行账户中获取利息，而对于资金短缺的公司则需要向银行或其他金融机构贷款获取资金。虽然各分公司、子公司的资金需求得到了满足，但银行储蓄利息远低于贷款利息，从整个集团角度来讲，无形中增加了资金使用成本。因此，随着企业规模的扩大，加强集团资金管理越发重要，设立集团资金管理中心成为趋势，随着其金融功能逐步健全，最终发展为"司库型"财务公司。

2. 信用型模式

信用型财务公司主要是针对开展信用销售的集团公司设立的，在激烈的市场竞争中，卖方不得不提出赊销服务，由此形成了"应收账款难回笼"这一影响企业经营发展的难题。对于企业来说，应收账款的账龄以及周转率对企业的销售业务有重大影响，加强企业应收账款管理，有助于企业归避可能面临的经营风险，在优化自身资源配置的过程中提高竞争优势。企业在生产销售过程中，尤其是大型制造业企业，通常会通过融资租赁或者分期的方式进行赊销，提前将产品提供给客户。虽然合同上明确规定双方义务，但是一旦买方出现资金周转问题，将会给卖方带来坏账风险，此时如果集团以财务公司为中介，将产品与应收账款进行区分，分公司、子公司作为销售方根据销售合同可以从财务公司获取回款，而财务公司则作为中介与买方进行信用担保和账款催收，对于销售方分公司、子公司来说，有利于规避收账、坏账的风险，能够更专注于产品开发、制造和销售等价值活动。

3. 全能型模式

全能型财务公司是在前两种模式特征基础上新兴的一种财务公司管理模式，主要对标集团的跨国战略部署以及多元化的经营需求。全能型财务公司既有以上两种财务公司功能，又能通过金融平台对集团整体进行管控，除可以办理一般的资金拆借业务外，还能够提供租赁、证券等相关金融服务。

二、中央企业财务公司资金集中管理模式与经验

（一）中央企业财务公司资金集中管理模式与特征

1. 中国石化财务公司资金集中管理模式与特征

（1）主要模式。中国石化的资金集中管理从收支两条线并行实施，银行会为财务公司提供账户用于收支，当发生回款时，下属分公司、子公司的账户会有资金流入，通过财务公司的集中管理，会自动上划到上级单位的账户中，如此一级一级层层递进，上级单位就能通过银行账户实时对下属公司进行有效的资金管控。当发生付款行为时，业务发生部门会通过 OA 系统审批上报资金拨付的需求，经领导审批后，财务公司会对资金使用单位发布付款指令。由此，上级公司就能够通过财务公司的账户进行资金集中收支，而且资金使用计划通常需要报批报审，资金的支出都需要在计划的限额内发生，一旦超过预算，则要向上级单位审批，在上级批复通过后才能付款。

中国石化的财务公司主要通过以下两种方法进行结算：一是协议内部结算，财务公司监督业务往来的双方签订结算协议，并代为收款，当收款公司发出结算请求后，财务公司会审核相应的合同和业务往来凭证，经付款方确认后将结算金额拨付给收款方，如果付款方没有同意支付请求，那么财务公司就会对双方进行全面审核，若财务公司确认达到付款节点，将会自动进行往来结算。二是非协议内部结算，也就是集团的分公司、子公司在进行关联交易时并未与财务公司进行任何协议的签订，财务公司是通过相关公司发起的 OA 付款申请来进行批复并管理相关业务的。

（2）优势和不足。

1）优势。相比于集团内部单位，财务公司在为总部与成员单位进行筹融资时具有明显优势。首先财务公司集团的资金池来进行总体资金筹划，在上划和下拨的资金流转过程中，一旦集团资金池出现余额不足的情况，财务公司则会站在集团角度与各成员公司进行协调沟通，并向各成员公司筹集资金，如果各成员公司金额短缺，信托公司、银行等金融机构对财务公司来说都是可以考虑的融资途径，这样一来，财务公司便能够凭借集团的融资优势，增强与银行等金融机构贷款的议价能力，从而以较低的成本为公司成员获取资金。

2）不足。该企业资金归集度较低，仅为35%，虽然这一比例受到了国家宏观政策的影响，但是也从侧面反映出集团各分公司、子公司在上划资金方面较为被动，不具有较强的积极性，而且也并没有表现出对集团及财务公司的资金支持。目前，中国石化财务公司的信息化水平较为落后，在进行资金余额监管的过程中暂不能做到实时监控，财务公司只是通过抽样的方式选择一些金额较大且存在异常的资金往

来进行监督管理，一些账户金额较小且业务往来较少的账户并没有纳入实时监管。

2. 中国大唐财务公司资金集中管理模式与特征

（1）主要模式。中国大唐财务公司主要采用了高度集中的方式进行资金管理，财务公司在指定开户行开设账户，同时各个下属成员公司通过财务公司平台纷纷建立相应的结算账户，一旦发生资金回款都会自动划拨至财务公司的银行账户。按照财务公司加强资金管理和提供融资服务的定位，通过网上银行汇划资金、账户监控、支付预算控制等手段，构建集团内部的资金池，并在资金池中进行上划下拨，实时监控资金流向，提高资金使用效率，从而确保集团现金流维持在平稳状态。

（2）优势和不足。

1）优势。中国大唐财务公司积极落实国家对中央企业在资金方面的相关规定，按照集团项目管控的整体要求，不断完善相关的管理制度，并在年度预算中专门对资金方面进行控制，实时监控资金的使用情况。各分公司、子公司及时批复基层上报的周现金流预算，同时将预算导入财务公司网银系统。财务公司根据各分公司、子公司周现金流预算和提交的支付指令，每日统一安排对外支付。公司对现金流建立监控系统，一旦现金流出现问题则立刻预警，并且在资金管理方面实行精细化管理，提升集团整体运营效果，实现资金运作整体效益最大化，防范金融风险。

2）不足。前期准备过于复杂，而且对于集团各分公司、子公司的区位要求较为严格，最好能够相对集中。

3. 中国华电财务公司资金集中管理模式与特征

（1）主要模式。中国华电财务公司采用多级账户联动的管理模式，搭建现金流网络信息化平台，将各分公司、子公司的银行账户与财务公司进行联动，通过网络实时监督各银行账户的资金动态和账户余额，实现每日资金有效归集，并且在集团内设立基金公司，将筹集到的资金进行二次投资，进一步提高资金使用效率。

（2）优势和不足。

1）优势。通过对账户进行实时资金集中管理，各分公司、子公司账户每日零余额，财务公司在这一过程中实现资金资源统一调配，各成员单位虽然在全国范围分布较为分散，但是通过信息化平台减少了地域差异带来的影响，提高了财务公司获取资金余额情况的速度和每日管控效率。

2）不足。虽然这一模式具有创新性，且基本能够做到资金的零浪费，但是这一模式需要各分公司、子公司所在地区的银行都支持这一业务，目前还有部分分公司、子公司并未获得当地银行的支持，因此在异地结算等方面仍需进一步探讨。

（二）典型中央企业财务公司资金集中管理模式的比较与主要启示

1. 典型中央企业财务公司资金集中管理模式比较

典型中央企业财务公司资金集中管理模式比较如表3-4所示。

表 3-4　典型中央企业财务公司资金集中管理模式比较

公司名称	主要模式	主要特点	取得效果
中国石化财务公司	"收支两条线"模式	对集团与成员单位闲置资金的调配，实现内部封闭式管理，减少资金在途损耗，降低资金实体流动	增强集团与成员单位筹融资的议价能力，可降低资金成本及财务费用
中国大唐财务公司	高度集中资金管理模式	构建集团统一"资金池"，拥有完备的清算业务体系、高效的信息处理系统、完善的风险管控机制以及专业化程度高的人力资源配置	有效降低了银行账户管理失控的风险，增强了资金管理的计划性和指导性，实现了资金集中规模效应
中国华电财务公司	多级账户联动管理模式	以二级账户模式、备抵账户模式、集团账户与财务公司联动模式，对资金资源进行优化配置，提高资金的使用效益	实现了真正意义上的零余额管理，降低了集团资金集中管理在软硬件配置、人力资源、风险控制等方面的压力

资料来源：根据各公司官网资料手工绘制。

2. 典型中央企业财务公司资金集中管理模式的主要启示

（1）高度重视财务公司在资金集中管理中的作用。企业在实现战略目标过程中，必然对资金有高度需求，而集团通过财务公司实行资金集中管理是对资金进行有效管理的办法之一。现阶段，很多集团都借助强制性手段，把成员单位纳入资金集中管理体系，而财务公司是一种专业服务于企业集团内部单位的金融服务机构，与外部银行相比更具服务优势。财务公司在集团总部的授权下，根据集团的资金使用情况进行提前筹措，并在资金管理方面有一定的强制力，能够代为执行集团金融战略，同时对外直接对接银行、信托等金融机构，拓宽融资渠道，维持集团现金流的平稳。

（2）明确财务公司在资金集中管理中的定位。财务公司在企业集团中要有明确定位，其作用不仅可以提高闲置资金的流动性，还能够支撑集团制定未来发展的战略。部分中央企业如中国石化财务公司，在进行资金管理时采取的管理方式对于外部融资是非常高效的。这一方式首先能全面准确地统计从集团总部到各分支机构对于资金的总需求，其次在了解整体资金需求的基础上进行统一规划部署，最后根据时间、金额、主体等实际条件实行整体规划，制订适合资金供需双方的最优方案。该模式主要先使用资金池中的闲置资金，对资金需求最为重要、紧急的事项先行划拨，当资金池余额不足时，再由财务公司向金融机构申请贷款。

（3）重视资金集中管理的信息化系统建设。随着信息技术不断发展，信息化平台系统的搭建和使用是中央企业财务公司未来发展的重要建设方向，中国大唐、中国华电的财务公司都专门设有 IT 部门，而且在财务管理方面，ERP 等电算化管理的方式在企业财务管理和资金管理中的运用非常普遍。但当前大部分财务公司的信息化系统不够完善，如集团与各分公司、子公司之间如何进行实时的资金数据传输等问题都需要解决以进一步提升财务公司发挥其资金管理职能的效果，因此对于中央企业财务公司来说，信息化系统平台的完善和优化至关重要。

三、企业集团资金集中管理的优化策略

（一）持续夯实战略定位，提高服务集团能力

1. 夯实财务公司基本定位

财务公司资金管理职能须有明确定位，应详细划分财务公司资金统一监管的责任，确定监管范围，同时还要妥善处理好集团公司与财务公司两者间的关系。首先，在风险防范方面与集团保持相同的态度，增加集团专项拨款，给予财务公司更大的准入范围。其次，财务公司由于自身公司结构特性，必须设计内部运作制度，采取必要的措施应对潜在危机，结合市场发展趋势，服从集团调控指挥。如果公司内部资产规模不充足，实际运作收益水平未达到预期，财务公司仍须保持原有内部结构特殊性，辅助集团总部做好整体财务管控工作。

2. 提高财务公司运营效率

财务公司应积极主动地参与到集团资金管理工作中，突破必须利用行政手段对资金进行集中管理的传统思想。第一，建立健全结算系统，优化账户资金数据处理平台，精准评估集团整体的现金流量状况，借助成熟的信息手段，管控财务公司资金流动性比例、资金拨备率等关键指标。第二，切实保证财务公司的流动性指标始终处于监督管理部门的约束范围之内，从根本上防范流动性风险，通过健全成员单位的资金流通制度及流程，调整同业存款的期限结构等方式应对流动性风险。

3. 增强综合服务能力

改革金融服务整体内容，凸显自身运营流程的创新点，跟随所属机构产生权益链、产业链和资产链，深层次挖掘信用度等个性化需求产品，提升资产使用速率。更深层次地进入内部市场，提升金融外延作用发挥的推动力。考虑使用财务公司准入牌照，实行金融股份制入股。

（二）加大资金归集力度，完善专项考核机制

1. 优化资金归集业务

首先，在现有条件下开通简单的外汇存款业务，弥补财务公司在外汇资金归集服务领域上的空白。对于外汇资金管理问题，财务公司也设有相应的资金管理业务、贷款业务等管理制度。加强外汇资金管理不但有利于降低集团经营的风险，还可以丰富财务公司的收益来源。其次，完善资金归集体系，支出账户资金可以采取网上银行的方式进行及时拨付，成员单位可以对拨付资金自主支配。对于资金流量比较少且交易频率较低的单位而言，财务公司可以采取账户限额的资金管理方式，不但能够有效满足成员单位的日常资金需求，同时还能减少资金留存，提高集团资金使用效率。

2. 畅通资金归集渠道

财务公司应该增强与其他金融机构的沟通和协作，建立金融交流平台，充分利用银行网点等资源优势有效满足成员单位的相关资金需求。为有效提高财务公司的服务质量，还应重视与代理银行之间的协调与沟通。对于成员单位在日常活动中出现的问题与不足，提请代理银行给出相关建议，以保障日常业务工作的规范开展。

3. 完善资金集中激励机制

财务公司需要重视完善资金集中管理专项考核体系，在建立健全集团绩效考核指标体系的过程中，建议融入资金归集率及银行账户管理等相关内容。同时可以向成员单位提供考核信息，并对资金归集工作效果比较好的成员单位给予一定的奖励。

（三）健全资金管理制度，加强预算执行能力

1. 健全高效的全面预算管理体系

财务公司在经营发展的过程中，应重视公司内部预算管理制度的完善，对预算管理工作开展全过程管理，实现集团公司与成员单位之间的工作统一。主要工作内容包括但不限于：财务公司可以为成员单位制定专门的月度资金预算编制体例，根据业绩完成情况以及工作内容进行考核，并依据考核结果遴选出优秀成员单位，制定相应的奖惩制度以激发各单位积极性。

2. 提升预算执行中的监督地位

财务公司是企业集团实现资金集中管理的重要平台，通过对成员单位的相关结算业务进行集中办理，同步掌握成员单位的资金收支情况。不过，财务公司属于企业集团下属二级单位，在行政级别上，财务公司与成员单位是平级的，在资金实际调拨过程中，各成员单位的相关问题财务公司不能直接干预。因此，财务公司对于成员单位的资金收支监管力度，有赖于集团总部的管理体系设计及具体授权范围。

（四）树立全面风险管理意识，完善风险管理体系

1. 树立全面风险管理意识

完善财务公司的全面风险管理制度首先要求财务公司具备全面风险管理意识，不只是对公司目前在经营过程中存在的风险进行考量，同时还要积极预估公司在未来发展过程中可能遇到的风险。财务公司需要以风险一体化为前提开展风险管理工作，不仅需要应对各部门所面临的风险，还应从全局角度看问题，考虑风险类型组合可能带来的影响，以及如何设置防范措施。

2. 处理好业务发展与监管的关系

（1）严禁越过红线。红线理论包括所有与财务公司监督管理有关的政策法规，在实际的日常工作中，坚决不可越过红线。

（2）对黄线进行创新。黄线理论包括银监会所颁布的管理办法和相关通知中并未涉及的部分，通常情况下，监管部门会针对此类业务展开调研，针对部分可以向集团提供服务、风险不大的业务，监管单位会审核批准；对于监管部门认为还不具备创新需求、风险较大的业务将无法获得批准。无论批准与否，创新黄线仍是一种

积极的实践探索。

（3）对绿线进行规范。绿线主要包括财务公司中的部分传统型业务，如流动资金贷款、结算业务等，这部分业务同样也是监管部门对财务公司的基本考核。因此，财务公司必须对绿线业务进行严格规范，并针对业务流程设置审核标准加以约束，降低根本性业务风险。

第四章

供应链金融管理

供应链金融是近年来推进供给侧结构性改革和打造金融新态势的重要着力点，供应链金融业务的开展初衷是解决我国中小企业融资难、融资贵的难题，以整体授信方式帮助供应链上中小企业增信，缓解其融资困境。中央企业作为高信用评级主体，在国家政策支持下，纷纷走上了探索发展供应链金融之路。随着大数据、云计算等互联网技术的广泛运用，供应链金融的开展也由线下转为线上，并逐渐形成专业的金融服务平台，例如国家电网、中石油、中国电建、中国中铁等大型中央企业在供应链金融发展中都做出了尝试与探索。梳理供应链金融的相关理论和主要运作模式，总结大型中央企业在供应链金融领域的实践探索经验，具有一定的现实意义。

第一节　供应链金融概述

一、供应链金融的基本内涵

（一）供应链金融的基本内涵

供应链金融（Supply Chain Finance）是指根据真实贸易背景和自偿性，以核心企业信用为支点，为满足供应链成员在生产经营环节中的流动资金需求提供的融资和资金结算等一系列金融服务。本质为银行或金融机构信贷业务的专项分支，为链上核心企业及其供应商提供贷款融资和其他结算服务，为分销商提供预付款代付和存货融资服务。整体结构如图4-1所示。

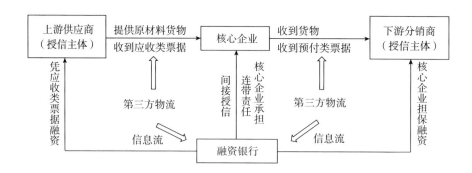

图 4-1　供应链金融结构

（二）供应链金融的构成主体

从供应链整体视角来看，供应链金融包含了金融组织者、供应链上各个企业构成的参与者及面向供应链所有成员企业的系统性融资规划，主要构成主体有核心企业、中小企业、金融机构和物流企业（见图 4-2）。

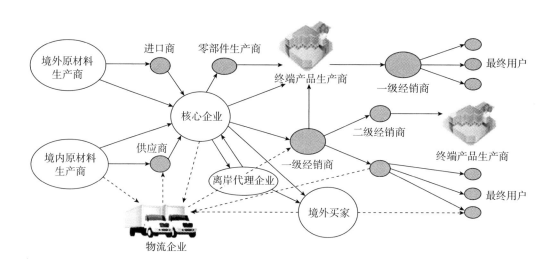

图 4-2　供应链全景图

"核心企业"作为供应链的核心，承担供应链的组建与管理功能，其信用是供应链金融支点而且通过与中小企业发展合作关系，成为最终利益的获得者。目前，一些通过核心竞争优势来布局供应链金融生态的企业，如日本的索尼、美国的惠普以及中国的海尔等，所在行业的供应链金融发展卓有成效。

中小企业常为供应链中资金需求最迫切的角色，也是供应链金融最明显的受益者。在供应链中，中小企业处于弱势地位，在交易过程中常被占用资金，但由于自身的实力不足、资产薄弱、信用评分不高等融资短板，难以顺利获得融资。而供应链金融是依据整条供应链的信用水平和偿债能力进行整体授信，从而间接降低了上下游中小企业获取融资服务的门槛。

金融机构在供应链金融中是金融服务提供者，它可以是银行也可以是其他金融服务机构，甚至是物流金融企业。金融机构对融资对象资信的衡量标准不再仅仅关注单个融资对象，而是要综合考虑整条供应链的真实交易背景、供应链稳定情况和供应链行业情况等。

物流企业在供应链金融中负责关于物资转运等相关物流运输活动，还承担金融机构的代理人和监管者角色。基于物流企业对货物产品流转的经营业务条件，可对抵质押货物的流转过程实施全面的监管工作，有利于降低金融机构风险。物流企业作为金融机构和链上企业的利益代表者，亦可以通过提供相关服务扩大盈利空间。

二、供应链金融的主要特点

供应链金融的特点表现为以核心企业为供应链上全体成员获得金融支持的信用支点，供应链上弱势企业能够获得资金注入有利于促进供应链的可持续发展，并且通过融入链上交易行为可以提高企业商业信用，增强弱势企业的竞争力，为链上企业引入更多商机。供应链金融融资更注重多方利益并重，与传统信贷融资相比拥有更多的优势，如表4-1所示。

表4-1　传统信贷融资与供应链金融融资比较

对比方面	传统信贷融资	供应链金融融资
授信主体	融资企业	供应链中企业个体或供应链整体授信
资信评级范围	单个企业	供应链整体
服务范围	提供单一信贷服务	提供整套金融服务解决方案
银行参与程度	静态关注融资企业财务状况	动态参与供应链上下游企业运营
风险程度	风险集中	风险分散
产品种类	类型少、缺乏创新性	类型丰富、个性化
信息流	只有融资企业的信息	连贯掌握整个供应链信息

第二节　供应链金融的运作模式与业务类型

一、供应链金融的运作模式

供应链网络的构成以核心企业为中心，核心企业与上游一级供应商和下游一级经销商可以视为链上资金流、信息流、物流的集合中心，供应链金融的服务范围由信息集合中心向外扩散，覆盖全体上下游二级链上企业，其运作模式根据不同的主导主体体现不同的运作特点。

（一）以核心企业为主导的运作模式

以核心企业为主导的供应链金融是核心企业处于主导地位，审核供应链上下游企业的融资申请，核心企业将为通过审核筛选的融资企业提供信用担保，银行在核实核心企业提交的相关融资申请信息后为中小企业提供相应的融资额度。如图 4-3 所示，核心企业可视为银行与有融资需求的中小企业之间的信用桥梁，该种模式可以降低银行的融资信用风险和整个供应链上企业的融资成本。

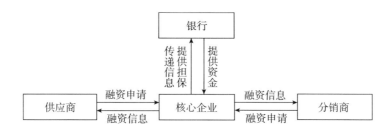

图 4-3　以核心企业为主导的供应链金融运作模式

在不同的行业特性影响下，核心企业主导的供应链金融逐渐形成两种运行模式：一种是核心企业通过设立专业财务公司服务整个企业集团，开展专业化服务；另一种是核心企业建立综合性的服务管理平台，通过开发线上交易产品加强与下游企业贸易沟通的运行模式。

1. 设立专业财务公司模式

财务公司模式就是基于核心企业财务公司的服务对链上信息资源进行有效整合和合理配置，依托产业链将适合行业专业化的内部金融服务向外延伸到供应链上下游。供应链导向型财务公司基于在商品生产和流通贸易中的金融服务作用，成为引导供应链的信息共享中心。该模式的业务覆盖纵向触角较深，对上下游各方面的管控十分重要，尤其对于供应链生产源头要加强管理，谨慎评估相关企业的资信水平和业务能力。

2. 建立综合性管理平台模式

综合性管理平台模式就是供应链上的核心企业通过建立综合性管理平台掌握上下游企业交易各环节的相关信息，打造特定类型金融产品的交易平台或综合性一站式第三方管理平台。该模式依托银行等金融机构、物流企业、增值服务商等主体的参与，为上下游企业提供各种类型的供应链金融服务，满足各类企业的多样化金融需求，促进链上各融资业务参与者共赢。

（二）以物流企业为主导的运作模式

在以物流企业为主导的模式中，物流企业提供存储、监管运输、收付款和融资等服务，直接与中小企业对接能有效降低供应链固有的信贷风险。其流程如图4-4所示。物流企业提供融资支持服务帮助融资企业向供应商垫付材料款并运输至仓库监管，之后供定期与其进行材料结算并将产成品交付给物流企业，后者按合同向经销商发货、收取货款，此为第一阶段。零售商作为融资企业与经销商签订购销合同，物流企业的子企业代付款项给经销商，在收到商品后按照合同向各地的零售商定期发货，零售商下家对接终端客户即资金流入方可随时结算款项，此为第二阶段。物流导向型供应链模式将物流功能和金融业务结合，使供应链金融的维度向更广阔的领域渗透，为物流企业带来增值性业务，有利于提升物流企业的竞争力。

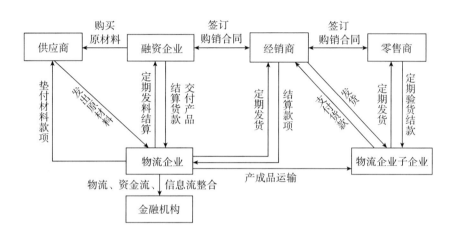

图4-4　以物流企业为主导的供应链金融运作模式

（三）以商业银行为主导的运作模式

以商业银行为主导的供应链金融是面向整条供应链上的资金缺口设计的，对上游供应商而言，应收账款对应于核心企业的应付款，即核心企业应付给供应商的货款减去已支付的部分；对于核心企业而言，应收账款对应于经销商的应付账款，每笔应收账款的产生都伴随着产品存货的转移。下游经销商对接最终客户即资金流入方，所以链条上成本产生先于资金流入，当资金存在缺口时就需要各方主体开展融资活动。商业银行在整个供应链的真实贸易基础上，基于对信息流和资金流的把握，以核心企业为资信评估主体，开展供应链金融服务。其流程如图4-5所示。

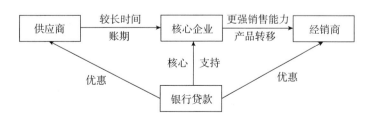

图4-5　以商业银行为主导的供应链金融运作模式

（四）以电商平台为主导的运作模式

电子商务平台利用平台上的交易、物流、资金等数据作为企业信用的参考指标，为中小企业融资提供担保或用自有资金为其提供资金支持。电商平台开展供应链金融服务有天然的数据优势，将平台上基础数据通过分析，依据其经营履约情况给予授信，这是其他运作模式所不具备的。目前，我国主流B2B电子商务平台通过对平台基础数据的分析，为信用良好的购买者提供先货后付的预付款融资模式，并且通过对平台上支付需求的分析，继续拓展支付领域的供应链金融服务。比如，利用信息处理技术对平台上的数据信息进行整合，将整合后的信息打包出售给合作企业、商业银行以及其他金融机构。合作企业、商业银行等金融机构，对于提供的信息进行审核，以真实的交易背景信息作为信用参考，为平台内的中小企业或客户群体提供贷款。其流程如图4-6所示。

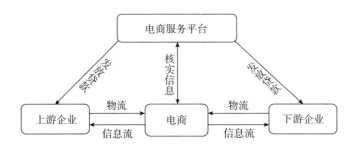

图4-6 以电商平台为主导的供应链金融运作模式

二、供应链金融的业务类型

供应链金融的核心业务内容是融资，交易过程中的资金支出和收入产生于不同时期，导致企业运营中容易出现流动资金缺口。在采购阶段，下游企业面对处于定价优势地位的供应商的付款压力，容易出现采购资金缺口。在运营阶段，中小企业由于存货积压造成流动资金沉淀。在销售阶段，购货方延长货款收回期，同样会使企业形成流动资金周转紧张的局面。因此，根据供应链上不同企业所处的不同阶段、资金需求的差异和各企业的资产负债表变动情况，形成以下三阶段基础业务体系（见图4-7）。

（一）销售阶段的应收账款融资业务

应收账款融资业务是根据上游供应商与核心企业间的真实交易产生的应收账款债权，上游供应商以该债权向金融机构申请抵押贷款融资，由核心企业承诺向金融机构付款，为上游供应商提供担保。在融资关系中，有融资需求的企业是应收账款债权人，核心企业作为债务人也是融资企业的信用担保方，其业务模式如图4-8所示。

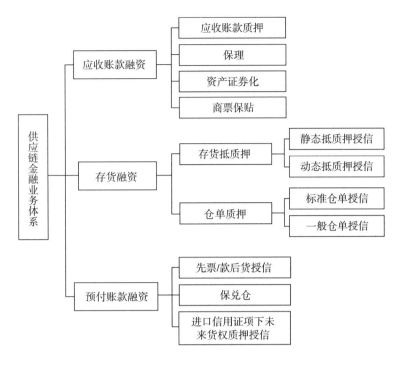

图 4-7 供应链金融业务体系

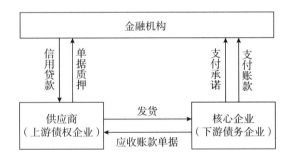

图 4-8 供应链金融应收账款融资业务模式

1. 应收账款质押

应收账款质押融资业务指上游生产企业把赊销产生的未到期应收账款向金融机构有条件地转让或质押，商业银行为其提供资金融通、应收账款催收、坏账担保等金融服务。其业务模式如图 4-9 所示。该类融资业务还款方式灵活，融资期限有一定弹性，可以使应收账款提前变现，有效地加快了中小企业运营资金周转速度。

2. 保理

保理融资是指上游卖方企业将与核心企业在交易中形成的应收账款转让给保理公司进行融资申请，保理公司在审核批准后通过融资平台将投资人投入款项发放给卖方企业，并作为应收账款的新债权人收取买方到期款项用于偿还投资人本息并获取收益。其业务模式如图 4-10 所示。在保理合作银行既定额度内，融资企业可以随时通过简便保理融资的手续获取流动资金，在保理一般业务模式的基础上，供应链金融保理业务的开展有了多种融资形式的尝试，最常用的有联合保理和反向保理。

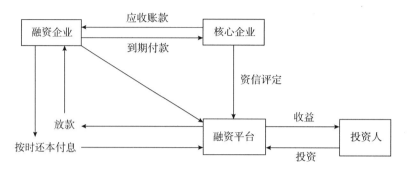

图 4-9　应收账款质押融资业务模式

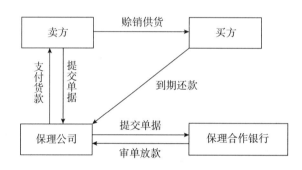

图 4-10　保理融资业务模式

（1）联合保理。指两家及以上的保理商联合为供应商提供资金融通、账款催收等服务。联合保理的特点就是能够提供大额、长期的资金，各保理商之间资金优势互补，可拓宽保理商融资业务渠道。联合保理业务模式对于有巨额资金需求的大中型企业和对异地采购业务频繁的融资企业更为适用，同时也有利于风险管控能力不强或自身资金实力不足的保理商开展融资业务。

（2）反向保理。这是一种供应链保理业务的衍生融资工具，保理商根据提前与买方订下的协议向买方的约定供货企业提供融资，供货方在交付货物后向指定保理商提示承兑票据然后获得相应融资，买方依协议在票据到期时向保理商偿付应收账款。其简易流程如图 4-11 所示。反向保理具有鲜明的营销批量化、风险集约化、操作简单化的特征，反向保理业务中的信用评估主体为供应链上的买方企业，买方企业多为供应链上高资信评级的大型企业，有利于降低保理业务相关风险。

3. 资产证券化

（1）资产证券化（Asset Backed Security，ABS）是指以基础资产未来产生的现金流为偿付支持，经信用增级后在二级市场发行证券售卖给投资者的融资业务，实质是将缺乏流动性的沉淀资产转化为具备流动性的证券化资产。资产证券化使原始债权人得以将项目运营中产生的金额零碎、回收期参差不齐的应收账款债权打包循环出售给投资者，快速获得资金回流。资产支持证券在不影响企业财务杠杆的情况下盘活资产，提高资本充足率，有利于改善证券发行方的财务状况，原始权益人能够保持和增强自身的借款能力，不丧失对企业的经营决策权。其业务模式如图 4-12 所示。

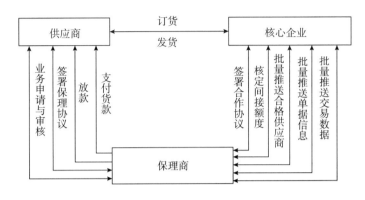

图 4-11 反向保理模式

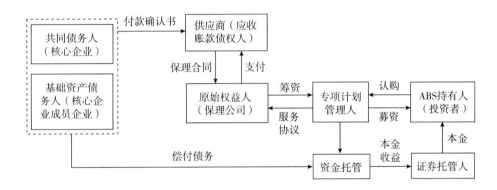

图 4-12 资产证券化模式

（2）资产支持票据（Asset-Backed Notes，ABN）是指发起机构将自身拥有的能够产生稳定现金流的资产出售给受托机构，受托机构将其作为基础资产发行商业票据，通过投资者认购换取流动资金。资产支持票据的信用支持要求较高，供应链上下游企业拥有的部分债权债务关系虽然可以产生稳定的现金流但无法达到银行信用门槛，因此由核心企业将这些债权归集作为基础资产用证券化技术盘活，转化为新型的证券化产品。因此供应链 ABN 产品主要面向融资需求大、存量资产足的链上大型核心企业。供应链金融背景下发行的 ABN 多以应收账款类资产为基础资产，包括建设—转移合同债权、承兑汇票、货物应收款和融资租赁合同债权。资产支持票据的主要特点是增加了评级和透明度，更趋向于标准化产品，有利于盘活企业资产，缓解低信用评级企业的融资困难，还可以通过从资产负债表中转移资产和负债，降低发起人的资产负债杠杆水平。资产支持票据的产品交易涉及多方参与主体，主要包括委托人、债务人、受托人、承销商、相关管理机构和投资者。其具体交易结构如图 4-13 所示。

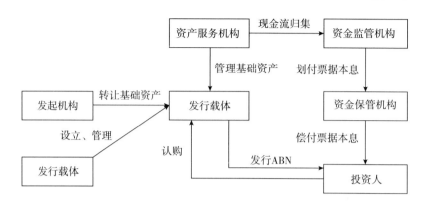

图 4-13 资产支持票据交易结构

4. 商票保贴

商业承兑汇票保贴（简称商票保贴）指在核定授信额度和期限内，银行对特定承兑人承诺承兑的商业汇票以事先约定利率贴现的一种票据行为。也就是该业务赋予了承兑人一定的保贴额度，具体包括两种情形：一是上游核心厂商是收款人/持票人，商业银行将贴现额度授予下游经销商/终端用户，如图 4-14（a）所示；二是下游核心厂商是付款人/承兑人，将商票支付给上游供应商，商业银行将贴现额度授予上游供应商，如图 4-14（b）所示。

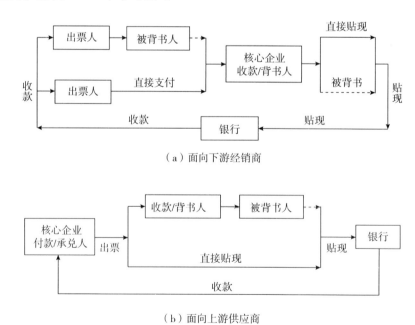

（a）面向下游经销商

（b）面向上游供应商

图 4-14 商票保贴融资业务

（二）运营阶段的存货融资业务

存货融资业务是在第三方物流企业的参与下，融资企业质押存货向金融机构申请融资的业务。物流企业的参与作用主要为提供货物监管服务并提供必要的信用担保，因此相应地简化了金融机构的信息审核流程。由于物流公司承担了更高的风险，将会加大对质押存货的监管力度，进而有助于供应链整体的经营安全。其业务模式如图4-15所示。

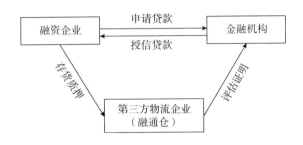

图4-15　供应链金融存货融资业务模式

1. 存货抵质押

（1）动产抵质押融资。指融资方以合法拥有的多地储存或在途动产为质押物向银行申请融资，银行合作物流企业对质押动产进行全流程监管，实时保障质押动产的总体市场价值高于银行设定的最低限额，且限额以上的抵质押货物可以出库，支持以货易货。其业务模式如图4-16所示。

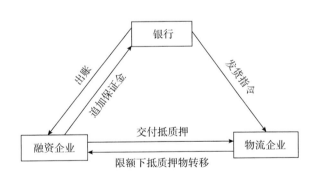

图4-16　动产抵质押融资业务模式

（2）静态抵质押融资。指融资方以合法拥有的静态动产作为质押物向银行申请融资，银行委托第三方物流企业占有质押动产并提供自有库监管、在途监管和输出监管等服务。静态动产质押融资模式的特点为第三方物流企业通过代银行占有动产来降低银行的信贷风险，在该业务模式下，抵质押物不支持以货易货，申请人需打款赎货。其业务模式如图4-17所示。

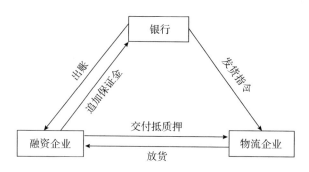

图 4-17　静态动产抵质押融资业务模式

2. 仓单质押

仓单质押融资指借款方将合法占有的货物存储于银行规定的第三方仓储公司，以仓储公司开具的仓单向银行申请短期质押融资的业务，对质押商品的实时管控是该模式的核心，商业银行普遍选择仓储管理业务能力强的仓储企业进行合作。其业务模式如图 4-18 所示。

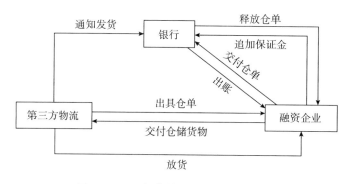

图 4-18　一般仓单质押融资业务模式

（三）采购阶段的预付账款融资业务

预付账款融资业务是指核心企业提前收取下游购货商货款并承诺未来某一时期交货，购货商没有拿到货物无法取得货物的销售收入，因此下游购货方将未来提货权进行抵押融资。在该模式中，金融机构拥有货物的所有权，可以通过通知购货方分批取货，用上一次销售收入来支付贷款，保证下游购货商可以持续获得销售收入资金维持正常的经营，同时金融机构的放贷风险也可以得到有效的控制。其业务模式如图 4-19 所示。

1. 先票/款后货授信

先票/款后货授信是指融资企业在获得银行授信和交纳保证金后，向制造商支付全部购货款；制造商按照合同及约定发运货物，货物到达指定物流仓储方后设定抵质押。其业务模式如图 4-20 所示。

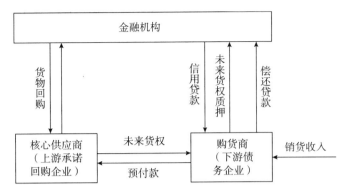

图 4-19　供应链金融预付账款融资业务模式

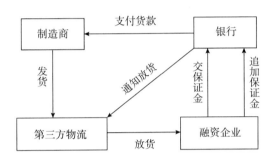

图 4-20　先票/款后货授信业务模式

2. 保兑仓

保兑仓模式又称买方信贷，经销商依照买卖合同向银行缴存保证金并申请为供应商开出支付货款的银行承兑汇票，供应商取得汇票后向指定保兑仓发运货物，仓储企业收到货物后向银行做出承兑担保，其后转化为仓单质押。其业务模式如图4-21所示。

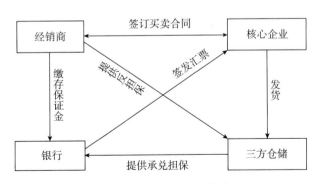

图 4-21　保兑仓业务模式

3. 进口信用证项下未来货权质押授信

进口信用证项下未来货权质押授信是指银行在进口商缴存部分保证金之后，为进口商开具信用证进行货款结算的短期融资授信业务。该业务模式适用于有融资需求的进口企业，信用证结算有利于规避企业信用风险，通过将收到的信用证在国外银行申请融资，可以减轻自身资金压力。其业务模式如图 4-22 所示。

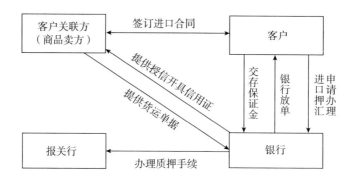

图 4-22　进口信用证项下未来货权质押授信业务模式

第三节　中央企业供应链金融的实践探索

一、中央企业供应链金融发展阶段及动因

（一）中央企业供应链金融发展阶段

20 世纪 70 年代，我国企业普遍重视产品质量，到了 80 年代，企业开始重视如何提高生产效率。随着经济全球化的发展，企业已经进入知识经济和信息经济时代，越来越激烈的市场竞争促使企业寻求更有效的管理方式。90 年代以后，企业开始重视供应链管理，以提高自身的竞争力，这为供应链金融的发展奠定了基础。

早在 20 世纪 70 年代，我国就出现了商业票据贴现。改革开放以来，我国经济快速发展，到 90 年代银行针对进出口贸易开始提供结构性短期融资工具，贸易融资就是基于商品交易形成的金融业务，如存货、应收账款和预付款融资。在此阶段贸易融资逐渐被银行和企业接受，并逐渐走向成熟，21 世纪初，针对贸易融资开始出现各种融资产品。现阶段的运作模式主要由商业银行主导，供应链核心企业进一步加强与商业银行的合作，依靠核心企业信用带动供应链上下游中小企业的融资业务发展。

基于银行主导模式对供应链运作和企业信息控制不强，供应链金融逐渐发展成为供应链核心企业主导的模式。核心企业对于产品信息、供应链业务周转及企业物流情况充分了解，在风险控制方面具有优势。然而，由核心企业主导的运作模式也有一定局限性，与一般直接融资业务相比具有业务封闭性，但单一企业融资只能惠及一级供应商、客户，无法实现核心企业信用在多级供应商之间的流转。

自党的十九大以来，供应链金融作为供给侧结构性改革的重要抓手，中央多次发文推动供应链金融的发展，鼓励核心企业建立自有供应链金融服务平台，供应链金融进入快速发展阶段，许多中央企业已经建立起了自己的供应链金融服务平台。2017年9月，ZTJ第一个供应链金融服务平台"TJ银信"正式上线，2018年11月，中国电建供应链金融服务平台"电建融信"投入运营以及其他中央企业供应链金融服务平台相继建立，标志着供应链金融已经进入深化发展阶段。

（二）中央企业供应链金融发展动因

1. 促进主营业务提质增效

随着供应链金融业务流程的逐渐标准化，供应链金融平台的建设可以促进企业主营业务质量和效率的提高。在主业营销方面，"信用凭证"作为支付手段的支撑，能够在一定程度上有助于垫资施工合同的承揽和垫资利息的获取，帮助扩大主业合同份额，带来增量效益。在采购合同中，将"信用凭证"作为支付手段嵌入物资劳务等合同的付款条款中，对物资、劳务的集中采购既有战略形成呼应，又能发挥良好的协同效应。

2. 充分发挥中央企业信用优势

目前，有许多中央企业凭借信用优势纷纷开发各自的供应链金融服务平台，为供应链上各企业提供一种新的结算支付工具，同时模拟中心银行发行货币的原理开展供应链金融，通过互联网技术将中央企业良好的商业信用转化为"可辨别、标识、流转、拆分"的信用凭证，从而有效地管理企业的负债端，从传统的财务管控模式转为负债经营模式，提升负债端的资产价值。例如，中国电建的"融信"可以在多级供应商之间流转，为供应链上的中小企业提供高效的信用结算方式，对提升中央企业的整体经营效率起到积极作用。

3. 提高产业链核心竞争力

在互联网技术高速发展的今天，企业之间的竞争更是产业链之间的竞争。在中国，中央企业是在所属行业中信誉最高的企业，也是产业链中具有领导力的核心企业，中央企业通过供应链金融将产业链上中小企业结合形成紧密的产业集群，构筑起自己的战略联盟，让产业链上各企业都能享受供应链金融带来的红利，以带动整个产业链的降本增效。通过对产业链上各企业融资情况和履约情况的数据收集，能够更好地筛选出优质企业参与供应链的运营，起到优化供应链的效果，进一步提升产业链竞争力。

4. 集团财务管理集中结算

中央企业一般拥有众多分公司、子公司以及项目单位，因此中央企业的资金资源分散于各成员单位间。随着财务公司的成立，供应链金融深入开展，相比于传统的以资金为财务管理的模式，信用管理模式具有明显的优势，不仅可以通过供应链的管理深入到供应链中的每个环节，涉及的链条更长，还可以实现对中央企业优质信用的分配，并在各成员单位、企业间流转、拆分、融资等供应链全流程的高效管理，将资金精准地注入供应链环节中，实现供应链金融平台在财务管理中对于集中结算的促进作用，助力中央企业实现集中管理战略。

5. 降低融资成本和负债规模

核心企业建立供应链金融服务平台可以降低企业的实际融资成本和财务费用。传统的购货方式一般根据核心企业付款账期会在基准价的基础上上浮价格，导致采购成本的提升，通过构建供应链金融平台，可以有效降低融资成本及企业金融负债规模。由于使用"信用凭证"变现属于表外化的融资，与没有构建供应链金融平台的核心企业相比，当急需资金时企业只能选择股权融资或者债权融资，显然供应链融资是更优的解决方式。

二、中央企业供应链金融发展模式及经验

（一）中国电建

1. 发展模式

中国电建是由国资委投资设立的国有独资公司，其主要业务有工程承包与勘测设计、电力投资与运营、房地产开发、设备制造与租赁及其他。中国电建作为大型中央企业，在电力建设供应链上拥有数以万计的供应商和经销商，通过设备物资集中采购电子平台、装备电商平台、招标与采购网、中国电建公共资源交易系统等为成员单位的上下游中小企业提供服务。2018 年 11 月，由中电建保理公司成立的中国电建供应链金融共享服务平台——电建融信上线，作为中国电建的创新型支付方式，电建融信具有高信用、自由拆分、自主转让、任意贴现、安全、高效等特性，可以在各成员单位及合作企业间流通，有效解决成员单位间三角债问题，降低企业财务费用，为供应链上各企业提供了便捷的融资渠道，实现了中国电建整体信用的提升。中电建保理公司秉承构建和谐、稳定的供应链生态圈的目标，为中央企业信用更好地惠及中小企业，依托电建融信平台，在科技赋能金融服务方面和重塑企业商业信用方面贡献部分力量。

2. 经验启示

中国电建通过搭建自有供应链金融服务平台，充分利用资本市场融资工具，在国内证券交易所、金融交易所、银行间市场和海外资本市场进行债务融资和股权融资，发行证券交易所小公募债、私募债以及银行间超短融、短融、中期票据等产品，丰富了中国电建融资渠道。同时，中国电建针对流动性风险采用循环流动性计划工具管理资金短缺风险，既考虑了应付类账款和票据的到期日期，也考虑了股份公司经营的未来现金流量。

（二）中粮集团

1. 发展模式

中粮集团是中国最大的农业、粮食和食品企业，在中国农产品和食品领域中处于领先地位，主营业务包括粮食收购、食用农产品、进出口业务、房地产开发经营业务等，业务范围覆盖全球 140 多个国家和地区。

中粮集团通过完整产业链的概念，监控从原材料生产到食品销售的整个过程，

使得供应链上各参与主体紧密联结。中粮集团抓住生产和销售两个环节中的核心企业，统一业务流、物流、资金流和信息流，进行供应链金融的融资尝试，不断发展供应链金融融资模式和融资产品，已形成农业供应链金融 5 种融资模式和 17 种融资产品的结构性融资布局。中粮集团于 2009 年 7 月成立中粮信托有限责任公司专门负责集团供应链金融业务，积极探索创新产融结合、农业供应链金融的新模式。

2. 经验启示

中粮集团作为供应链上的核心企业，与供应链上下游的中小企业、农户和消费者形成了统一整体，为农业供应链的各个环节提供全方位的金融解决方案。中粮集团在融资产品设计方面体现出较强的创新性，形成了"公司+合作社"模式、"合作社+农户"模式、"（收储加工）公司+农户"模式、"（农资）公司+农户"模式、"核心企业+中小供应商"模式，拥有种植贷、农资贷、粮贸贷等 17 种融资产品，同时，依据借款人实际情况，运用信用、抵押等担保方式给予贷款。在整个产业链战略的指导下，中粮集团依托市场和融资企业的实际情况，对供应链金融的探索和产品创新能力值得其他企业借鉴。

（三）国家电网

1. 发展模式

国家电网公司成立于 2002 年 12 月，在原国家电力公司部分企事业单位的基础上改制为国家电网公司。国家电网公司的金融业务是公司的重要组成部分，是产业与金融融合的平台，涉及银行、保险和资产管理三大业务领域。在银行业务方面，通过中国电力财务公司和国网国际融资租赁有限公司开展供应链金融服务，秉承"服务主业"、"服务行业"的目标，立足电网，为供应链上下游清洁能源、电气装备、能源科技等中小企业提供全品种、线上化、个性化的快捷、高效、安全、便捷的金融产品与服务，积极开展电网供应链融资租赁和保理业务，推进与电网主业和产业单位的深度融合，打造专注于能源和电力供应链的金融服务品牌。在资产管理业务方面，深化资产运作平台功能，扩大融资服务规模，依托信托公司、证券公司、期货公司和基金管理公司为电网建设资金管理提供服务，发挥强大的产业链信息优势，坚持电力产业链发展道路，以供应链金融为主要模式，延伸到电力上下游企业，深入服务电网系统的融资需求。

2. 经验启示

国家电网基于电力"产—供—销"以及电力基础设施的建造和维护的业务布局，拥有超长的产业链条，由于在基础设施建造中需要垫付大量的资金，信用体系的构建成为供应链上中小企业和财务公司等金融机构共同面临的现实需求。国家电网是中国第一家将区块链技术应用于供应链金融的中央企业，为其他企业开发和应用区块链技术提供了范例。区块链本质上是一个以区域为中心的数据库，具有分布式数据存储、一致性机制、点对点传输、加密算法等特点。基于区块链技术在数据上的不可篡改性，大大简化了供应链金融在授信环节的审核程序，提升了数据的安全性和交易的真实性。国家电网通过区块链技术以场景化方式展现了供应链创新发展成果，为其他企业推动数字化、可视化智能工厂建设，提升设备质量及供应链效率提供借鉴。

三、中央企业供应链金融实践效果分析

（一）丰富企业融资渠道

供应链金融产品有助于企业拓宽融资渠道，加速链上企业资金循环，在有效降低财务公司、银行等金融机构风险的情况下，调动金融机构贷款积极性，从而形成一个高效、畅通、可循环的资金生态圈。中央企业通过成立供应链金融服务平台，创新电子信用凭证，盘活了中小企业的应收账款权益，提高了产业链的整体供给效率和资金流转效率。

（二）优化企业财务结构

中央企业凭借自身信贷优势提升供应链的整体信用，降低供应链上各融资企业的资本成本，有效降低企业集团的有息负债规模。供应链整体信用的增强使得上下游中小企业的融资成本同步降低，有利于扩大中央企业"信用凭证"的开具规模，有效管理企业的负债端。中央企业通过供应链融资开展应收账款资产证券化业务、应收账款资产支持票据业务，实现财务结构优化。截至 2017 年底，中央企业平均资产负债率为 66.3%，同比下降 0.4%，其中有 62 家中央企业资产负债率相比上年有所下降，更有 40 家中央企业资产负债率下降幅度超过 1%。截至 2018 年 7 月，中央企业产成品和应收账款占企业流动资产的比重同比下降 2.4%，资产现金回收率提高 0.6%[①]。可以看出，供应链金融的发展对企业整体负债率呈现下降趋势有积极作用。

（三）提高产业链核心竞争力

随着供应链金融的发展，供应链上下游中小企业越来越靠近核心企业，各参与主体形成一个紧密结合的整体，并建立自己的战略联盟，从而带动整个供应链的成本降低和效率提高，助力供应链中的参与实体高质量发展。中央企业秉承"服务主业，提质增效"的理念开展供应链金融，提高中央企业核心竞争力，如中国电建 2018 年营业收入 2946.78 亿元，营业收入比上年增长 10.69%，主营业务营业收入 2413.11 亿元，增长 9.98%。利润 76.95 亿元，较上午增长 3.79%，国家电网 2018 年营业收入 25469.88 亿元，同比增长 8.5%，主营业务营业收入 25379.84 亿元，增长 8.6%[②]，其核心主业持续保持行业领军地位。

（四）提高商业信用使用效率

通过搭建供应链金融服务平台，中央企业为供应链上的所有参与者提供了一种全新的结算方式，这与以往单一的现金结算方式相比是一个突破。供应链金融平台

---

① 资料来源：Wind 数据库。
② 资料来源：根据公司 2015~2019 年财务报告整理。

开具的"信用凭证"具有高信用、可拆分、可转让的特性，使中央企业的商业信用在产业链内"类货币化"，供应链金融服务平台一上线，就得到了广大中小企业的认可，"信用凭证"开具量呈现良好增势，如电建融信上线 13 个月开具融信规模突破 100 亿元[①]。中央企业的商业信用得到了有效的运用，同时降低了链属企业的融资成本，对各大中央企业数量庞大的供应商而言，供应链金融服务平台上对供应商提供服务数量目前仍相对有限，未来具有很大的开发空间。

第四节　ZTJS供应链金融的发展与优化

一、ZTJS 供应链金融发展基础

（一）母公司供应链金融发展历程

1. 母公司供应链金融内在需求

建筑业的典型特征是应收账款的集中度非常高，应收账款是流动资金被占用的表现方式，其规模越大说明企业融资需求就越高。除应收账款外，流动资产中的预付账款和存货的结构情况也需要关注，预付账款是采购过程中外单位对本企业的资金占用，若预付账款占营业收入的比重增高，说明企业的市场竞争力变弱；存货是对企业资金的另一种占用形式，企业售出产品并获得销售收入才能将资金加入企业下一轮的生产经营中，因此资产负债表中存货占总流动资产比重不宜过高。ZTJS 母公司 ZTJ 2015~2019 年流动资产规模数据情况统计如表4-2 所示。

表4-2　2015~2019 年 ZTJ 流动资产规模变化

指标	2019 年	2018 年	2017 年	2016 年	2015 年
营业收入（亿元）	8305	7301	6810	6293	6005
流动资产（亿元）	7558	6503	6529	6113	5752
应收账款（亿元）	1121	993.8	1465	1334	1280
预付账款（亿元）	243.4	186	188	200	232
存货（亿元）	1949	1599	2666	2658	2456
应收账款/营业收入（%）	13.49	13.61	21.51	21.20	21.32
预付账款/营业收入（%）	2.93	2.55	2.76	3.27	3.86
存货/流动资产（%）	25.79	24.59	40.83	43.48	42.70

---

① 资料来源：根据公司 2015~2019 年财务报告整理。

由表4-2的数据可知，五年间ZTJ的应收账款占营业收入的比重逐渐攀升至20%以上，于2018年才有所回落。ZTJ预付账款总额连年下降后反弹，从2015年末的232亿元下降到2018年末的186亿元，2019年末总额反弹至高达243.4亿元，但与营业收入同级别的其他企业相比规模较小。从存货占用资金情况来看，由于建筑业的行业特性，业务开展过程冗长，涉及库存商品采购的业务量和结算额较大，因此，大型建筑企业的存货占流动资产的比例基本为40%左右，并且变动趋势较为同步。

除流动资产规模外，资产流动速度对企业融资需求也有较大影响。此处选取建筑业达到千亿元级营收的4家代表性企业，对各单位的应收账款和存货的流动速度进行对比，如表4-3所示。

表4-3　2015~2019年建筑中央企业资产流动速度情况统计　　单位：天

企业名称	类别	2019年	2018年	2017年	2016年	2015年	平均值
ZTJ	应收账款	46	61	74	70	73	64.8
	存货	85	117	155	161	160	135.6
上海建工	应收账款	54	47	48	46	40	47.0
	存货	160	179	199	171	142	170.2
中国中铁	应收账款	44	64	78	77	80	68.6
	存货	86	110	135	145	159	127.0
中国交建	应收账款	58	56	56	61	55	57.2
	存货	41	75	113	126	128	96.6
中国中冶	应收账款	71	87	106	109	99	94.4
	存货	71	125	204	223	211	166.8

资料来源：根据各公司2015~2019年财务报告整理。

从行业平均水平来看，ZTJ的应收账款和存货的周转速度都属于中等水平，对流动资金需求较旺盛，在以ZTJ为核心企业的流动资产管理中，考虑到行业特性和企业自身融资需求，盘活应收账款加速资金回转、缩短存货的资金占用周期为ZTJ的重要融资方向。ZTJ作为高信用评级的核心中央企业，凭借产业链上核心企业地位，利用信用替代机制为链上成员企业盘活资产，加速产业链上资金流转效率，是ZTJ的必然选择。

2. 母公司供应链金融平台建设

ZTJ在建筑行业的核心企业地位突出，并且金融服务产业发展成熟，金融产业主要二级单位有财务公司和资产管理公司，供应链金融的生态环境建设已较为成熟。ZTJ的金融服务涵盖资金结算及存款、综合授信管理、同业存放、贷款及融资租赁、同业拆借等业务，各单位间的信息流、资金流和物流汇聚构成了金融生态系统的结构闭环。ZTJ基于核心企业的产业信息集中优势，开发了线上供应链金融平台——银信平台，资产管理公司主要负责基于银信平台开展的供应链金融融资服务。银信平台可以视为 ZTJ 供应链金融生态的基础框架，集团网群通过加入平台注入信息流和资金流，实现以二级单位为次级核心企业的供应链的交汇。

（二）ZTJS 供应链金融发展动因

1. 负债降压需求

ZTJS 的建筑施工行业性质决定了公司的项目建设周期长，项目资金沉淀期导致该行业企业普遍负债率较高。2016～2018 年，ZTJS 资产负债率分别为 83.67%、83.38% 和 84.88%，处于较高水平，同时总负债规模呈阶段性增长。以房屋工程建设为主业的 ZTJS 存货主要为在建项目、已建成项目以及已完工未结算的工程施工款，高增长的存货不利于资产流动性及盈利能力的提升。2016～2018 年，其存货规模占当期总资产比例分别为 19.93%、16.59% 和 10.69%。行业特征还导致 ZTJS 流动负债占比较高。2016～2018 年，ZTJS 的流动负债在总负债中占比分别为 97.38%、99.75% 和 99.84%。其中，应付票据及应付账款分别为 241.50 亿元、276.02 亿元和 306.17 亿元，应付票据及应付账款规模在总负债中的占比均超过 60%，会给 ZTJS 公司的资金管理、资金流动性和偿债能力带来不确定性。

2. 经营垫资需求

ZTJS 的资金流出需求与资金流入规模并不匹配，2016～2018 年，ZTJS 经营活动产生的现金流净额分别为 25.94 亿元、2.10 亿元和 -7.78 亿元，呈下跌趋势。2019 年 1～9 月，公司经营活动产生的现金流净额为 -30.01 亿元，主要是公司建筑承包合同执行期一般在 2～3 年，回款时间较长且建筑施工行业公司的回款大部分集中在年底，影响三季度现金流。随着国家各项建设战略的推进，公司未来承接的重点项目数量将保持增长趋势，ZTJS 经营承揽业务规模和营业收入规模庞大，由于资金回流时效漫长，导致 ZTJS 经营垫资压力逐年上升。

3. 分工合作需求

ZTJS "施工总承包、房地产、投资、物流贸易" 四大业务板块齐头并进，以 "建造+投资+物流" 多轮驱动模式为动力，加速推进企业转型升级，商业银行的传统信贷业务开办时间较长，办理流程较复杂，低效的传统信贷融资已经无法满足企业升级转型产生的融资需求。目前集团内部已形成完整的工程承包和房地产开发产业链，并且物资供应和物流贸易业务发展相当完备，分销商和供应商与公司独立交易不利于产业链整体资源配置，开展供应链金融有利于加强三类业务板块的相互作用，满足企业转型过程中的分工合作需求，强化 ZTJS 成员单位间的合作，实现信贷资金的定点高效投放，提升 ZTJS 的整体行业竞争力。

二、ZTJS 供应链金融发展现状

（一）ZTJS 供应链金融业务类型

1. 基于银信平台的电票保贴融资

ZTJS 的银信融资业务是基于母公司 ZTJ 搭建的线上供应链金融服务平台开展的，是银信平台的注册二级单位，实质相当于商票保贴业务互联网化，是 ZTJS 当前重点推广的供应链金融业务。当前 ZTJS 通过年度计划将铁建银信作为单独的支付品类单独预算，根据银信平台对公司的交易合同、财务状况和款项交付情况等方面评估后审批的授信额度，结合年度预算切分并下达银信预算指标。通过建立月度计划监控体系，保证每月资金计划单独上报并核定银信支付计划。对于产生的超预算银信额度，则建立独立的审批制度审核支付。为了优化银信业务操作，公司为供应商制定了完善的业务操作指导手册，并规范合同文本明确银信支付方式和供应商融资利率。

自 2017 年 11 月 22 日开立首单银信之后，ZTJS 银信业务推广顺利，银信开具量逐年走高。2018 年全年开立 3933 张共计 23.96 亿元银信额度，截至 2019 年 8 月底已开立 3112 张共计 21.17 亿元银信额度。当前银信融资业务已在 ZTJS 除国际业务以外的施工板块实现全面覆盖，房地产和物贸板块开始全面试点，基本实现 ZTJS 全部产业板块的流通，力求公司上下合理使用银信结算凭证，达到保证工程履约、撬动经营生产的效果，银信平台运行模式如图 4-23 所示。

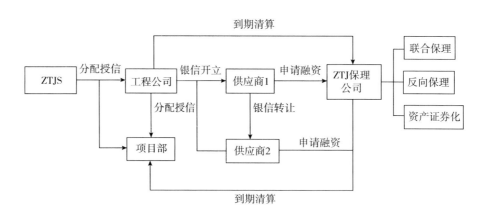

图 4-23 银信平台运行模式

资料来源：根据公司官网资料手工绘制。

2. 反向保理融资

针对企业的实际需求，供应链金融反向保理业务以中央企业为授信主体，向上覆盖上游优质中小供应企业。集团于 2019 年 2 月与上海银行合作成功落地 ZTJS 首单线上反向保理，以 ZTJS 无条件付款责任为保障。反向保理业务简易流程如图 4-24 所示。

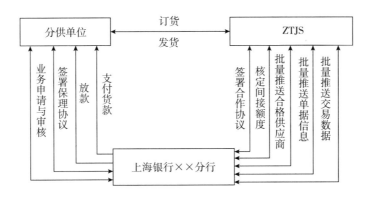

图 4-24　ZTJS 反向保理简易流程

资料来源：根据公司官网资料手工绘制。

3. 应收账款资产证券化

（1）资产支持证券。资产支持证券是一种债券性质的金融工具，发行企业通过应收账款证券化业务，实现已确权但未到回款期的应收账款提前收回，有利于盘活企业资产，实现资金提前回笼，加速资产周转速度。2016 年 12 月 30 日，ZTJS 成功发行中央建筑企业第一单无追索应收账款证券化产品——中银证券 ZTJS 一期应收账款资产支持专项计划，此次专项计划设置优先级资产支持证券——TJ1A 和次级资产支持证券——TJ1B 两类（见表 4-4）。

表 4-4　专项计划基本情况

系列	起息日	到期日	还本付息方式	评级	规模（亿元）
优先级	2016 年 12 月 30 日	2018 年 12 月 30 日	兑付日付息，到期一次还本	AAA	8.40
次优级			兑付日付息，到期一次还本	AA	1.26
次级			到期分配剩余收益	未评级	0.84

资料来源：根据公司相关公告整理。

该专项资产支持证券的基础资产为来自教育业、房地产、公用事业、金融业、制造业、能源业和通信业等行业的应收账款债权，行业分散程度较高，基础资产质量较好，因此可展开无追索证券化融资，其产品交易结构如图 4-25 所示。

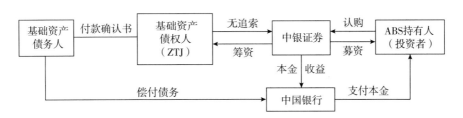

图 4-25　资产支持证券交易结构

资料来源：根据产品发行公告及说明书整理。

此次专项计划采取无追索形式，有助于降低核心企业坏账损失，降低企业应收账款管理成本。该模式有效规避了应收账款债务人的直接融资弱势，通过将基础资产打包发行资产支持证券能快速变现核心企业的应收账款，由于不会影响企业财务杠杆，还有利于改善其财务状况。

（2）资产支持票据。资产证券化业务在加速资产周转、降低资产负债率、优化财务报表等方面有诸多优势，使其越来越受到融资企业的青睐。2019 年 12 月 1 日，北京一方 2019 年度第二期 ZTJS 供应链金融资产支持票据以集中配售的方式在银行间市场公开发行，发起机构为北京一方商业保理有限公司，以 ZTJS 应收账款债权为基础资产。此次发行规模 3.7 亿元，产品期限 1 年期，信用评级为 AA+，优先级资产支持票据通过集中簿记建档确定价格，采用固定利率到期一次偿还。资产支持票据的发行涉及多方参与机构，主要为信托当事人和参与机构及其他支持机构两类（见表 4-5）。

表 4-5　ZTJS 资产支持票据发行项目的参与机构

参与角色	机构职能	机构名称
信托当事人	委托人/发起机构	北京一方商业保理有限公司
	受托人/受托机构	中粮信托有限责任公司
参与机构	发行载体管理机构	上海国际信托有限公司
	主承销商/资金保管机构	招商银行股份有限公司
	登记托管机构	上海清算所
	评级机构	中诚信国际信用评级有限责任公司
	法律顾问	北京市金杜（广州）律师事务所
	加入债务人	ZTJS 集团有限公司

资料来源：根据公司相关公告整理。

该项目基础资产为发起机构通过开展公开型无追索权保理业务而合法所有的应收账款债权及其附属担保权益。本期基础资产中债权人与债务人不存在关联关系。前述应收账款债权具体包括贸易应收账款债权和工程应收账款债权，总额占比分别为 62.91% 和 37.09%，且应收账款债权的付款义务均由作为初始债务人的建设方及集团予以确认。基础资产池总体情况如表 4-6 所示。

表 4-6 基础资产池概况

项目	数据
应收账款余额总计（万元）	38928.39
应收账款笔数（笔）	460
债权人户数（户）	338
债务人户数（户）	3
单笔应收账款最大余额（万元）	700
单笔应收账款平均余额（万元）	84.63

资料来源：根据公司相关公告整理。

入池基础资产对应债权人的地域分布较为分散，分布于河南省、北京市、安徽省等 28 个省市，其中位于河南省的基础资产金额占比最多，其次为北京市。单笔应收账款余额主要集中在 100 万元以下，按应收账款未偿余额计算，未偿余额占比最大的单笔为 700 万元，占比 1.80%。资产池中单笔未偿余额及占资产池总余额比例情况如表 4-7 所示。

表 4-7 基础资产单笔未偿余额分布

单笔未偿余额（万元）	占比（%）	笔数占比（%）
500 以上（不含 500）	4.93	0.65
300~500（不含 300）	13.87	2.83
200~300（不含 200）	14.60	4.78
100~200（不含 100）	30.93	17.17
100 以下（含 100）	35.66	74.57
合计	100.00	100.00

资料来源：根据公司相关公告整理。

货物及劳务供应商因向建设方提供境内货物或境内工程承包、分包等服务对建设方享有应收账款债权。北京一方应债权人委托，作为发起机构以其持有的前述应收账款债权作为信托财产委托给中粮信托，设立"北京一方 2019 年度第二期 ZTJS 供应链金融资产支持票据信托"作为资产支持票据的发行载体。中粮信托作为发行载体管理机构以基础资产产生的现金流作为偿付支持，发行资产支持票据，并以募集资金作为发起机构设立财产权信托的信托对价。具体过程如图 4-26 所示。

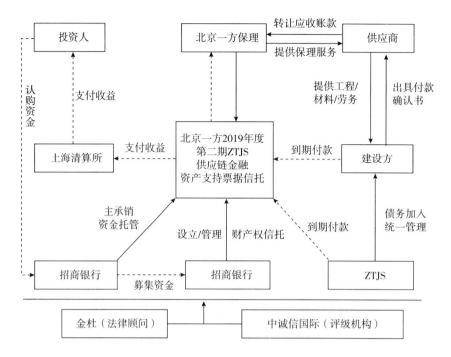

图4-26　资产支持票据交易结构

资料来源：根据产品发行公告收集整理。

（二）ZTJS供应链金融主要问题

ZTJS供应链金融的发展已达到一定高度，但当前的供应链金融服务整体仍存在诸多发展不充分的现象，是制约其供应链金融服务高质量发展的重要原因。

1. 信息沟通渠道不通畅

由于ZTJS主体层面和集团的财务公司都有相关供应链金融业务的开展，但是业务主体间的信息沟通并不紧密，信息交换不及时，存在融资服务无法及时根据实际情况做出灵活更新和调整的问题，容易造成业务风险的聚集。当前ZTJS内部搭建了便于部门间各项工作协调的信息平台，以线上智慧工地的形式将ZTJS运营过程进一步公开透明化，以利于部门间的信息沟通。但当前公司内部线上平台的对外信息渠道较窄，对供应链金融业务的支持力度有限，ZTJS对母公司银信平台的运用程度更多地集中在银信业务上，无论是从公司自身还是从母公司产业链上看，ZTJS在供应链金融融资业务的开展过程中仍然存在与链上成员企业信息交换渠道不通畅的问题。

2. 融资业务类型不丰富

当前ZTJS的供应链金融融资业务类型较为集中，基本都是以归集的成员单位债权为现金流来源进行融资产品的设计，缺乏对多种融资渠道的积极尝试。ZTJS二级成员单位和工程分公司的建设项目涉及的产品采购和劳务供需总量庞大，资金往来关系繁复，且项目地域分布广阔，对供应链融资服务要求较高。当前ZTJS供应链金融融资产品普遍存在融资期限较短的问题，短期性融资可以为融资企业缓解资金流动压力，但由于公司的行业特性，建筑项目建设周期和回款周期都较长，当前的融资期限与实际的资金使用周期并不契合。例如，银信融资的偿还期局限在 12 个月以内，资产证券化业务中已发行资产支持证券的产品期限为 2 年，资产支持票据产品期限仅为 1 年。因此，ZTJS 以下游应收债权为基础资产的融资业务在产品类型上还有待贴合行业切实需求进行灵活设计，仍有较大的发展创新空间。

3. 风险管理体系不健全

通过实地调研发现，当前 ZTJS 的财务部门职能划分较为笼统，仅按财务部门的主要职能进行了大方向的区分，具体业务责任没有落实到负责的部门或相关的职工。供应链金融作为 ZTJS 近年来重要的战略发展方向，缺乏具体且独立的业务部门结构，当前对于供应链金融业务的事前风险评估属于专项评估，即在一项融资产品发行前就该产品的发行报告对指定风险来源进行定向评估，之后就评估结果进行后续定向风险管控。供应链金融的业务结构较传统融资业务更为复杂，风险来源更广，单项业务独立评估容易导致一些风险来源被疏漏，相关业务的责任边界模糊，容易形成业务风险的"灰色地带"。如果没有一整套系统性的业务风险评估标准，部门间信息沟通不及时容易导致工作的重复和失误，造成整个评估工作的低效率和片面性。

三、ZTJS 供应链金融优化策略

针对 ZTJS 供应链金融发展现状，结合当前供应链金融风险管理的薄弱环节和重点把控方向，对 ZTJS 的供应链金融优化发展提出以下几方面的建议：

（一）构建 ERP 系统，疏通企业信息渠道

当前集团的供应链金融运作模式不具体，金融服务的定位不聚焦，集团财务部和股份财务公司都在提供供应链融资服务，但是存在信息沟通不畅等问题，难以集中发挥集团的核心企业优势。

当前 ZTJS 已搭建的独立信息平台主要是面向集团各业务部门的线上智慧工地，对于目前的供应链业务模式支持比较有限。集团可以现有信息平台为基础，优化集团财务部的供应链金融服务职能，通过开发完善供应链金融业务专项信息平台板块，与集团信息平台构成功能完备的 ERP 系统。通过 ERP 系统的构建，能够实现 ZTJS 基于链上核心企业角色的业务管理、财务管理、人力资源管理和供应链管理的协同，消除集团公司内的信息屏障，有利于提升各业务项目间的资源优化配置。其中，建立供应链金融业务板块可以根据历史融资业务的信息记录，实现上游合作供应商资信水平的连续动态监控，并结合企业历史信息整合补充，还有助于集团依托金融信息技术动态追踪货物的数据信息，提升集团的风险识别能力。根据前述构思初步设计的 ERP 系统结构如图 4-27 所示。

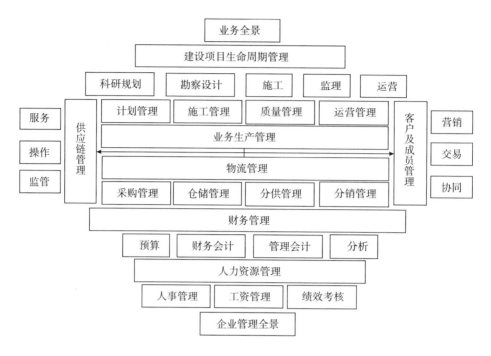

图 4-27　ZTJS ERP 系统结构设计

（二）优化业务模式，提升整体融资能力

1. 基于银信平台的融资业务优化

（1）延长银信到期期限。当前银信是一种具有明确到期期限的结算工具，在给链属供应商带来融资便利的同时，也出现了一定的局限性，因此，ZTJS 可以加强对供应商历史资信情况评估，保证供应商维持稳定供应关系的年限，在分析未来资金流入情况和过去订单质量和完成度的基础上，筛选出符合更高条件的供应商提供到期期限更长的银信融资服务，助力中小供应企业高质量完成订单。通过优化融资产品结构突破产品短期性限制，可以填补供应链金融创新领域的空白，提升实体经济与金融资本的融合度。

（2）强化授信额度管理。ZTJS 是 ZTJ 网群的一级核心企业，其年度授信额度直接影响其作为次级核心企业成员单位的银信授信额度，但 ZTJS 层面的授信额度强化管理需要考虑外部环境影响，近年来，市场经济的低增速形势造成市场资金面的趋紧，导致银行授信额度逐渐缩紧，企业实际融资利率不断升高。因此，首先，ZTJS 应拓宽合作范围，聚集广泛的优质资金资源，由于 ZTJS 成员单位的地域分布广泛，可重点加强与各地城商行的合作关系，便于对到期银信的资金清分。其次，加强对空闲授信额度的再利用，ZTJS 可根据历史各季度银信剩余额度的情况数据，将合理比例的剩余银信额度再次分配或返回平台集中管理。

（3）消除行业间差异化。ZTJS 集团内供需关系较为稳定，各行业的上游需求基本都集中于原材料，因此 ZTJS 可基于信息优势将成员单位的需求进行集中，由物资公司进行统一的采购和供应，单位间通过银信结算支付，最大限度地降低资金占用，缓解供应链三角债问题。供需集中管理有利于消除行业差异化带来的建造成本，提升项目建设效率，相当于各产业供应链的上游供需关系再造。

2. 反向保理业务优化

反向保理业务的基础资产通常来自供应商发出货物但未收到款项形成的债权关系，该阶段的融资需求比较有限，资金短缺的压力对于供应商来说可能在产品供应发货之前就已经形成，如图4-28所示。因此ZTJS在开展反向保理业务时可与其他类型的供应链金融融资手段相结合，丰富基础资产种类，解决合作供应商的多阶段融资需求。

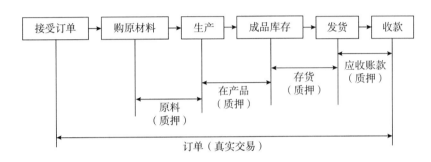

图4-28 供应链环境下基础资产关系

第一种优化途径是将反向保理与采购订单结合，与传统的反向保理模式相比，可以分为两阶段融资：第一阶段是供应商出于组织生产的融资需求，ZTJS或其分公司、子公司作为采购方，凭借核心企业信用对部分采购订单金额提供担保，为供应商通过反向保理形式提前获得部分资金用于生产投入，实质接近于预付款融资的形式。第二阶段发生在供应商发货之后，仍采用一般性反向保理形式缓解销售回款压力。两阶段可采用不同的贷款利率，第一阶段利率高于第二阶段更能够吸引保理商参与。

第二种优化途径是将反向保理与静态存货抵质押融资结合，由于静态存货抵质押融资不允许以货易货，要求供应商用现金取回抵质押存货，若供应商的现金流压力较大，合作银行可以有选择性地根据供应商与ZTJS的交易合同接收供应商因销售产生的应收账款债权作为赎货保证金的等价替代，此种方式中反向保理是赎回存货的一种选择手段，有助于缓解对供应商的资金约束。

3. 资产证券化业务优化

资产支持证券和资产支持票据是行业龙头企业当前积极设计开发的资产证券化融资工具，两者的业务流程和产品结构存在诸多相似之处，但两者的业务性质是不同的，具体产品属性比较如表4-8所示。

表 4-8　资产支持证券和资产支持票据比较

	资产支持票据	资产支持证券
主管部门	银行间市场交易商协会	证监会
审批方式	注册制	备案制
原始权益人	非金融企业	未明确规定，实践中主要是非金融企业、小额贷款公司、金融租赁公司
交易市场	全国银行间债券市场	证券交易所、全国中小企业股份转让系统、机构间私募产品报价与服务系统、证券公司柜台市场
投资人	公开发行面向银行间市场所有投资人；非公开发行面向特定机构投资者	规定的合格投资者
登记结算机构	上海清算所	中国证券登记结算公司
发行方式	公开或非公开	公开或非公开
基础资产	能够产生稳定现金流的资产	能够产生稳定现金流的资产
还款来源	由基础资产产生的现金流	由基础资产产生的现金流
评级安排	公开发行：聘请两家资信评级机构进行信用评级 非公开发行：不要求	由取得中国证监会核准的业务资质的资信评级机构进行信用评级
SPV	不强制要求设立，资产支持形式为账户隔离	证券公司、基金管理公司子公司资产支持专项计划
破产隔离	否	是

当中小企业私募债发行对象缺乏足够的实质资产时，资产支持票据可以用现金流发行，资产支持票据的创新角度超前，未来发展前景十分看好，ZTJ 资产公司作为 ZTJ 金融产业主要二级单位，已于 2018 年 7 月在银行间市场成功发行中央企业首单供应链应付账款资产支持票据——商业保理 2018 年度第一期银信供应链资产支持票据，发行规模 15 亿元，将资产证券化业务进行了创新实践，为其他兄弟公司提供借鉴基础。该项资产支持票据的创新之处在于：首先，本期票据是银行间市场上第一单由中央企业针对其供应链上游中小企业债务端进行融资的企业资产证券化业务，证券化基础资产主要形式为核心企业供应链金融平台开具的银信，将上游成员企业的应付账款以"应付账款—应收账款"债权的形式，通过银信实现资金盘活，是 ZTJ 供应链金融业务的深度融合应用与进一步延伸。其次，本期票据也是银行间市场上首只循环购买结构供应链金融资产证券化产品，相较于传统静态型 ABN，循环购买结构增加了利息支付，推迟了本金支付。

ZTJ 资产公司的创新实践为 ZTJS 资产证券化业务的开展提供了优化思路，首先，资产证券化业务可以在保障风险识别能力的基础上扩大基础资产来源，如底层分散、资质较好的应收票据、票据收益权等。其次，可以通过优化设计产品交易结构定向灵活满足各项融资业务需求。最后，搭配设计多种内部增信安排以达到优化整个产品信用结构的目的。

（三）创新业务形式，扩大融资服务领域

1. 创新融资业务类型

一般性的供应链金融融资业务类型属于有质押物前提下的融资行为，与原有的传统企业融资行为类似。近年来，战略关系融资的发展前景较为看好，即基于企业间战略伙伴关系、长期合作信任基础进行的契约式融资。ZTJS 的组织构架庞大，链属企业众多，由于集团内产业链的完整度较高，因此企业间战略合作伙伴关系更为稳定，战略关系融资发展的基础较好。ZTJS 注重供需双方间的契约关系管理，可在一般性供应链金融融资业务开展的过程中，通过提升交易行为质量保证合作关系的稳定，提高战略伙伴关系的稳定性。

2. 创新业务开展形式

供应链金融融资业务离不开保理公司对基础债权债务关系的集中，ZTJS 当前都选择与外部保理公司合作开展融资业务。随着集团业务量的提升，可以考虑设立产业基金，以虚拟保理公司的形式办理业务，并与资产证券化结合引进投资者盘活链上资金，更有利于业务流程管理，降低参与机构尽职责任风险。例如，在设立产业基金的基础上，新型融资业务开展形式如图 4-29 所示。

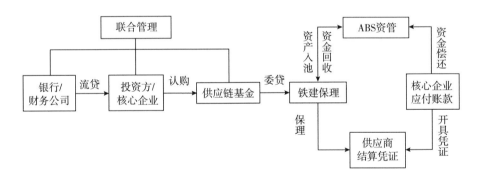

图 4-29 新型融资业务开展形式

3. 创新融资服务领域

供应链上下游融资行为十分丰富，但当前 ZTJS 的供应链金融融资业务类型较为局限，融资产品种类较少，整体创新空间还很大。ZTJS 作为建筑行业大体量集团公司，对大型建造设备和运输设备的需求更为旺盛，由于建筑工程设备多为订单式生产，具有专业性和标的性，无法进行批量生产和销售，ZTJS 工程项目部购置或租赁设备的资金压力较大。因此，ZTJS 可以将融资租赁业务互联网化，整合集团链属成员单位间的机械设备采购和维护信息，为承租方寻求合适的设备源，通过采集设备现场相关数据，降低供需双方的信息不对称壁垒，撮合机械设备的线上租赁交易和融资业务，并为设备租赁供应商提供金融服务。

第五章
表外融资业务管理

　　融资是企业经营发展过程中不可或缺的环节，但传统的表内融资方式门槛较高，表外融资业务在拓宽企业融资方式、丰富资本市场结构的同时，能够降低融资成本、优化财务指标、提高资产流动性，因此备受企业的青睐。但是，表外融资也容易给企业带来运营状态良好且负债率较低的假象，这既增加了企业的潜在风险，也是滋生财务舞弊的重要根源。因此，企业如何选择合适的表外融资业务、如何高效适当地利用表外融资，同时保障其他报表使用者的利益，是当前研究的热点问题。

第一节　表外融资的主要业务类型

　　表外融资是企业的一种融资行为，它在现行会计准则允许的前提下进行，并且融资形成的资产和负债并不会在资产负债表中予以确认。表外融资的一般理论和分类方式都可以类比传统融资，产生的经济后果也与传统融资区别不大。

　　根据表外融资的定义可以看出，表外融资主要有以下特征：首先，表外融资中的"表"并非财务报表，而是指资产负债表。也就是说，关于表外融资的相关记录仅仅是不体现在资产负债表中，相关的收益和支出在损益表和现金流量表中仍有记录和体现。其次，表外融资属于表外负债。表外负债，是指按照现行的会计准则和制度规定以及其他因素，无法记录在资产负债表中的负债。从性质上看，表外负债是已经成为或有可能成为公司的负债；从内容上看，表外负债包括表外筹资和不确定性负债。

一、租赁融资

（一）经营租赁

　　在新租赁准则颁布之前，经营租赁属于使用率较高的表外融资形式。经营租赁与融资租赁不同，具体区别如表5-1所示。

表 5-1　经营租赁与融资租赁的区别

比较项目	经营租赁	融资租赁
租期	短	长
租赁程序	租赁物由出租方采购，出租方寻找承租人进行租赁	出租方根据承租人对租赁物件的特定要求和对供货人的选择，出资人向供货人购买租赁物件
租赁实质	与资产所有权有关的风险和报酬没有转移	与资产所有权有关的风险和报酬转移给承租人
租赁期满后设备处置	出租人收回	根据协议判断，承租人可以留购
租赁物的维修和保养	出租人负责	承租人负责

1. 经营租赁的表外原理

在融资租赁期间，承租人承担与租赁物所有权相关的风险和报酬，因此承租人需要把租赁物以资产形式计入资产负债表中，并将融资产生的多余资产按"未确认融资费用"记录。而对于经营租赁，承租人需要每个月支付租金，不需要在资产负债表内确认租赁资产，只产生关于费用类科目的明细，因此形成了表外融资。

2. 经营租赁的表外影响

经营租赁不会增加企业的负债比重，在某种程度上可以减少财务杠杆带来的风险，优化资本结构。当承租人采用经营租赁时，损益表反映为租金费用且通常没有变动，相较于融资租赁中损益表反映的折旧加利息费用存在"前期高，后期低"的变动特征，经营租赁的融资方式在前几个会计期内有可能提高企业利润。

2018 年，财政部将租赁准则进行了重新修订。对于承租方进行会计处理时，除少部分满足条件，剩余租赁业务统一按照在租赁期开始日确认租赁资产和负债，不再对租赁类型进行划分。也就是说，对承租人而言，融资租赁和经营租赁的会计处理"二租合一"。按照新准则的修订情况，经营租赁不再属于表外融资的范畴，也不会给企业带来隐性负债的问题。

（二）售后回租

售后回租是指企业将自有资产出售，获得所需资金的同时，将资产回租继续使用。整个过程企业只是丧失资产的产权，资产的使用权仍然保留。

1. 售后回租的表外原理

售后回租的表外原理类似租赁，主要看租回的形式是经营租赁还是融资租赁。售后回租形成经营租赁的，出售资产的交易对价与原账面价值的差额计入当期损益。在这种情况下，通过出售资产获取融资款，同时定期支付租金，对资产仍具有使用权。

2. 售后回租的表外影响

通过售后回租，资产的流动性有所提高，出售资产获得的资金能够有效缓解资金周转问题，有利于维持企业正常生产、增加利润。

二、或有负债融资

或有负债是在过去的交易或者事项中形成的，未来不确定是否发生的潜在义务。或有负债形式的表外融资主要表现为出售带追索权的应收账款。此处以企业出售带追索权的应收账款为例，对或有负债形式的表外融资进行分析。

（一）带追索权应收账款贴现的表外原理

由于出售带追索权的应收账款时，与应收账款有关的风险并没有完全转移给金融机构，因此银行的风险相对较小，且贴现率较高。假设企业出售不带追索权的应收账款时的贴现率为3%，带追索权的为5%，企业的应收账款或者票据的面值为M，则因追索权而多融资的金额为M（5%-3%）。如果发生了销售退回等情况，出售带追索权应收账款的企业需偿还债务，假设退回率为a%，企业应向金融机构偿还M（1-a）的债务。由于可能产生的债务具有不确定性，目前我国的企业会计准则不要求企业在资产负债表中予以披露，因此形成了表外融资。

（二）带追索权应收账款贴现的表外影响

将应收账款出售时，带追索权和不带追索权的应收账款出售区别如表5-2所示。

表5-2　带追索权和不带追索权的应收账款出售对比

	带追索权的应收账款出售	不带追索权的应收账款出售
风险承担（销售折扣、折让、销售退回等）	企业承担	金融机构承担
企业是否有偿付义务	有	无
本质	都是以应收账款作为抵押向金融机构取得借款的短期融资方式	

相比不带追索权的应收账款贴现，带追索权的应收账款贴现会因为风险较小而少支付一定的手续费，在一定程度上可以减少财务费用，尤其是在大额票据贴现及存在跨年度追索情况下，对企业的利润有一定的影响。

三、资产证券化融资

资产证券化（ABS）是指通过特定的载体，把缺乏流动性的资产转变为流通证券以实现融资的方式。我国资产证券化产品主要有信贷ABS、企业ABS和资产支持票据。

不同类型的ABS交易框架与交易要素不同，但基本交易架构的流程设计具有相同的主线，如图5-1所示。其中，信用增级是指通过运用各种手段或金融工具来提高交易的安全性，如提供追索权、债券担保等；资产支持证券即基础资产的价值表现，代表持有人享有对基础资产池产生的现金流的支配权。

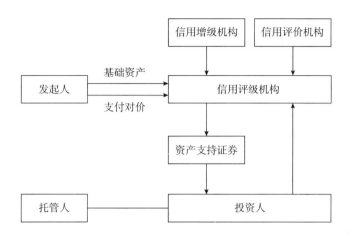

图 5-1　ABS 基本交易流程

发行企业 ABS 的优势在于，相比股权融资，ABS 不会稀释股权，操作简单；相比债权融资，ABS 不会受到杠杆率的限制，更易获得短期融资，且资产支持证券的评级往往因内外部的增信而高于主体评级，融资成本低。

（一）资产证券化的表外原理

企业在利用 ABS 进行融资时，往往对其进行终止确认，转移几乎所有风险和报酬，视同销售行为进行处理，从而将基础资产转移出表。同时，ABS 是通过 SPV 公司获得借款，由于会计主体假设的存在，该笔借款不需要在融资企业的资产负债表中进行表述。

（二）资产证券化的表外影响

ABS 能够将不良资产或者流通性较差的资产出表，提高资产的流动性。由于借款不需要在资产负债表中进行体现，企业资产负债表能够得以优化，资产周转率和资产报酬率都会有所上升。在保证基础资产经营权的情况下，还可以降低融资成本，提高企业的资本充足率。

四、合资经营及特殊目的实体融资

对于大型建设和经营项目，当所需资金较多时，常采用合资经营或者设立特殊目的实体（SPV）的方式。合资经营是强调合营各方对于合营实体的共同控制。通过合资经营，企业只需要按照其享有的权益份额，在资产负债表内进行列示，不需要体现全部负债。设立 SPV 的表外原理同合资企业一样，企业只需要列示相应份额的负债，不需要将 SPV 公司的全部负债进行列示，运用 SPV 进行表外融资的典型模式就是 PPP 业务。

（一）表外融资原理

根据《企业会计准则 33 号——合并财务报表》，若 A 企业持有 B 企业部分权益，但没有达到控制，不需要合并 B 企业。对于未合并的 B 企业，只需将其作为长期投资资产予以确认，不必在资产负债表上反映未合并企业的债务。

（二）表外影响

融资企业通过设立合资企业和SPV，以合资企业和SPV的名义进行融资，由于融资产生的负债不体现在融资企业的资产负债表上，因此有利于降低融资企业财务报表的资产负债比例。

五、衍生金融工具融资

根据《企业会计准则第22号——金融工具确认和计量》，金融工具是指形成企业的金融资产，并形成其他企业金融负债或权益工具的合同。衍生金融工具是由传统金融工具衍生的一种金融工具或其他合同，具有如表5-3所示的特征。

表5-3　衍生金融工具特征

特征	具体说明
价格不确定	衍生金融工具的价值受利率、汇率信用等级等多种变量影响，价格具有不确定性
无特定的初始净投资额	合同要求的初始净投资较少
在未来某一日期结算	衍生金融工具是尚未履行或正在履行之中的合约。它具体包括远期合同、期货合同、互换和期权等

（一）衍生金融工具的表外原理

衍生金融工具是对未来可能发生的权利和义务的约定，是一种尚未履行的交易契约。由于交易金额和结果的不确定性，因此，可能高额盈利形成资产，也可能巨额亏损形成负债。

按照传统会计模式，负债必须是过去的交易事项形成的。而衍生金融工具不是"过去式"，因此无法在报表中确认负债。同时，衍生金融工具的价值一直处于波动状态，买卖双方实际并未发生交易，报表中无法准确反映出来，因此成为表外项目。

（二）衍生金融工具的表外影响

对于创新金融工具所产生的金融资产和金融负债，会计准则要求企业只需要在报表附注中予以披露即可。因此，企业管理人员可能会为了追求更高的经济利益，降低企业的负债率，利用衍生金融工具来进行融资，达到表外融资的目的。不过，即便是予以表内化的衍生金融工具，由于其价值波动，也易使企业内部财务的杠杆性失真。

第二节　表外融资发展现状与主要问题

一、表外融资发展现状

根据图5-2，从我国企业整体的融资结构情况来看，在2006年之前，我国表外融资业务一直处于发展缓慢的状态。2007 年发行了资产证券化产品后，表外融资占整体融资比重明显增大。但随后的三年，表外融资业务一直处于不温不火的状态。2010~2014 年，多种表外融资业务都得以快速发展。2015~2016 年，受"影子银行"影响，一系列监管措施的出台使表外融资业务明显收缩，表外融资发展受到限制。2017 年，货币政策收紧，信用债发行要求愈加严格，融资成本进一步增加，企业融资需求无法得到满足，表外融资业务再次快速增长。

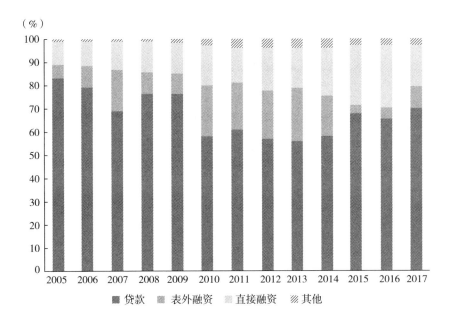

图 5-2　企业融资结构

资料来源：Wind 数据库。

我国表外融资业务类型中应用最广的是资产证券化业务。2005 年，我国国家开发银行成功发行了资产支持证券，中国建设银行成功发行了住房抵押贷款证券，正式开启了资产证券化试点。虽然相比国外，我国资产证券化开始时间较晚，但是发展势头十分迅猛。2006~2008 年，我国共发行 17 只证券化产品，发行总额为 668 亿元。受 2008 年次贷危机的影响，资产证券化产品的发行不得不中断，但是 2012 年资产证券化又重新开启并迅速发展。目前，我国资产证券化产品种类丰富，涵盖的行业也十分广泛，银行、电信、通信、建设、娱乐、地产等都有所涉及（见图 5-3）。

二、表外融资主要问题

表外融资能够助力企业跨越融资资信等级的门槛，有效解决企业融资难的问题，成为企业融资的新渠道。然而，表外融资业务在发展过程中还存在以下几个问题：

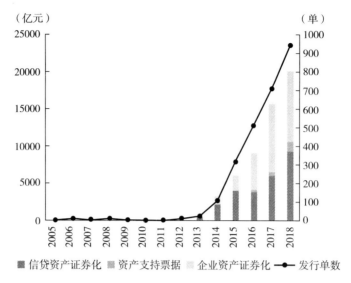

图 5-3　资产证券化年度发行规模情况

资料来源：Wind 数据库。

（一）信息披露不完全

由于资本市场披露不完全的问题，致使财务数据存在美化空间。比如资产支持票据，由于对引入信托机制的证券结构未进行披露，导致投资者无法得知已证券化资产的相关信息，投资者无法了解其潜在风险，容易做出错误的决策判断。同样，如果管理层只注重公司的财务报表，信息的不完全披露会使得资产负债表上的现有负债被低估，偿债能力被高估，管理层很容易忽视可能存在的财务风险，不利于企业的健康发展。

（二）监督措施不完善

金融监督体系的不完善，对金融创新的监管不到位，是容易诱发金融危机的原因之一。从企业的内部监管来看，虽然我国颁布了相关的内部控制指引，但是在实务操作中，企业的内部监管措施还是十分薄弱，对经营者的约束力度不足，从外部监管机构来看，虽然监管机构对企业的违法违规行为有一定的调查处罚权力，但调查处罚范围较小，难以深入。同时，企业因违规操作而获得的既得利益远远超过应缴罚款金额，处罚的约束效果不明显。

（三）应用目的不适当

表外融资的自身特点易使财务报表难以对企业真实的财务状况进行准确反映，加上存在信息不对称的问题，存在一些企业会利用表外融资来粉饰财务报表，侵害债权人和投资者知情权的现象。

第三节 ZTJ表外融资业务实践

一、ZTJ 表外融资基本情况与发展动因

（一）ZTJ 表外融资基本情况

1. 筹资情况

ZTJ 筹资活动产生的现金流量每年呈线性增长，在 2016 年，ZTJ 筹资活动产生的现金流量净额仍为负，但 2018 年筹资活动产生的现金流量净额已达约 439.10 亿元。其中，筹资活动现金流入 1408.26 亿元，通过发行股票实际收到款项 149.46 亿元，发行债券 22 亿元，因举借各种短期借款、长期借款所筹集资金 1189.81 亿元。财务费用为 39.10 亿元，较 2017 年增长约 36%，主要是对外借款增加、利息支出增多、积极拓展融资和盘活资产渠道等原因所致。筹资活动产生的现金流量净额大幅增长，主要原因是业务规模扩大，资金需求加大，借款增加。

在融资方式上，企业采取以间接筹资为主、直接筹资为辅，表外融资和表内融资均有所涉及的筹资策略，直接融资以债权投资为主，间接投资以长期借款为主。其中，表内融资采用银行贷款、股票筹资、债券筹资和海外融资等方式，表外融资主要通过资产证券化和特殊目的实体的方式来获取资金。

2. 资本结构

（1）短期有息负债比重增加。从企业负债结构来看，2018 年流动负债占比 84%，主要集中在应付账款、短期借款和应付票据上（见图 5-4）。其中，应付账款

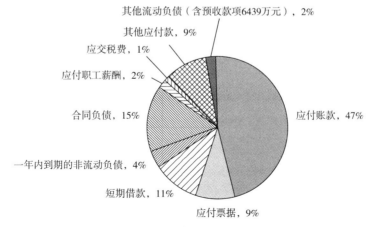

图 5-4 流动负债占比情况

资料来源：根据企业 2016~2018 年财务报告整理。

占比 47%，短期借款占比 11%。应付账款金额较多是因为建筑企业在业务谈判中具有较强的话语权。

在长期非流动负债中，占比较大的是长期借款和应付债券，长期借款所占比重达到 58.88%，应付债券占 31.58%（见图 5-5）。从有息负债和无息负债的角度来看，有息负债（包括短期借款、应付票据、长期借款和应付债券等）金额逐年增加，其中，在有息负债中，短期有息负债占比逐年上升，长期有息负债逐年下降。由于短期借款的利率比长期借款的利率高，短期有息负债的上升导致企业的融资成本逐年增加。

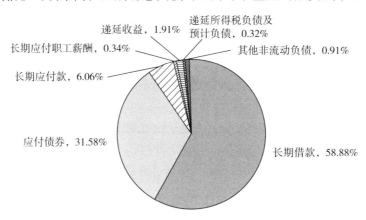

图 5-5　不同长期非流动负债占比情况

资料来源：根据企业 2016～2018 年财务报告整理。

（2）资产负债率偏高。单看企业的偿债能力，根据 2016～2018 年偿债能力指标可以看出，关于短期负债指标，流动比率和现金比率都有所下降，说明短期偿债能力有所提高；在长期负债指标中，由于建筑行业自身特点，资产负债率普遍较高，ZTJ 2016～2018 年资产负债率呈现下降趋势，由 80.42% 下降至 77.41%，产权比率也有明显下降，说明长期偿债能力有所提高，企业财务风险逐渐降低（见表 5-4）。

表 5-4　ZTJ 2016～2018 年偿债能力指标　　　　　　　　　　单位：%

报告日期	2016 年 12 月 31 日	2017 年 12 月 31 日	2018 年 12 月 31 日
流动比率	1.25	1.20	1.10
速动比率	0.70	0.71	0.82
现金比率	28.17	27.55	25.89
资产负债率	80.42	78.26	77.41
产权比率	4.655	4.305	4.181
固定资产比重	5.55	5.59	5.48

资料来源：根据企业 2016～2018 年财务报告整理。

然而，根据中国建筑企业管理协会发布的 2018 年中国建筑企业 500 强排行榜，选取与 ZTJ 排名相当的同行业公司，对比其 2016～2018 年资产负债率，如表 5-5 所示。

表 5-5　ZTJ 与同行业企业资产负债率对比　　　　单位：%

公司	2016 年末	2017 年末	2018 年末
葛洲坝	67.64	72.67	74.76
中材国际	74.03	73.26	70.54
中国交建	76.67	75.78	75.05
中国建筑	79.09	77.97	76.94
ZTJ	80.42	78.26	77.41

资料来源：根据各企业财务报告整理。

可以看出，虽然 ZTJ 的资产负债率呈下降趋势，但是对比同行业的其他企业来看，其资产负债率仍处于较高的状态。同时，根据我国建筑行业发布的数据，截至 2018 年底，建筑施工企业的资产负债率平均值为 72.13%，ZTJ 的资产负债率超出平均值 5.3%。因此，即使 ZTJ 资产负债率有下降的趋势，但仍然有较高的财务风险。

（3）应收账款比重持续增加。从资产质量来看，根据我国建筑行业发布的数据，建筑行业整体容易出现坏账的应收账款随营收同步增长，且平均增速略快于营收，但占总资产的比重在逐年下降的特征。截至 2017 年末，建筑行业应收账款总额为 9612 亿元，同比增长 10.1%，占总资产比重为 14.4%。而从 ZTJ 2014~2018 年应收账款占总资产的比例情况来看，在 2018 年之前，其应收账款占总资产比例高于行业平均水平。

2015~2018 年，ZTJ 应收账款的增长速度都明显高于营业收入，意味着可能存在大量应收账款被客户或关联企业占用，一旦占用上市公司资金的客户或关联方出现资金面紧张，或还款不及时，则会直接导致企业的应收账款逾期，随之进行坏账的大幅计提可能会影响当期业绩表现。

（4）资产周转能力较弱。企业资产周转能力主要从应收账款周转率、存货周转率和总资产周转率等指标体现。从企业资产周转情况来看，在一定期间内，存货周转率越高，说明企业存货周转速度越快，但并不是越快越好，合理的存货周转速度能够保证企业正常的生产和销售。通过 2016~2018 年存货周转率分析可以看出（见表 5-6），企业存货周转率持续增加，说明企业在存货管理方面有所加强，但总资产周转率一直保持在 1% 以下，根据企业绩效评价标准，建筑行业的总资产周转率为 1.05%，因此，应在投资时考虑资产的合理配置，加强资产管理，以提高投资收益。

表 5-6　ZTJ 2016~2018 年营运能力指标　　　　单位：%

报告日期	2016 年 12 月 31 日	2017 年 12 月 31 日	2018 年 12 月 31 日
应收账款周转率	4.81	4.87	5.94
存货周转率	2.23	2.32	3.09
总资产周转率	0.86	0.86	0.84

资料来源：根据企业 2016~2018 年财务报告整理。

（二）ZTJ 表外融资的发展动因

企业采用表外方式进行融资可以从动机和压力、机会以及自我合理化三方面入手进行动因分析。

1. 表外融资的内在动因

（1）盘活应收资产。根据企业应收账款和经营活动产生的现金流量净额的增长情况来看，明显应收账款的增长幅度较高，且金额较大。根据 ZTJ 2016～2018 年发行的应收账款证券化金额来看，仅应收账款证券化带来的经营现金流分别为 10 亿元、9 亿元和 21 亿元（见图 5-6），占总的经营活动现金流的 2%、2.4% 和 38.9%。因此，ZTJ 将下游企业拖欠的应收账款进行证券化，不仅能够降低应收账款的坏账风险，而且有助于及时地补充 ZTJ 的现金流，保障企业各项业务的顺利展开。

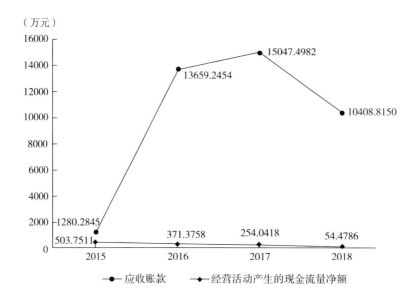

图 5-6 应收账款与经营活动产生的现金流量净额增长情况

资料来源：根据公司 2016～2018 年财务报告整理。

（2）优化财务结构。表外融资所形成的负债不反映在资产负债表中，导致财报上的负债低于真实水平，这样与负债相关的财务指标就会更加优质，使企业再借款能力有所提高。从财报层面上看企业的偿债能力是有所提高的，能够改善企业财务状况和经营成果，从而降低企业账面风险。

因此，ZTJ 将应收账款进行证券化，能够及时地将应收账款变现，有利于提升应收账款周转率，从财报层面上看，企业的运营能力得以提升。

ZTJ 也可以通过 SPV 公司将企业的实际资产放大，相应的收益能力也可以被放大。同样，SPV 公司通过关联方成员，将经营风险分散给其他合伙人，从某种意义上讲，公司的经营能力也得以增强。

（3）规避合同限制。在签订借款合同时，贷款人往往会设立一些限制性条款。例如，借款合同中会规定借款人资产负债率不得高于一定标准，借款利率不得低于一定标准。为了快速符合合同要求以签订合同，企业往往会通过表外融资的方式，将某些债务置于表外，从而降低企业的资产负债率，用以规避合同的限制，达到签约目的。

我国对于 PPP 项目的准入条件进行了说明：对于中央企业，PPP 项目投资规模原则上不超过企业上年合并净资产的 50%，资产负值率高于 85% 或者近 2 年连续亏损的子企业不得单独投资 PPP 项目。据年报显示，ZTJ 2018 年末资产负债率为 77%，2019年上半年的资产负债率为 78%。从 ZTJ 发布的公告来看，集团 2016~2018 年共中标PPP 项目 41 个，其中 2018 年中标 PPP 项目 8 个，项目总投资 682.45 亿元。如果 ZTJ将 PPP 业务全部置于表内，资产负债率很有可能高于 85%（见表5-7）。因此，为了提高项目的中标率，规避中标合同中的相关限制，ZTJ 将 PPP 业务进行表外处理。

表 5-7　2016~2018 年公司 PPP 项目中标基本情况

指标	2016 年	2017 年	2018 年
PPP 项目中标数（个）	17	16	8
PPP 项目总投资（亿元）	932.67	1001.05	682.45

资料来源：根据公司官网资料手工绘制。

（4）提高信用评级。根据信用评级机构发布的信用评价标准来看，对于建筑企业信用评级指标体系设计通常从保障体系、财务指标、竞争力指标和信用情况等方面进行考虑。根据评级对象的所属行业差异以及资金运用和从事经营活动的特点，采用百分制的形式，对企业的信用进行评判。其中，得分在 90~100 分的，信用度为特优，信用等级为 AAA；得分在 85~89 分的，信用度为优，信用等级为 AA，依次下降。在信用评价标准的建立基础上，对部分财务指标有明确的要求，如表5-8 所示。

表 5-8　企业信用评级指标部分要求

指标	标准及要求
资产负债率	年均资产负债率低于 75% 的得 5 分，高于 75% 的每增加 5% 减 1 分，共 5 分，减完为止
利润增长率	资产负债率大于 80% 小于 90%，信用等级不得超过 A 级；资产负债率大于 90% 小于 100%，信用等级不得超过 B 级；资产负债率大于 100%，信用等级为 D 级。利润增长率如本期亏损，信用等级不得超过 A 级；如本期、上期均亏损，信用等级不得超过 BB 级

可以看出，财务指标会对企业的信用评级产生影响。ZTJ 与同行业信用等级对比如表5-9 所示，从中可以看出，ZTJ 的信用评级相对较高，但是不及葛洲坝和中国交建。信用良好的企业的债券发行成本更低，更有利于企业在外部市场上筹资，树立良好的企业社会形象便于拓展外界合作。综上所述，表外融资业务的开展更有利于ZTJ 维持较好的信用状态。

表 5-9　ZTJ 与同行业信用等级对比

公司	信用等级
葛洲坝	AAA
中国建筑	AA
中国交建	AAA
中材国际	AA+
中国电建	BBB+
ZTJ	AA+

资料来源：根据各企业相关公告整理。

（5）绩效考核压力。根据 ZTJ《绩效管理制度》中的有关规定，集团所有人员均按照绩效考核情况进行薪酬发放。另外，该制度提出，"鉴于投融资工作涉及项目金额大、运作流程复杂、对参与人员能力要求高的特点，集团公司投资资产部可就开展投融资工作的人员进行专项奖励，经董事会讨论通过后实行。集团公司投资资产部在下达项目投融资指标时，不应仅对投融资项目合同额、利润进行考核，还应对二级单位项目投融资成本、投融资队伍培养、投融资渠道建设等内容进行考核"。可以看出，绩效考核结果与员工的工资和奖金挂钩，特别是投融资部门，会对于完成业绩指标的员工发放专项奖金。而表外融资能够优化财务指标，拓宽融资渠道，对提升财务部门、投资部门以及管理层的业绩都十分有利。

2. 表外融资的外部动因

（1）会计准则不够完善。由于表外融资业务的不确定性和中国会计准则的滞后性，准则的相关内容无法灵活应对金融市场的变化。例如，创新性金融工具形成的表外融资业务，一方面，创新性金融工具的结果具有不确定性；另一方面，创新性金融工具的具体发生时间或发生金额具有不确定性，导致在现阶段运用创新金融工具时，准则只要求其在报表附注予以披露，进而合理地成为表外融资业务。

部分业务准则在规定时往往不够明确，只具有参考性，不具有约束性，因此给予财务人员很多主观判断和操作空间。例如，对 SPV "是否达到控制"，准则并没有明确规定，财务部门可以依据企业部门的相关业务准则。这种主观判断为企业运用表外融资业务提供了自主决策依据，企业可以根据自己的需求来选择会计处理方式。再如，根据原租赁准则，如果承租人对租赁合同进行修改，如缩短租赁期，或者延长租赁物的使用寿命，就可以将融资租赁转变为经营租赁，合理地运用表外融资。

（2）内部控制不够有效。设立专人审核资金是资金管理内部控制机制运行有效的前提。有效且完善的审批制度要求对不同业务流程设立不同的专项审批程序和审批人员，并且不同阶段的审批人员职责和权限各有分工。但整体来看，我国建筑行业普遍存在内部控制环境薄弱的问题。公司管理层对内部控制的认识不够全面，对于内部控制流程了解不到位，同时，管理者对内部控制缺乏重视程度，无法及时做出应对外部环境变化的调整。

从 ZTJ 职责分工情况来看，共设立包含财务部、投资资产部和审计部在内的 20 个部门（见图 5-7）。在组织架构上，公司的投资资产部负责投资计划以及投资项目的管理；财务资金部负责财务资产有关的所有管理工作，包括会计核算、经费管理、财务预算等。在预算管理方面，公司缺少单独的预算管理部门和健全的预算管理制度。在筹资安排方面，缺乏单独的筹资管理部门，对于表外融资业务的资金管理工作尚缺乏合理安排。

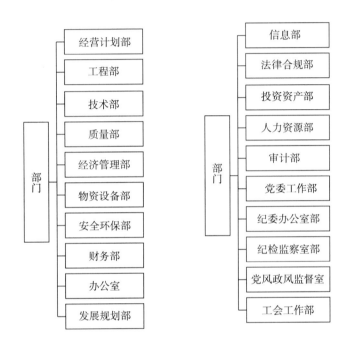

图 5-7 ZTJ 部门介绍

资料来源：根据公司官网资料手工绘制。

二、ZTJ 表外融资业务类型与融资效果

（一）ZTJ 表外融资业务类型

虽然表外融资业务形式较为多样，但 ZTJ 主要采取的表外融资业务只有两种：资产证券化和特殊目的实体（SPV）。其中，特殊目的实体主要用于 PPP 业务，通过设立 SPV 进行表外融资，资产证券化是企业目前常用的也是主要的表外融资形式。

1. PPP 融资

PPP 业务主要是企业作为社会资本方，与政府成立 PPP 项目公司即 SPV 公司，来进行项目运行结构的搭建。根据《企业会计准则第 33 号——合并财务报表》，只有对 SPV 公司达到控制，才需要将 SPV 公司纳入投资方合并财务报表范畴；根据

《企业会计准则第 41 号——在其他主体中权益的披露》，对于投资方设立的 SPV 公司信息，应当在合并财务报表附注中披露。因此，想要形成 PPP 表外融资业务，企业需要对 SPV 公司的控制权进行合理安排，保证投资方对 SPV 公司不控制，并且在报表附注中进行相应的披露。

ZTJ 中标的所有 PPP 业务中，公司均对 SPV 公司不形成控股，ZTJ 只负责股权部分的融资，其余部分由金融机构和政府融资获得。对于 PPP 业务收益，ZTJ 只将施工利润所得并入表内，后期项目所带来的收入作为"投资收益"进行核算。在实践中，ZTJ 通过设计 SPV 的股权结构和法人治理结构，采用主导型和参与型两种方式，在获得 PPP 项目施工总承包权的基础上实现表外融资：

（1）主导型。作为 SPV 第一大股东，ZTJ 只负责项目的牵头，对 SPV 的持股比例在 50% 及以上；但是在设计 SPV 法人治理结构时，不对 SPV 进行控制。即虽然满足准则的要求，投票占比 50%，但公司放弃控制权，"只牵头不控股，只出资不并表"。

（2）参与型。ZTJ 对 SPV 的持股比例在 50% 以下，不是 SPV 的第一大股东，并且对项目的融资不提供担保，"只参股，不担保，不控制"。

2. 资产证券化融资

ZTJ 在 2016 年开始尝试应收账款资产证券化，设立应收账款资产支持专项计划，专项计划的基础资产均来自因施工形成的应收账款。2016～2018 年，以 ZTJ 为原始权益人的资产支持证券共发行了两笔（见表 5-10），其余部分以资产和保理公司为原始权益人发行。2016 年、2017 年、2018 年企业通过资产证券化分别获得融资 10 亿元、9 亿元、21 亿元。

表 5-10 以 ZTJ 为原始权益人发行的 ABS 情况

发行产品名称	起算日	清偿日	发行金额（亿元）	产品类型
ZTJ2016-1	2016 年 12 月 30 日	2018 年 12 月 11 日	10.50	应收账款
ZTJ2018-1	2018 年 8 月 24 日	2020 年 3 月 10 日	12.23	应收账款

资料来源：根据企业相关公告整理。

ZTJ 开展资产证券化业务的基础资产全部为来自下游企业的施工欠款形成的应收账款债权，并采取的是较为成熟的基础交易结构，也是投资者接受程度最高的交易结构。在整个交易过程中，ZTJ 将其主体及下属各个施工单位在施工过程中产生的应收账款进行汇总，将符合条件的基础资产结合资产证券化开展的需要形成资产池。专业评级机构对于即将证券化的基础资产进行信用评级，将符合条件的应收账款打包转移或出售给管理人。

除专项计划外，ZTJ 的资产证券化形式还包括将应收账款转让给企业的资产公司和保理公司，通过保理公司发行资产证券化产品。主要原因是 ZTJ 目前信用评级为

AAA，股份公司下设的资产公司和保理公司的信用评级以股份公司为准，同样为AAA评级。通过股份公司下设的资产公司来进行证券发行，融资成本更低。

（二）ZTJ 表外融资的效果分析

1. 对融资企业而言

（1）提高营运能力。对于建筑施工类企业来说，项目持续在建，应收账款也随着项目推进持续产生，项目的应收账款在这个过程中逐步回笼。在应收账款证券化前后，通过对比 ZTJ 应收账款周转天数可以看出，ZTJ 公司进行应收账款资产证券化后，2016～2018 年应收账款周转天数分别减少 3.99 天、6.60 天和 2.03 天（见表 5-11）。说明应收账款资产证券化能够有效提高应收账款的周转率，补充流动资金，有力支持 ZTJ 的再投资。

表 5-11 ZTJ 应收账款证券化前后应收账款周转天数对比

指标	2016 年	2017 年	2018 年
应收账款证券化前时间（天）	79.87	81.11	63.48
应收账款证券化后时间（天）	75.88	74.95	61.45
减少时间（天）	3.99	6.60	2.03

（2）提高偿债能力。表外融资能够加大企业的投资杠杆作用、优化财务报表数据，还能有效减缓资产负债率的上升幅度。同时，表外融资所带来的经营成果体现在利润表中，为企业带来了新的项目机会，能够扩大企业的经营成果。如果较少采用表外融资的方式，ZTJ 资产负债率可能会随着 SPV 公司负债增加而增加，对企业再投资能力有一定限制，当项目投资金额过大或者投资项目过多时，很可能导致公司资产负值率超过国资委规定的 85% 上限。

另外，将应收账款证券化后，不仅为企业增加了现金流入，筹得的资金能够更好地满足 ZTJ 的日常经营需求，假设 ZTJ 将应收账款证券化变现后的资金用于偿还借款，2018 年应收账款证券化前后现金比率对比如表 5-12 所示，将应收账款进行证券化后，ZTJ 的现金比率从 25.89% 上升至 26.00%，由此可见，将应收账款证券化后，企业的现金比率有所升高，有利于提升企业短期偿债能力。

表 5-12 ZTJ 2018 年应收账款证券化前后现金比率对比

指标	证券化前	证券化后
货币资金+交易性金融资产（元）	166534477000	166534477000
流动负债（元）	641138614000	643238614000
现金比率（%）	25.89	26.00

资料来源：根据公司 2016 年财务报告整理。

（3）降低融资成本。由于 ZTJ 的主要业务收入为建筑工程业务，加上建筑行业的特殊性——存在大量垫款、回款较慢，在一定程度上，使 ZTJ 在经营过程中囤积了大量的应收账款，大量的未回笼资金导致 ZTJ 资金占用率高，资金流动性较弱，限制了企业进一步扩大经营规模的能力。通过整合优质的应收账款债权，进行证券化处理，能够将零散且期限不一的应收账款组合一次性融通，为企业补充现金流，也为企业经营规模的扩大提供了资金支持。

（4）增加财务风险。表外融资业务在优化财务数据的同时，可能带来一定的财务风险。表外融资业务弱化了企业真实的债务表现，但是从根本上讲，债务风险并未完全转出，巨额负债的长期隐匿可能侵吞企业的良性资产，造成经营恶性循环。再者，如果企业部分负债不体现在资产负债表中，管理层很有可能误判企业经营状况据此进一步作出不当决策。最后，表外融资所形成的负债虽然不体现在资产负债表上，但债权债务关系实际存在，ZTJ 仍需要履行还款义务，若企业无法按期偿还，除支付一定的罚款外，企业信用程度也会受到损害。

2. 对投资者而言

投资者在作出投资决策之前，往往会对投资企业进行分析和判断。例如，根据投资企业的盈利能力如何、财务状况如何、企业未来的发展趋势如何，从而判断是否存在投资获利空间。投资者在对公司相关信息的获取上，往往依赖于财务报告。表外融资的存在可能影响财务报表，披露内容的全面性，不利于公众投资者作出谨慎的投资决策，存在损害潜在投资者利益的可能。

3. 对债权人而言

对于表外债权人而言，表外债权人的本金受法律保护程度较低，收回本金的风险较大。对于表内债权人而言，股东的出资比例越小，债权人承担企业风险越大。表外融资业务使得企业负债指标优于真实负债情况，也就是说，表外融资能够将部分债务风险转移至表内债权人。

三、ZTJ 表外融资现存问题与优化策略

中国企业普遍存在融资难的问题，而表外融资的融资门槛较低，逐渐成为企业的热门融资形式。表外融资可以提高企业的财务业绩，改善企业的经营效益，增强资产的流动性，给企业带来各方面正面影响。合理运用表外融资有利于企业发展，但是，表外融资业务也是一把"双刃剑"，对融资企业而言，表外融资不在资产负债表中确认融资的资产和负债，但是产生的收益却计入损益表，因此对财务报表有一定的粉饰作用，如果不对其进行规范使用，很有可能形成一些财务问题，如果错误应用表外融资，极有可能滋生某些财务舞弊现象，对企业发展产生巨大威胁。因此，这就需要企业加强内部监管，合理运用表外融资。

（一）ZTJ 表外融资现存问题

1. 表外融资业务种类单一

从上述分析中可知，ZTJ 的表外融资业务只有 PPP 业务和资产证券化两种。从发行规模上看，根据 2018 年资产证券化发行情况统计，制造业占比 31.3%，房地产行业占比 27.9%，建筑行业资产证券化位于第三，占比 9.2%（见图 5-8）。可以说明，建筑行业在资产证券化业务运用和发展方面表现较好，而从 ZTJ 自身情况分析，资产证券化业务为其带来的经济效益较小，债券发行量较小，资产证券化业务形式没有实现效果最大化。

■ 制造业　　　　　　　　　　　▨ 房地产业

▨ 建筑业　　　　　　　　　　　╱ 租赁和商务服务业

▨ 批发和零售业　　　　　　　　▨ 金融业

≡ 电力、热力、燃气及水生产和供应业　Ⅲ 交通运输、仓储和邮政业

✕ 卫生和社会工作　　　　　　　▨ 水利、环境和公共设施管理业

▦ 其他

图 5-8　资产证券化行业应用情况

资料来源：Wind 数据库。

从发行的基础资产类型上看，截至 2018 年末，企业资产证券化中，基础资产以保理融资、融资租赁、个人消费贷款以及应收账款为主；在筹集的金额中，以个人消费贷款为基础资产的金额最多（见图 5-9）。企业资产证券化的种类多样，而 ZTJ 在运用企业资产证券化时，仅以应收账款为基础资产，品类较为单一。

2. 预算管理制度不健全

在 ZTJ 内部管理制度中，缺少健全的预算管理制度，难以合理预估项目融资需求及融资成本，且企业缺乏合理的资金管理制度，对于所筹资金在使用上缺乏度量标准，容易产生资金使用过度的问题，实际利用率较低。

3. 风险评估机制不完善

企业当前缺少完善的风险评估机制以应对融资风险，若在融资过程中一味地追求业绩，加大融资杠杆，最终可能导致利息费用支出较多，债务资本结构不合理。

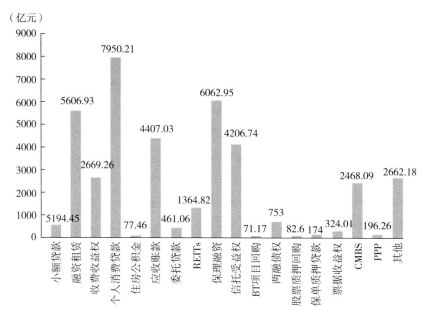

图 5-9 我国资产证券化发行金额情况

资料来源：Wind 数据库。

（二）ZTJ 表外融资的优化策略

1. 企业自身角度

表外融资方式在企业中的应用越来越普遍，表外融资在拓宽企业筹资渠道和筹资规模的同时，对企业的经营情况和财务情况都有所改善。但是这种融资方式在一定程度上降低了企业会计信息的透明度，企业在把握表外融资本质的基础上，应合理地运用表外融资，不过分使用，也不对其排斥。

（1）丰富表外融资类型。ZTJ 已发行的资产证券化基础资产类型只有 1 种，为了扩大企业 ABS 的市场规模，应根据自身的竞争优势，不断创新和丰富基础资产的类型，更好地利用资产证券化的优势。除资产证券化外，企业可以尝试合资经营的方式，通过与其他企业合作，来提高投资杠杆，或者引入创新性金融工具来进行表外融资。另外，企业也可以将多种表外融资业务结合使用。例如，将 PPP 业务与资产证券化相结合，以 PPP 项目的收益权或者项目使用权，如某公路的收费权，作为基础资产进行资产证券化。

（2）强化融资财务管理。

1）加强融资成本管理。对于成本管控问题，我国中央企业重视程度普遍不够。在实际的业务操作中，若只是一味地融资，不考虑投资成本率，最终只会导致企业投资收益能力减弱。因此，经营者应强化成本管理，对项目资金运作情况进行严格把控。

2）加强内部控制和预算控制。对于企业而言，资产证券化能够改善资产质量，提高资产流动性，但表外融资作为一种融资方式，其本质仍属于负债。因此，首先应该加强内部控制，设立一系列内部控制的流程以及监管方案，从源头控制，切实降低债务风险。其次对融资项目的投入成本和资产规模进行严格分析和管控。考虑设立单独的筹资管理部门，专门负责资金筹资成本核算、设计融资结构，从真正意义上实现工程项目盈利。

2. 外部监管角度

（1）正视表外融资。虽然表外融资业务会给企业带来一定的融资风险，但表外融资对企业的发展能够起到多维度的积极作用，给企业提供更多的发展空间。因此，政府及相关监管部门应正确引导企业加以合理运用。

（2）建立监管机制。想要提高表外融资业务的规范性，就必须加强对表外融资的监管，建立有效的金融监管机制。

1）保障表外融资合规性。监管部门可以通过以下几种方式来检查企业采用的表外融资方式是否合理合规：一是企业间合作方式，监管部门可以检查融资企业是否存在与其他企业合作或合资经营、设立 SPV 的情况。对于合资经营、设立 SPV 的情况，监管部门可以了解合资企业和 SPV 的股权结构，判断融资企业是否享有实际控制权。对于没有实际控制权，但是参股比例较大的企业，判断其参股的合资企业或 SPV 是否存在风险较高的情况。二是与金融机构的合作，检查企业是否设立投资管理公司，并且下设的投资管理公司是否与外部金融机构进行合作。对于设立资产管理公司的并且与金融机构有合作的，分析其合作模式，分析所发行的信托产品收益情况。三是到期偿付的承担情况，公司下属的投资管理公司，往往会通过设立产业基金平台，利用项目或企业内部资产进行表外融资。所发行的证券基金，根据年利率支付固定收益，最终以回购项目公司股权的方式进行偿付。因此，监管机构应该定期核查企业对于所发行证券的偿付能力以及企业实际承担义务的履行情况。

2）加强监管部门间合作。不同监管部门的职责不同，要想设立有效的监管机制，就必须加强各部门之间的合作。各监管部门之间应该加强部门关联度，支持信息共享，制定合理的监管流程。例如，对于融资项目来说，监管部门可以从融资项目可行性、资金来源、企业偿还能力、资金使用情况等方面实时监督，保证各环节都合理合法。各个流程的监管情况透明化，并及时进行披露，提升监管效率。

3）加强业务信息披露。为优化市场投融资环境，监管部门应该规范表外融资业务运用过程中的信息披露和风险指引制度。政府可以强制要求企业对表外融资活动及时进行信息披露，保障金融安全。例如，监管部门可以对资产证券化基础资产的质量和价值等进行评估，要求证券化的债券或股票的信息进行公开披露，同时，对于资产证券化产品定价、现金流评估机制进行披露与说明。

4）加强表外融资审计。审计人员应当对企业表外融资的业务真实性、合同操作流程以及会计处理的合规性进行审查。由于表外融资业务并不在企业的资产负债表中列示，给审计工作带来了一定的困难，但是表外融资的部分内容会在报表附注中予以说明，这就要求审计人员有更高的专业能力，加大对表外融资审计的深度。

第六章
产融结合模式优化

产融结合是非金融业和金融业的结合，随着中央企业深化改革和金融市场开放，实体产业与金融的结合是中央企业发展的必然趋势，如电力、煤炭、石油石化、钢铁、航空、运输等领域的核心中央企业，在产业发展壮大的同时开始进入金融行业。但是我国仍有许多中央企业处于产融结合的探索阶段，还未明确适合企业自身发展的产融结合模式，随着产业经济不断向金融市场聚拢，企业产融结合的发展方向体现出一定的盲目性，因此，加强对企业产融结合的理论研究具有一定的现实意义。

第一节 产融结合概述

一、产融结合概念及内涵

产融结合是通过参控股、信息资源共享和人事互动等方式进行的非金融企业与金融企业的结合，或者企业内部金融业务与实体业务的结合。这一定义突出了资本对产业的促进作用，但也仅仅是一种"手段"，它能够为实体经营产业提供所需的服务，但是不能脱离企业实体业务。"产"和"融"就是企业在资本运营中的两种驱动因素，前者为产业基础实体，后者为金融杠杆效应。实践运用中，应着重观察金融资本与产业资本是否在企业内部构建了稳定的耦合机制；注重金融资本与产业资本在融合的力量传导中，是否做到相互驱动；以及要看实际的产业与金融的组合最终能否整合财务实力及产业开发。随着产业边界不断被打破，产业与金融的融合程度越来越深，实体企业和金融机构在资金、股权等方面相互渗透，实现相互结合与促进，最终带动企业的产融协同发展。

二、产融结合的主要形式

从全球化视角来分析，产融结合的形式可以划分为两种，即"由产到融"和

"由融到产"。"由产到融"即非金融企业占主导地位,非金融企业将旗下部分资本转到金融机构,通过参控股或设立金融机构的方式进军金融行业;而"由融到产"即金融企业占据主导地位,是金融企业为了自身的发展与规避风险而有意识投资控制非金融企业,一般金融企业会选择投资规模较大的非金融企业。美国作为产融结合的领先国家,最开始时大多是"由融到产",如19世纪末摩根银行、花旗银行均大规模投资了非金融企业。自20世纪以来,由产到融的案例逐渐增加,如GE通用电气、UPS、Walmart等。国外产融结合进程持续时间久、参与行业范围广、参与企业实力强,它们的产融结合经验与教训值得后来者借鉴。

我国的金融行业规制较为严格,政策禁止银行业投资实体产业,所以我国企业产融结合的形式不能是"由融到产",而大多是"由产到融"。因此,现在我国企业进行产融结合大部分是非金融企业开展金融业务,即"非金融企业参控股金融企业"。

第二节　产融结合主要模式与实现路径

一、产融结合主要模式

从主流的产融结合实现方式来看,大部分企业都属于混合模式,故此分类意义不大,因此本书对于产融结合模式的分类以金融机构在集团中的定位为标准。

（一）平行发展型

平行发展型的特点在于非金融企业将金融业务与企业本身的产业布局结合起来,将旗下的金融机构整合成集团的金融业务单元格,由一个金融平台统一管理集团金融业务。在金融业务独立发展的同时,需要与企业其他业务共享企业资源并提供与产业相匹配的金融服务,最终达到增加企业客户资源、提升企业整体竞争力的目的(见图6-1)。由于该模式对协作性要求较高,所以非金融企业需要用全资或控股的方式来管理金融机构。

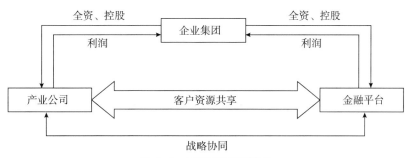

图6-1　平行发展型模式

（二）参股投资型

参股投资型模式的特点是非金融企业通过参控股等方式对金融企业进行大规模的投资。参股投资型模式下的非金融企业会通过旗下投资类金融机构来参股其他金融机构，从而为集团增加新的利润增长点，也从侧面诠释了实行产融结合的目的是获取金融业的高额收益，拓宽融资渠道（见图6-2）。

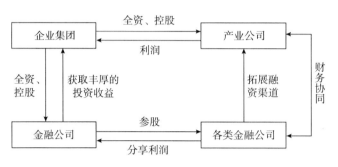

图6-2　参股投资型模式

（三）服务产业型

服务产业型模式的特点是非金融企业的首要目的是让金融机构为成员单位提供特色化的金融服务，而并非分享金融业的利润。非金融企业借助金融企业提供的各项服务来推动主业的全面发展，实现主业与金融业务的战略协同（见图6-3）。服务产业型模式下的企业对金融机构的布局是依据产业链来搭建的，所以企业通常采用全资或者控股的方式来参与金融机构。

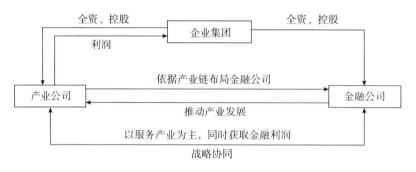

图6-3　服务产业型模式

（四）金融主导型

金融主导型模式的特点是企业的金融业务占据主导地位，金融公司业务比较成熟（见图6-4）。这类企业集团包括两种情况：一是深耕产业本就是金融业；二是主攻实体产业，但在经营过程中将业务发展方向逐步扩展至金融业务。两者的共同点是在金融业发展成熟的同时，与非金融企业通过参控股方式结合，降低金融业风险并获取稳定收益，实现双方财务协同。

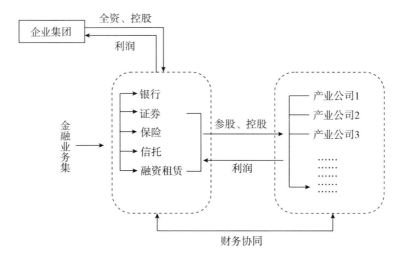

图 6-4 金融主导型模式

二、产融结合实现路径

（一）企业产融结合的实现方式

1. 企业发起组建全资或控股金融公司

企业发起组建全资或控股金融公司的优势在于：首先，满足企业的战略目标和发展方向，即企业根据自身产业需求可以快速地选择并开展相应的金融业务。其次，企业可以方便且有效地获取特定资源，降低资源整合难度，提升资源共享利用率。最后，在企业集团管理和企业文化建设上更加集中。在我国当前政策环境下，财务公司、保险公司、证券公司、基金公司、信托公司、租赁公司可以在国家许可的条件下通过直接或者间接的方式由企业发起建立全资或控股金融公司。

2. 企业收购兼并控股或参股金融机构

公司、企业或集团通过收购合并目标金融机构的全部或部分股份，使其成为全资或控股子公司，不仅可以获得目标公司部分管理权和经营专利权等，还可以获得目标金融机构特定组织资源形成的核心竞争力。该方式具有以下优点：首先，企业集团获得进入金融行业的门票更加便捷，省去大量的审查程序，能够快速实施金融产业的发展战略。其次，目标企业管理者、业务平台和市场份额可直接兼并收购，这对专注于产业发展的企业群体尤为重要，可避免集团财务人才和管理经验不足而导致财务战略失败。

（二）企业产融结合的实施路径

产业和金融的有效组合应该使金融资本有效地宣传产业资本，创造实际的经济利益，是一个螺旋形整合过程。产业资本的开发不是产业资本和金融资本合并到公司，而是借此提高金融资本的价值。我国企业产融结合共经历了 5 个主要的发展阶段。

1. 单一融资渠道管理

这是产业与金融的早期组合形式，企业只能依赖银行的信贷资源，融资借贷成为产业与金融的连接关系。企业的发展经常伴随对资本的高需求，除内部积累外，主要是通过市场融资渠道向商业银行借入资金，因此，加强企业信用管理，是十分重要的。从理财角度来看，主要考虑长期和短期贷款项目的期限组合，加强理财节点管理。

2. 多元融资平台管理

与向银行筹措资金的唯一融资途径相比，企业在产业和金融整合阶段，可以选择多种融资方式，如发行债券、抵押贷款等，来满足企业对开发资本的需求。

3. 资产证券化能力建设

资产证券化是指以特定的资产组合或现金流为基础，发行可交易证券的融资形式。实际上，在产融结合的进程中，证券化就是将非流动性实物资产转换成流动证券，提高资产收益率。在这个阶段，产业和金融的结合可以通过信托、债券发行、IPO、股票融资等方式实现。

4. 金融服务

在金融服务这个阶段，生产与财务的关系已不再是两个独立的活动领域了，企业集团引入外资，进行股份整合，形成资本扩张，短期集中推进核心产业，并增强中长期投资倍数效益，实现金融产业增值。通过产业资本、商业资本和金融资本的支配经营，形成具有综合管理能力的集团经济。

5. 金融控股集团

金融控股集团是指将从事不同金融业务的公司股权整合起来，实现股权集中，但所有金融业务单位都是相对独立的法人，从事不同的业务，接受不同监督机构的监督。即实行分片经营、集中股权监督。在一家企业集团的金融控股集团中，子公司分别持有不同的金融执照，虽然这些子公司受母公司的统一管理，但相互之间业务完全分离，实行完全分离的监督。在制度架构方面，可采用金融控股实体企业的方式让金融机构的管理优势得到全面发挥，在不同的金融业务之间形成"防火墙"。

第三节　中央企业产融结合发展历程与实践探索

一、中央企业产融结合发展历程与总体情况

（一）中央企业产融结合发展历程

我国在 1978 年之前实行计划经济，企业并未展开产融结合，与金融业的合作仅限于企业向银行申请贷款。在改革开放后，为推动大型企业的发展，政府对于产融

结合放宽了限制，促进了金融企业和非金融企业的融合，不再仅限于银行信贷业务。1987 年 5 月东风财务公司的成立，是中央企业初次进行产融结合的尝试标志，之后随着我国国企改革的深入和金融市场开放程度的加深，中央企业陆续加速了产融结合的进程，其发展历程可以分为以下四个阶段。

1. 起步阶段

中央企业产融结合的起步阶段是从 1978 年到 20 世纪 90 年代初。在这个阶段中，伴随着改革开放进程，部分企业飞速扩张。同时，政府为了进一步深化改革开放，在相关政策文件中也提到了可以建立财务公司来推动企业发展，通过财务公司进入保险、信托、证券等金融业务领域。在 80 年代中期，我国银行业发生变革，涌现出了许多商业银行，在此背景下，多家非金融企业选择参控股商业银行，实现非金融企业和银行的融合。在起步阶段，我国成立了 60 多家集团内部的财务公司，并借此进入了保险、信托和证券等金融业务领域。

2. 整顿阶段

中央企业产融结合的整顿阶段是从 20 世纪 90 年代初至中期，持续了 5 年左右。在起步阶段，我国产融结合发展了一大步，但是由于我国在产融结合方面的法律制度缺失以及政府监管不到位，非金融企业对于金融企业的投资缺乏规范性，许多企业大规模地设立和参控股各种金融机构，导致我国金融市场出现混乱。为规范市场，政府于 1994 年和 1995 年陆续颁布了《关于向金融机构投资入股的暂行规定》和《中华人民共和国商业银行法》，对于非金融企业参控股金融机构的资质以及参控股方式做出了严格规定，《商业银行法》中明确规定银行业不能在企业内参股，以上一系列的规定使得产融结合的发展受到了一定程度的限制。

3. 恢复阶段

中央企业产融结合的恢复阶段从 20 世纪 90 年代后期至 2010 年，2001 年我国加入 WTO，资本市场快速发展的同时带动了产业资本投资金融市场的迅猛发展。恢复阶段中，非金融企业的多元化融资需求是非金融企业涉足金融企业的主要动力，同时在政策方面，我国依旧允许集团内部的财务公司进入金融领域。基于以上因素的共同作用，以及中央企业拥有的规模优势和资金优势，中央企业走在了产融结合的前列。在产融结合恢复发展的同时，产融结合的相关风险开始显现，一些参与产融结合的企业在 2003 年后遭遇危机，有的甚至濒临破产，所以产融结合的监管强度有所增加。

4. 快速发展阶段

中央企业产融结合的快速发展阶段是自 2010 年至今。在此阶段，随着企业发展壮大，许多企业意识到了规模化、多元化、集团化的重要性，也为产融结合的推行创造了条件。在政策环境层面，国资委在 2010 年中央企业负责人会议中明确提出了鼓励满足条件的中央企业实施产融结合。在多种因素推动下，中央企业通过集团或财务公司参控股的方式进入了银行、信托、保险、证券和基金等金融业务。其中，国家电网、中国航空、中国五矿、中国石油等大型中央企业涉足几乎全部金融领域，产融结合进行得如火如荼。

（二）中央企业产融结合的总体情况

经过四个阶段的发展，中央企业产融结合已经取得了一定效果，有力促进了中央企业的主业发展。在产融结合的发展过程中，中央企业逐渐成为中国企业产融结合的领头军，率先涉足的中央企业基本是航运、煤炭、电网、电力、钢铁、石油、军工、石化、电信等重要行业的引领企业。接下来从金融机构的数量、类型以及渗透率两个方面来说明中央企业产融结合的总体情况。

从中央企业参控股金融机构的数量来看，大多数中央企业参控股超过 1 家金融机构。截至 2017 年底，97 家中央企业中有 70 家中央企业已经至少控股 1 家金融机构，这些中央企业占全部中央企业总数的 72% 左右，在这 70 家中央企业中参控股 2 家金融机构以上的中央企业有 30 家，参控股至少 5 家金融机构的中央企业有 12 家。这 70 家中央企业参控股的金融机构总数量达到了 164 家。

从中央企业对各类型金融机构的渗透率来看，即中央企业参控股金融机构数量占我国该类金融机构总数的比例，在中央企业参控股的各类型金融机构中，财务公司的数量是 63 家、信托公司的数量是 15 家、保险公司的数量是 40 家、证券公司的数量是 9 家、期货公司的数量是 12 家、基金公司的数量是 8 家、商业银行的数量是 8 家、租赁公司的数量是 21 家。各类型的金融机构渗透率有所不同，财务公司和信托业的渗透率均达到了 20% 以上，分别为 26.81% 和 22.06%，接下来依次是保险业（11.08%）、证券业（9.18%）、期货业（8%）、基金业（6.9%）、银行业（1.18%）和融资租赁业（1.04%）。

随着产融结合的快速发展，中央企业呈现出成立金融控股公司对旗下金融机构进行统一管理的趋势。这一趋势表明，为了满足政府深化中央企业改革的要求以及适应国有资产监管体制的转变（"资产管理"向"资本管理"），越来越多的中央企业将会参与并加强产融结合的发展。

（三）中央企业产融结合动因分析

1. 提高内部资源配置效率

中央企业的特点是所处的行业与国民经济息息相关，企业规模大且资金充裕，经营范围广，通常会形成完整的产业链，关联交易比较频繁，从而形成"内部资本市场"，中央企业试图通过产融结合来扩大内部资本市场，借此重新合理分配企业已有资源，以提高资源配置效率。企业设立财务公司有利于统一归集、调度企业资金资源，进一步提高资金使用效率。此外，对于现金流充裕的重资产行业企业，也选择了将闲置资金投入金融业务的方式来提高资源配置效率。

2. 满足企业多元化金融需求

多数中央企业属于关键行业的佼佼者，企业存续时间长，在长期发展中形成了完整的产业链，产业链中包含大量的上游企业和下游企业，产业链中的上下游企业存在特定的资金需求，而外部金融机构难以针对性地满足企业的资金需求，且服务成本较高。所以，部分中央企业尝试利用产融结合为集团所处产业链的上下游企业提供完善的金融服务。

3. 降低外部的市场交易成本

实行改革开放到现在，快速发展的中央企业由于我国金融市场结构不完善而面临融资约束，金融机构与非金融企业双方信息不对等，进一步导致市场交易成本居高不下。非金融企业与金融机构采用股权参与的方式实施产融结合，可以建立直接融资渠道，通过将资本由外部转为内部的方式增加企业内部资金来源，降低交易成本，缓解融资约束程度。

4. 寻求企业新的利润增长点

中央企业大多数处于电力、石油、化工等与民生密切相关的实业产业，易受到国家调控影响行业利润率（见表6-1）。近年来，中央企业致力于在主业发展的基础上寻找新的利润增长点，开始进行多元化经营。值得注意的是，金融业的毛利率和利润率均远高于其他行业，并且与传统行业相比，金融行业运作更加灵活、资产专用性不高，还可以为主业提供服务。基于这些外在激励，一些中央企业选择了联合金融行业以追求新的利润增长点。

表6-1 中央企业所处行业毛利率及利润率   单位：%

序号	行业名称	毛利率	利润率
1	电力、煤气、水	9.80	0.71
2	石油、化学、塑料、塑胶	14.85	6.20
3	金属、非金属	13.25	7.17
4	机械、设备、仪表	16.80	6.53
5	农、林、牧、渔业	20.42	1.46
6	建筑业	11.64	3.43
7	交通运输、仓储业	24.41	16.87
8	电子	17.10	2.49
9	医药、生物制品	28.25	9.08
10	金融、保险业	33.94	35.25

资料来源：Wind 数据库。

二、中央企业产融结合实践探索

产融结合发展至今已经诞生了很多的典范企业，本节选取国家电网、中国石油、华润、五矿和中铝这五家典型中央企业，总结其产融结合的发展经验（见表6-2）。

表6-2　选择对比案例的思考

公司	国家电网	中国石油	华润	五矿	中铝
模式	服务产业型	服务产业型	平行发展型	服务产业型	服务产业型
选择原因	产融结合发展时间长，具有借鉴意义	与ZTJ产融结合进程相似，均以组建财务公司为主	产融结合起步时间与ZTJ基本相同，采取了较为创新的商业模式	产融结合帮助其在行业波动时平稳度过，形成如今的集团规模	产融结合起步时间与ZTJ基本相同，产融结合较成功
借鉴的重点	系统的金融布局，完善的金融全牌照，合理的管控模式	精准的定位目标，把握时机参控股金融机构	成立金融控股公司，创新产融结合商业模式	扩大金融机构规模，金融板块整体上市	明确的战略构图，产融结合人才的培养

资料来源：根据各公司官网资料手工绘制。

（一）国家电网

1. 产融结合情况介绍

国家电网公司的前身是国家电力公司，2003年12月国家电网公司正式成立，主要业务是输配售电。国家电网经过长期的经营积累，已经成为我国最大的电网建设及运营商。

国家电网从1995年开始了产融结合的步伐，其产融结合可以分为三个阶段：初探阶段（1995~2001年）、整合阶段（2002~2010年）、深化阶段（2011年至今）。在产融结合发展的过程中，国家电网通过参控股金融机构的方式形成了系统性的金融业务板块，包含几乎全牌照的金融机构，合力为主业提供服务。国家电网成立了以国网英大国际控股集团有限公司（以下简称国网英大）为主导的金融平台，控制了英大泰和财产保险股份有限公司、英大国际信托有限责任公司、英大期货有限公司等多家金融机构，并且参股了广发银行、华夏银行、交通银行和建设银行（见图6-5）。英大控股旗下金融公司提供的服务对实体产业发展具有明显促进作用。

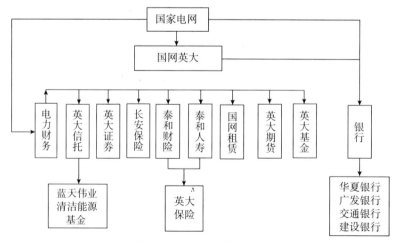

图6-5　国家电网金融布局

资料来源：根据国家电网官网资料手工绘制。

2. 经验与启示

通过多年实践产融结合，国家电网得到了快速发展，国家电网产融结合的经验主要有以下三点：

第一，拥有完备的金融全牌照是产融协同结合的保障。通过控股和参股等方式，国家电网拥有了较为完善的金融牌照，信托、证券牌照是通过投资参股取得的；保险牌照是发起成立保险公司取得的；期货牌照是依靠重组注资取得的；基金牌照是旗下信托公司设立了基金公司取得的。全金融牌照使集团能够涉足大多金融业务，产融双方进行信息共享，实现良好互动，更好地为实体产业提供助力，发挥协同作用，优化集团运营效率。

第二，系统的金融布局是产融结合有序发展的前提。国家电网产融结合在经过多年发展后形成了系统的金融布局，每种金融业务都与主业发展相关。还设立金融控股公司对于企业金融机构进行了集中管理，再对金融资产进行整合分类，可以有效避免同类金融机构之间出现同业竞争现象，同时有效减少集团分散管理成本，推动产融结合有序发展。

第三，选择合理的管控模式是科学管理的关键。国家电网在产融结合各个阶段选取了对应的管控模式。产融结合发展最初，国家电网采用了总部直管模式。从2010年开始，随着金融布局趋于完善，国家电网公司设立了金融控股公司国网英大，对旗下金融机构进行统一管理，形成了以国网英大为管控主体的金融控股集团，将金融板块与实业板块区别开来，避免金融风险影响实体产业的发展。

（二）中国石油

1. 产融结合情况介绍

中国石油是1998年7月成立的企业，属于特大型石油石化公司，主营业务将油气的生产、锻炼、运输、销售、储存、贸易结合为一体，已发展成一家综合性国际能源公司。

中国石油产融结合的目标是服务主业，围绕着这一目标，中国石油接连成立或参控股中油财务有限责任公司、昆仑银行、昆仑信托、昆仑金融租赁有限责任公司等金融企业，拥有除期货以外全部的金融牌照。2016年中国石油成立了中国石油集团资本有限责任公司（以下简称中油资本），将其作为集团的金融控股平台，统一管理旗下的金融机构（见图6-6）。目前，中国石油形成了独特的具备能源行业特点的金融服务体系。中国石油产融结合在提供资金支持、降低交易成本、助力主业发展方面发挥了作用，为中国石油成为我国最大的油气生产和供应商之一做出了一定贡献。

2. 经验与启示

精准的定位目标是产融结合实施的基石。中国石油明确了产融结合的目标是服务于主业，其旗下的金融机构均按照服务主业的目标设立，最终形成了中国石油金融服务体系。中国石油在产融结合发展过程中始终坚持服务主业的定位目标，故面对环境的不稳定，中国石油仍在产融结合的道路上取得了良好成绩。

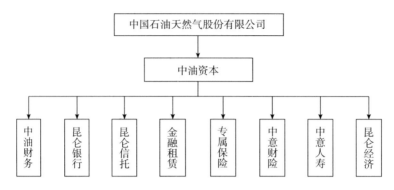

图 6-6　中国石油金融布局

资料来源：根据中国石油官网资料手工绘制。

把握时机参控股金融机构是产融结合发展的助力。中国石油在设立财务公司之后，很快意识到财务公司是在公司内部进行资金集中管理，对于外部资金的筹集作用有限，所以中国石油把视野投向了银行。2009 年，中石油向克拉玛依商业银行（现为昆仑银行）进行了投资，之后通过增加注册资本的方式使得持股比例增长到了92.01%。2016 年中油资本成立后，成为了昆仑银行的最大投资方，因此成员单位能够获得低成本融资服务，为主营产业发展提供助力。

（三）华润

1. 产融结合情况介绍

华润最初是共产党于 1938 年建立的地下交通站"联和行"，在 1948 年改为华润公司。现在的华润是在 1983 年由华润公司再次变更形成的。目前，它已经成长为集自营金融、电力、水泥、消费品、燃气、地产、医药等一体化的业务多元化公司。

华润于 2009 年成立了金融控股平台——华润金融控股有限公司（以下简称华润金融）。华润金融的目标是完成华润产融结合，创新产融结合模式，构建最具特点的综合性金融服务平台。为了实现这一目标，华润公司把华润资产管理有限公司、华润深国投信托有限公司、华润投资控股公司、珠海华润银行股份有限公司、华润租赁有限公司、国信证券股份有限公司等企业纳入华润金融体系。目前，华润成功构建了"6+1"业务板块的布局，华润金融是连接其他业务的中心（见图 6-7）。

2. 经验与启示

设立金融控股公司是统一管控金融机构的关键。在金融控股公司成立之前，华润集团旗下的金融机构是由华润集团或者旗下的华润投资控股公司进行管理的。华润集团成立金融控股公司后，将旗下的金融机构均整合到了一起，华润金融成为华润 7 种业务的中心，便于公司金融布局的整体实现。这种模式构建的整体结合点就是金融板块贯穿于集团整体所有产业，融合了所有产业以发挥最大效应。在业务结构方面，华润金融将整个企业的信息资源进行了汇总，使得华润在创新产品、增加客户以及风险防范方面的能力都有所增长。在资金支持方面，华润金融集中了华润各业务的资金，为华润产业链上主体提供金融服务，助力主业发展。

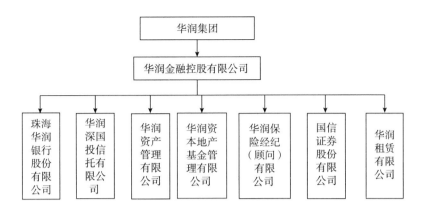

图 6-7 华润金融布局

资料来源：根据公司官网资料手工绘制。

（四）五矿

1. 产融结合情况介绍

五矿是由原中国五矿和中冶集团重组而成的，业务包括金属和矿产的开发、生产与销售以及金融、房地产、物流业务和综合服务，属于世界级大型企业集团。

1993 年，五矿迈出了探索金融领域的步伐，成立了五矿集团财务有限责任公司。之后五矿参控股中国外贸金融租赁有限公司、五矿经易期货有限公司、五矿证券有限公司、绵阳市商业银行股份有限公司、五矿国际信托有限公司、安信基金管理有限公司、工银安盛人寿保险有限公司。参控股金融机构减少了融资成本，提供了多样化金融服务。随着五矿公司集团旗下的金融机构越来越多，为了方便管理，五矿于 2016 年成立了五矿资本股份有限公司对于金融资源进行统筹管理，形成了全牌照的金融控股平台（见图 6-8）。

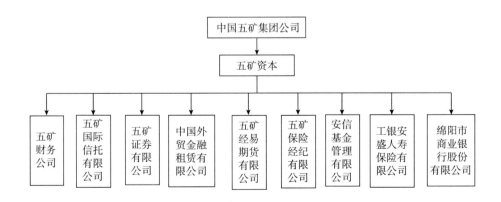

图 6-8 五矿金融布局

资料来源：根据公司官网资料手工绘制。

2. 经验与启示

组建上市金融控股平台是金融机构规模扩大的合理方式。五矿于 2016 年以前的金融机构规模较小，低于各金融机构业内平均水平，五矿证券公司刚成立时注册资本是 8.8 亿元，2014 年增至 17.5 亿元，只有 32 家营业部，而大券商一般都有上百亿元注册资本，上百家营业部，与之相比，五矿证券公司规模着实较小。截至 2016 年五矿信托注册资本为 20 亿元，而信托行业的大公司注册资本都高于 50 亿元，五矿信托在行业中只能处于中间水平。在整体上市后，五矿信托的资产规模和盈利水平均得到了增长，飞升到行业前列。五矿证券资产规模增加后其业务也得到了快速发展，各金融机构均实现了跨越式前进。

（五）中铝

1. 产融结合情况介绍

中铝于 2001 年 2 月成立，核心业务是开发矿产、冶炼加工有色金属、进行矿产金属相关贸易和工程技术服务等，是全世界第一大氧化铝和第一大电解铝供应商。

中铝于 2011 年成立了中铝财务有限责任公司，于 2015 年成立了中铝资本控股有限公司（以下简称中铝资本），先后参控股中铝保险经纪（北京）股份有限公司、中铝融资租赁有限公司、中铝建信投资基金管理（北京）有限公司、云晨期货有限责任公司、中铝商业保理（天津）有限公司、农银汇理基金管理有限公司和北京鑫源盈丰投资基金管理合伙企业（见图 6-9）。中铝资本需要统一管理除财务公司以外的金融机构，协调主业和金融间的业务合作。

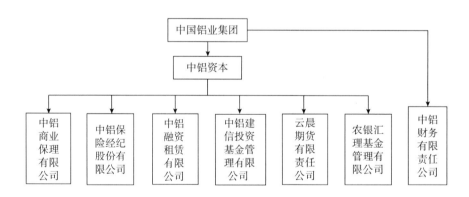

图 6-9　中铝金融布局

资料来源：根据公司官网资料手工绘制。

2. 经验与启示

明确的战略构图为形成产融结合价值共同体提供了保障。中铝明确了集团的产融结合战略。企业发展理念是开放、创新、科技和共享，产融结合战略的五大支柱是财资管理、产业链金融、风险管理、资本运作和国际化，从而实现"金融+"功能，在形成利润增长点的同时，为主业提供金融服务，为产业链上游进行资源开拓，中游企业实现产能转移，下游企业向新材料新能源转型，实现价值提升，最终双方结合形成产融结合价值共同体。

人才是推动产融结合的发动机，中铝十分看重产融结合人才的培养，将内部人才培养和外部人才引进相结合设立了人才培养体系。开展了投资业务领域激励改革试点和职业经理人改革两个试点，金融人才的选拔方面遵循年轻化、职业化、专业化三个特点。通过这种方式培养出既懂铝业又懂金融业务的复合型人才，为中铝产融结合的人才储备做出了贡献。

第四节　ZTJ产融结合发展现状与路径优化

一、ZTJ产融结合发展现状

（一）ZTJ产融结合发展历程

自 2008 年以来，ZTJ 致力于业务转型与升级。为了提升工程质量和提高效率，从而改善区域经营管理机制和优化原有产业结构，ZTJ 选择了与金融企业合作，实现以融促产，同时借助投资板块实现旧能源到新能源的转换，促进企业发展由高速向高质转变。"十三五"期间，ZTJ 提出了深化产融结合，进一步扩大金融板块的规模，让金融业务变为集团重要的营业收入和利润来源之一。ZTJ 的内部金融公司主要包括 ZTJ 财务有限公司、中铁建资产管理有限公司、诚合保险经纪有限公司、中铁建金融租赁有限公司和中铁建投资基金管理有限公司。ZTJ 产融结合发展历程如表6-3 所示。

表 6-3　ZTJ 产融结合发展历程

类型	公司名称	时间	参股/控股比例（%）	主营业务
保险	诚合保险经纪有限公司	2009 年 11 月	100	业务风险咨询、提供保险建议与安排，保险索赔及保险公估等后续服务
资产管理公司	ZTJ 资产管理有限公司	2011 年 3 月	100	资产管理、产业基金管理、投融资管理
财务公司	ZTJ 财务有限公司	2012 年 4 月	94	内部金融服务，包括业务资金结算、单位成员存款、发放信贷业务、结售汇处理以及债券销售等

续表

类型	公司名称	时间	参股/控股比例（%）	主营业务
租赁	中铁建金融租赁有限公司	2016年6月	35	融资租赁、转受让融资租赁资产、固定收益类证券的投资、租赁物处理业务等
基金	中铁建投资基金管理有限公司	2017年6月	100	非证券业务的投资咨询

资料来源：根据公司官网资料手工整理。

1. 早期金融平台构建阶段

在早期金融平台构建阶段，ZTJ先后成立了诚合保险经纪有限公司、中铁建资产管理有限公司和ZTJ财务有限公司（见图6-10）。这一阶段的特点是金融机构业务规模普遍较小，各个金融机构之间关联性不强。

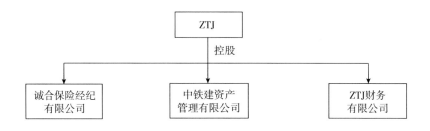

图6-10　早期金融平台构建

资料来源：根据公司官网资料手工绘制。

诚合保险经纪有限公司（以下简称诚合保险）的业务包括风险咨询、提供保险建议与安排、保险索赔及保险公估等后续服务。其业务涵盖了ZTJ主要经营区域的数十家分公司或子公司，逐渐形成了完善的客户服务体系。诚合保险经纪有限公司的设立使得ZTJ成员单位与其他保险公司的议价水平上升，降低了ZTJ的保险费用；同时还可以为ZTJ创新适合自身特点的保险产品，解决其一些风险较高、专业性强的业务的特殊需求。

中铁建资产管理有限公司（以下简称资产公司）的业务包括资产管理、产业基金管理、投融资管理各个领域，营业范围不局限于境内，还拓展到"一带一路"沿线国家。ZTJ成立资产公司的目的是为主业提供服务，加强产融结合的深度。同时资产公司在ZTJ产业链中承担核心平台的角色，需要担负起发展新兴产业的责任，创建新型商业模式，进一步实现ZTJ产业转型与升级目标。

ZTJ财务有限公司（以下简称ZTJ财务公司）为ZTJ成员单位提供业务资金结算、单位成员存款、贷款、发放信贷、结售汇处理以及债券销售等金融业务，目标是打造 ZTJ 综合性金融服务平台。ZTJ 财务公司需要集中集团资金并负责运营管理，主要分为资金的归集、资金的调剂、资金的使用以及集团整体的融资管理。通过对资金进行集中管理，ZTJ 的资金监管强度及防范风险能力都有所增强；资金的集中调度使得企业资源得到了有效配置，资金效益有所增强，同时产业结构也进一步优化；统一的融资管理更使得集团整体的财务费用有所降低。

2. 深入发展金融服务阶段

在深入发展金融服务阶段这一时期，ZTJ 在原有的金融机构的基础上增加设立了 ZTJ 金融租赁有限公司和 ZTJ 投资基金管理有限公司（见图 6-11）。在这期间，ZTJ 财务有限公司的注册资本增加，ZTJ 的产融结合进程得到了加深。

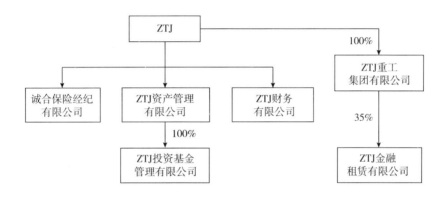

图 6-11 深入发展金融服务阶段

资料来源：根据公司官网资料手工绘制。

ZTJ 财务公司的注册资本在 2017 年由 6000 万元变更为 9000 万元，注册资本的增加扩大了 ZTJ 财务公司的规模，使其可以更好地为 ZTJ 成员单位提供助力。到 2018 年底，超过 5000 多个 ZTJ 旗下的核算单位成为 ZTJ 财务公司的客户，财务公司吸收存款总额以及资产总额都超过千亿元，在全国 250 家财务公司中上升至第五。ZTJ 财务公司通过资金集中、资金结算、资金监控等功能为成员单位提供金融服务，对集团资金进行整体的规划，不仅使得资金的融资和运营成本降低，而且提高了资金使用效率。2019 年，ZTJ 财务公司的活期存款利率相比中央银行上升了 42.86%，贷款利率与基准相比下浮了 15%。

ZTJ 金融租赁有限公司（以下简称 ZTJ 金租）的业务包括融资租赁、转受让融资租赁资产、固定收益类证券的投资、租赁物处理业务等。ZTJ 装备制造产业中包括盾构机和其他装备，自 2016 年成立以来，ZTJ 金租以这些工程装备的租赁为业务中心打开了工业制造领域的市场，起到了以租赁代替购买、以租赁促进销售的作用，推动主业发展。到 2018 年底，ZTJ 金租采购设备近 3 万套，包括近 200 台盾构机和其他设备，形成了别具一格的工程装备租赁业务体系，在短短两年内成长为大型盾构机租赁商。除在装备制造业的发展外，为了满足 ZTJ "以融助产"要求，ZTJ 金租还计划开拓交通与城市基础设施等领域的融资租赁业务，借此为相关主业提供助力。

ZTJ 投资基金管理有限公司的业务是非证券业务的投资咨询，业务范围较小。自成立以来，ZTJ 投资基金管理有限公司开发了 25 只私募基金，为 ZTJ 成员单位项目提供了资金支持。

经过产融结合的两个阶段的发展，金融机构为主业提供的服务更加多样化，同时金融机构之间的合作也有所加深，多方资源共享不仅发挥了 ZTJ 旗下实体产业的资产低风险优势，ZTJ 的金融板块规模和利润均有所增长，而且使 ZTJ 的产业链条得以延伸、业务渠道进一步拓宽。

（二）ZTJ 产融结合具体模式

为了判定 ZTJ 的产融结合模式，在此针对不同产融结合模式从动因、协同、业务布局、结合形式、金融业务模式等方面做出了对比，如表 6-4 所示。

表 6-4　产融结合模式对比

模式类型	平行发展型	服务产业型	参股投资型	金融主导型
产融结合动因	创新商业模式	满足产业金融服务需求	分享金融业丰厚利润	分散经营风险
产融业务协同	战略协同	战略协同	财务协同	财务协同
业务布局	依据产业领域整合金融业务	依据产业链布局金融业务	依据盈利情况布局金融业务	依据金融业务布局产业领域
产融结合形式	全资、控股	全资、控股	全资、控股、参股	参股、控股
金融业务模式	整合成金融平台与产业共享资源	各类金融机构独立运作	围绕参股金融机构开展业务	各金融机构整合成同一平台运作

根据 ZTJ 的产融结合现状，从动因来看，ZTJ 产融结合的主要动因是推动主业发展，利用金融机构的直接服务来满足产业的融资需求。从产融业务协同方面来分析，ZTJ 在成立 ZTJ 财务公司、ZTJ 金融租赁有限公司时明确了金融机构与主业需要实现战略上的协同，金融机构的发展需要符合公司的战略要求。从业务布局来看，ZTJ 产业链涵盖了上下游，通过中铁建金融租赁有限公司将上下游客户联系到了一起，实现了依据产业链布局金融业务。在产融结合形式方面，ZTJ 旗下的金融机构均是全资控股，确保其全面受企业控制。在金融业务模式方面，ZTJ 旗下的金融机构均处于独立运作状态。基于以上判断，可以看出 ZTJ 产融结合是以组建财务公司为主，与其他金融类公司共同合作为主业提供服务，所以 ZTJ 产融结合模式可以总结为：组建以财务公司为主的服务产业型模式。

二、ZTJ 产融结合效果分析

（一）产融结合程度

通过与实施产融结合的中央企业（前述五家典型）进行对比，可以对 ZTJ 的产融结合程度进行大致衡量（见表 6-5）。产融结合程度可以从产融结合广度和产融结合深度两个方面进行衡量，产融结合广度从金融牌照数量和参控股金融机构个数两方面来反映，产融结合深度由参控股金融机构的持股比例来反映（产融结合深度用金融板块收入占总集团收入的比例来反映更为合理。但由于我国企业集团金融板块的具体收入数据难以获取，所以在参考其他关于产融结合程度的研究后，选用参控股金融机构的持股比例代替金融板块收入）。

表 6-5 产融结合程度

公司	国家电网	中国石油	华润	五矿	中铝	ZTJ
金融牌照数（个）	8	7	6	8	5	4
参控股金融机构数（个）	15	8	7	9	7	5
控股金融机构持股比例（%）	82.46	76.71	69.33	73.81	71.28	85.8
参股金融机构持股比例（%）	13.26	17.81	12.78	7.74	9.19	0

注：由于一个公司参股或控股多个金融机构，故参控股金融机构的持股比例选择了参股或控股金融机构的持股比例的平均数来列示。

资料来源：根据各公司相关公告收集整理。

从金融牌照数量来看，ZTJ 持有的金融牌照数量及类型在 6 个企业中最少，尚未持有信托牌照。从参控股金融机构数来看，ZTJ 参控股金融机构个数最少，ZTJ 仅参控股金融机构 5 个，产融结合广度较窄，从控股金融机构持股比例来看，ZTJ 的持股比例最高，并且由于 ZTJ 大都是百分之百控股金融机构，所以 ZTJ 控股金融机构的持股比例达到了 85.8%，剩下的中央企业控股比例也都基本在 70% 以上，控股金融机构持股比例处于较高水平。从参股金融机构持股比例来看，中国石油参股金融机构持股比例最高，达到了 17.81%，而 ZTJ 参股金融机构持股比例是 0%。仅从控股金融机构持股比例来看，ZTJ 产融结合程度比较深，但从参股金融机构持股比例来看，ZTJ 产融结合深度还有待加强。

综合产融结合深度和广度进行分析，ZTJ 的产融结合广度相对较低，ZTJ 控股金融机构持股比例虽然高，但诚合保险和资产公司等金融机构与集团主业交叉不足，说明 ZTJ 实行产融结合的程度仍有发展空间。

（二）协同效应

协同效应从管理协同效应、财务协同效应和销售协同效应三个角度来进行衡量，选取管理费用、财务费用与销售费用同营业收入的比率作为协同效应的评价指标（见图 6-12）。

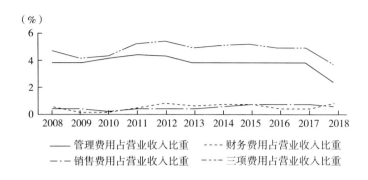

图 6-12　ZTJ 产融结合协同效应分析

资料来源：Choice 数据库。

可以看出，管理费用占营业收入比重在 2012 年以前整体呈现上升趋势，而在 2012 年以后缓慢下降。到了 2018 年，管理费用占营业收入比重已经下降到了 2.36%，相比 2008 年下降了 38.34% 左右。在产融结合最开始时，诚合保险以及资产公司作为单独的公司与集团主业的协同效应并不明显，但在 2012 年成立财务公司对于集团资金进行集中管理之后，更大限度参与了集团的管理。再加上 2016 年 ZTJ 金租的成立，使得设备由购转租，对于降低管理费用也起到了一定作用。由此可见，实施产融结合在进行集团的统一管理、降低管理费用方面取得了一些效果。财务费用占营业收入的比重 2008～2018 年整体来看有所上升，但在 2009 年、2012 年、2016 年成立金融机构的时候都有所降低，说明产融结合对降低财务费用率起到了一定效果，但是时间比较短暂。销售费用占营业收入的比重在 2008～2010 年有所下降，之后一直呈现上升趋势。随着企业的发展，ZTJ 的业务范围不断扩展，销售范围不断扩大，在此情况下，销售费用率上升幅度并不明显，说明产融结合对降低销售费用率发挥了一定作用，但是其作用有限。再看三项费用占营业收入的比重，发现三项费用的变动趋势与管理费用占营业收入的变动趋势一致，其原因是管理费用在三项费用中比重较大。ZTJ 三项费用占营业收入的比重在 2018 年已降低到了 3.73%，说明产融结合助力了主业发展，发挥了协同作用。

总体来看，产融结合协同效应在 ZTJ 得到了一定体现，三项费用占营业收入的比重有所下降，但是在财务协同效应和销售协同效应方面体现得并不明显，产融结合的协同效应有待进一步加强。

从投资收益变动趋势与营业利润、利润总额的变动趋势之间的关联性来看，集团公司控股子公司的收入等会部分体现在集团公司投资收益中，因此分析投资收益与 ZTJ 集团营业利润、利润总额之间的关系，可以在一定程度上反映产融结合的协同效应。由图 6-13 可以看出，在 2012 年产融结合进入发力阶段后，投资收益除在次年略微下降和在 2016 年成立中铁金租当年有所下降之外，其余年份的变动趋势均与营业利润、利润总额变动趋势大致相同，表明营业利润的增长在一定程度上是被投资收益带动的，ZTJ 实施产融结合产生了正向协同效应。

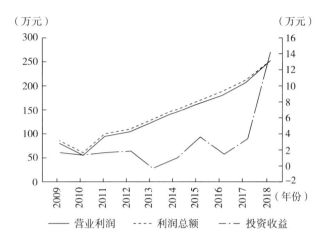

图 6-13 ZTJ 营业利润、利润总额、投资收益

资料来源：根据公司 2009~2018 年财务报告整理。

（三）经营绩效

从上文的分析中可知，金融机构对于主业的各种服务确实能够影响企业的经营绩效。此处从盈利能力、营运能力、发展能力三个角度分析产融结合对 ZTJ 经营绩效的影响。

1. 盈利能力

为了对产融结合对于 ZTJ 的盈利能力影响进行比较全面的评价，选取净资产收益率、总资产收益率、每股收益和每股净资产四个财务指标展开分析。

在 2008 年之后，ZTJ 净资产收益率基本保持在 10% 以上，ZTJ 所处的工程建筑行业领域中，实施产融结合的企业数量较少，ZTJ 的净资产收益率是 10%，显著高于行业平均水平（3.6%），表明产融结合对于提高 ZTJ 的净资产收益率有一定促进作用（见图 6-14）。总资产收益率的变化比较平稳，但总体仍呈现上升趋势。每股收益由 2008 年的 0.32 元上升到了 2018 年的 1.26 元，增长了 293.75%，每股净资产由 3.87 元涨到了 11.01 元，增长了 184.5%，说明 ZTJ 盈利能力有所增强。

自 2008 年开始实施产融结合以来，通过比较可知，反映盈利能力状况的四个指标整体均得到了提升。净资产收益率、总资产收益率变化幅度较小，每股收益和每股净资产变化幅度稍大，总体而言，其盈利能力比较稳定。

为了更全面地说明集团盈利能力的变化，进一步选取金融机构的部分财务数据进行分析（见表 6-6）。

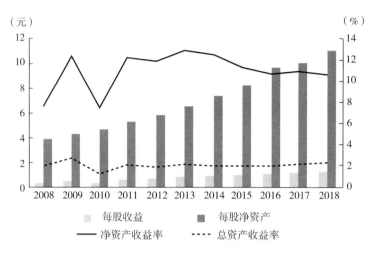

图 6-14　ZTJ 盈利能力状况分析

资料来源：Choice 数据库。

表 6-6　金融机构部分财务数据　　　　　　　　　　　单位：亿元

公司	指标	2015 年	2016 年	2017 年	2018 年
ZTJ 财务有限公司	总资产	726.67	842.14	1017.19	1134.76
	净资产	71.41	75.92	110.45	112.51
	净利润	5.82	6.43	7.26	8.59
ZTJS 资产管理有限公司	总资产	—	—	268.37	374.08
	净资产	—	—	45.16	48.57
	净利润	—	—	0.3192	3.0614

注：由于信息披露不完全，表中数据存在部分缺失。

资料来源：ZTJ 2015~2018 年年报。

据统计，ZTJ 财务公司于 2012 年成立，至 2016 年累计营业收入达到了 64 亿元，利润总额达到了 32 亿元，为整个集团利润增长做出较大贡献。由表 6-6 可以看出，ZTJ 财务有限公司自 2015 年至 2018 年总资产、净资产、净利润均处于飞速上升阶段，其中净利润由 2015 年的 5.82 亿元上升到了 2018 年的 8.59 亿元，增长了 47.6%。ZTJS 资产管理有限公司的三项指标也快速增长，净利润由 2017 年的 0.3192 亿元直接上升到了 2018 年的 3.0614 亿元，增长了 856.25 倍。这两个金融机构均为 ZTJ 创造了新的利润增长点。

2. 营运能力

营运能力能够体现企业对于资源的应用效率，此处选取了应收账款周转率、存货周转率和总资产周转率三个指标对营运能力展开分析。

ZTJ 的应收账款周转率在 2008~2013 年呈现整体上升趋势，在 2013~2016 年逐步下降，2016 年后又再次回升（见图 6-15）。正如前文所述，2016 年 ZTJ 金租成立，该公司通过厂商租赁方式加速应收账款回收，使得应收账款周转率有所提升。

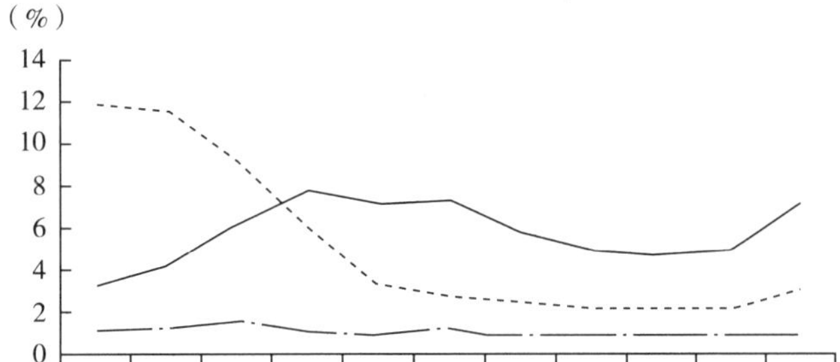

（%）	2008	2009	2010	2011	2012	2013	2014	2015	2016	2017	2018
—— 应收账款周转率	3.35	4.29	6.16	7.69	7.19	7.36	5.83	4.93	4.81	4.87	7.09
---- 存货周转率	11.96	11.59	9.21	6.04	3.50	2.83	2.47	2.25	2.24	2.32	3.09
—·— 总资产周转率	1.20	1.41	1.49	1.18	1.07	1.14	1.01	0.91	0.87	0.86	0.84

图 6-15 ZTJ 营运能力状况分析

资料来源：Choice 数据库。

ZTJ 的存货周转率在 2008~2016 年逐年下降，2016 年存货周转率开始了平缓上升，由 2.24% 上升到了 3.09%。前一阶段下降的原因主要是：随着建筑行业竞争越发激烈，为了突破发展瓶颈，保持业务增长规模，企业可能会签订风险较大的合同，导致存货周转率持续降低，甚至形成恶性循环。2016 年存货周转率上升是由于 ZTJ 金租通过产、销、租结合的方式降低了 ZTJ 的存货压力。

ZTJ 的总资产周转率在 2008~2011 年呈上升趋势，自 2011 年之后整体呈下降趋势，与存货周转率的持续下降有关。随后在 2012~2013 年上升，主要是因为财务公司开始对企业资金进行集中管理，对于总资产周转率的提升起到了一定的促进作用，但是从作用时间来看，财务公司对于总资产周转率的提升作用较小。根据存货周转率和应收账款增长率都有所回升的趋势来看，总资产增长率随着产融结合的深化预计在日后会有所上升。

3. 发展能力

从图 6-16 可以看到，ZTJ 总资产增长速度逐年降低，由 2008 年的 40.3% 降低至 2018 年的 11.65%，自 2013 年以后基本稳定在 10% 左右。考虑到 ZTJ 的资产规模，在经过几年的快速扩张后，已经达到了一定水平，所以之后的增长速度有所减缓。不过，在 2017 年集团总资产规模已经达到 8218.87 亿元的前提下，增长率仍稳定在 10% 左右，可以表明 ZTJ 经营状况良好。但营业收入整体呈下滑趋势，营业增长率除在 2009~2011 年、2013 年有所下降外，其余年份均增长，其中在 2008 年、2009 年、2010 年和 2013 年，增长率均超过 20%，自 2016 年起成立 ZTJ 金租才有了稳步上升趋势，从侧面说明 ZTJ 金租为营业收入的增长做出了一定贡献。净利润增长率在

2009~2011 年的数据异常偏高或偏低，其他年份则相对稳定在 8% 到 18% 之间。与营业收入增长率变动趋势相同的是，净利润增长率在 2016 年以后也有所上升，且和行业平均值变动趋势一致。

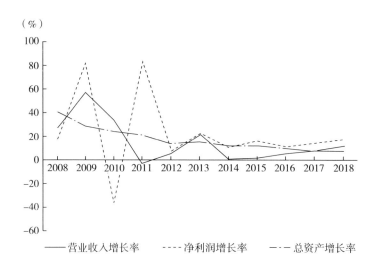

图 6-16　ZTJ 发展能力状况分析

资料来源：根据公司 2008~2018 年财务报告整理。

总体来看，ZTJ 发展能力看似有所下降，但总资产增长率始终保持在较高水平。净利润增长率与营业收入增长率在 2016 年 ZTJ 金租公司成立后也有所提升，但仍有优化空间。

（四）融资能力

1. 融资渠道

传统融资方式包括吸收投资、发行股票、发行债券、银行和商业贷款等。随着企业规模扩大，传统融资方式难以满足企业的资金需求。产融结合为企业拓宽融资渠道提供了新方法。

财务公司为了满足 ZTJ 的融资需求，先后创新开展了 TJ 电票、TJ 信贷、同业拆借等银信平台新型融资租赁业务。

（1）TJ 电票。包含票据贴现和票据承兑产品。票据贴现是指票据持有方将由交易产生的、还没有到期的票据提前转给财务公司，票据持有方可以收到财务公司扣除贴现利息后剩余的金额。票据承兑是指财务公司可在授信额度内，基于真实贸易背景，为成员单位办理财务公司承兑的电子银行承兑。财务公司开展的票据贴现与票据承兑和普通票据贴现与承兑相比具有优惠力度大、办理效率高、手续费低廉等优势。

（2）TJ 信贷。包括流动资金贷款、固定资金贷款和联合保理产品。流动资金贷款是财务公司为支持成员单位正常展开经营活动发放的贷款，可以为企业的中短期资金提供支持。固定资金贷款是财务公司发放的金额大、期限长的贷款，以支持成员单位展开固定资产等投资活动，为企业的中长期融资提供支持。联合保理业务是针对 ZTJ 成员单位展开的业务，由财务公司和商业银行合作形成保理商联合体，双方依据协商的比例为企业一起提供"无追索权+有追索权"保理服务。三项业务联合起来有效满足了集团发展的中期、短期、长期融资需求。

（3）同业拆借。指处于全国银行间同业拆借市场的金融机构在全国银行间同业拆借中心交易系统中实施的无担保资金融通行为，财务公司已与国家开发银行、交通银行等 23 家金融机构开展了同业拆借合作，大大拓宽了 ZTJ 的融资渠道。

（4）铁建银信平台。这是利用互联网云计算、大数据等新型技术搭建的新型产业链金融服务平台。该平台以现实交易为依托，利用应收账款转让等方法为产业链上下游成员单位创造多样性金融产品和提供服务，缓解产业链上下游成员单位结算方式过少、中小企业融资难等困难。TJ 银信平台自 2017 年 9 月 1 日创建到 2019 年 6 月 5 日，总共为系统内外客户融资 65 亿元。

（5）新型融资租赁。ZTJ 金租在成立之后开展了厂商租赁、直接租赁、售后回租与项目租赁等各项新型融资业务。厂商租赁是 ZTJ 金租与厂商达成协议，通过融资租赁方式为厂商的下游企业提供资金支持，同样由 ZTJ 金租负责后期设备资产管理的业务。厂商租赁方式将厂商的销售策略由租转销，在满足厂商下游客户融资需求的同时也增加了厂商的现金流。直接租赁方式是 ZTJ 金租先行购置供应商设备，之后再租给客户收取租金，以满足客户对设备的购置需求。直接租赁能够减少企业购买设备所需的资金，解决企业购置资产的融资困难。售后回租指企业按照公允价值出售固定资产给 ZTJ 金租，先一步获取所需资金，之后再将设备租回使用。售后回租盘活了企业固定资产，为企业提供了资金支持。项目租赁指承办方在拥有项目所有权后，把项目作为租赁物，与 ZTJ 金租签订融资租赁合同以满足其项目建设的资金需求。

2. 融资成本

2015 年，ZTJ 财务公司的存款上浮比率由年初的 1.2 倍调整到了 1.5 倍，存款利率远超银行吸收存款的利率。同时，在银行贷款利率基本上浮的形势下，ZTJ 财务公司贷款利率下浮了 10%~15%，最低贷款利率为 3.7%。财务公司通过增加存款利率、减少贷款利率、减免手续费等方法，使 ZTJ 成员单位 2015 年的财务费用直接降低了 1.7 亿元。通过将新增信贷额度投入公司重点产业项目或者置换 ZTJ 成员单位本身的银行贷款，使成员单位的 2015 年的财务费用间接降低了近 10 亿元。在 2019 年，ZTJ 财务公司的活期存款利率相比中央银行上升了 42.86%，贷款利率与基准相比下浮了 15%。除此之外，ZTJ 财务公司加强了和房地产集团的合作，使用新型财票结算方式直接降低了项目成本。

资产公司还发起了资产支持专项计划，从 2017 年底首次发行计划后，ZTJ 资产管理有限公司作为资产证券化的平台，为 ZTJ 旗下单位出具了 13 单资产支持证券专项计划，其中最低的票面利率达到了 3.68%，与银行同期贷款基准利率相比下降了约 23%。资产支持专项计划为主业获得了大量的低成本资金援助，同时，"TJ 资管"平台通过集中管控，实现了业务系统化、线上化，有效降低集团融资成本。

再从财务费用角度来分析，由图 6-17 可以看出，财务费用整体呈现增长趋势，但从 2012~2016 年来看，财务费用增长率下降趋势明显，说明财务费用在此期间得到了有效控制。从 2016 年开始，ZTJ 财务费用及增长率又逐步上升，说明财务费用的控制效果有所减弱，对于融资成本的下降贡献率有所降低，需要加强对财务费用的把控。

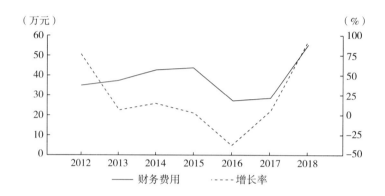

图 6-17　财务费用及增长率

资料来源：Choice 数据库。

三、ZTJ 产融结合制约因素

从 ZTJ 产融结合效果的分析中发现，ZTJ 产融结合虽然取得了一定成效，但有提升空间。纵观 ZTJ 金融板块的发展状况和资本运营情况，以及对中央企业产融结合发展经验的借鉴，通过对比分析 ZTJ 产融结合的发展差距与制约因素，为 ZTJ 优化产融结合提出建议。

（一）战略定位与发展目标不明确

产融结合发展目标应建立在集团明确的战略定位上，明确金融业务的市场定位需要考量企业的战略目标与现有资源，从根本上跟随企业战略布局，在产融结合发展的不同阶段，选择合理发展方式。没有明确的定位目标，在实施的过程中就可能偏离之前的定位，与集团的发展战略背道而驰，导致产融结合效果不佳。

国家电网、中国石油、华润等中央企业虽然采取的产融结合模式有所不同，但是都有明确的战略定位与发展目标。相比之下，ZTJ 产融结合的定位目标不够明确，在发展过程中缺乏系统性、规律性的实施计划，而是在实践的过程中一步步摸索，根据公司需求先后成立不同的金融机构。缺乏明确的定位目标不利于公司产融结合的长久发展，ZTJ 需要找准自己的产融结合发展目标，根据集团战略与发展目标逐步实现产融结合。

（二）金融业务整体布局尚未形成

产融结合是金融企业和非金融企业的结合，我国实施产融结合的企业大多都是由产到融，非金融企业本身已经形成了实体产业的布局，而企业中与之相对的金融产业布局尚待形成。

ZTJ 属于建筑业中央企业，未在早期中央企业实行产融结合的大部队中。与大多数中央企业比，ZTJ 的产融结合仍处于发展历程中的探索阶段，未跟上大多数中央企业产融结合的步伐。国家电网已经形成了以国网英大控股的"英大系"，中国石油形成了以中油资本控制的具有能源行业特色的金融服务体系，华润构建了"6+1"业务板块的布局，华润金融是连接其他业务的中心。与这些中央企业相比，ZTJ 对于产融结合的实践不够深刻，尚未形成系统的金融布局。目前设立的各金融机构之间的关联度相对较低，产融结合效果受到一定程度的限制，因此产融结合效果相对较弱。

（三）涉及金融牌照数量相对较少

我国共有 16 种金融牌照，其中常见的金融牌照包括企业集团财务公司、中资银行、证券、保险、信托、基金、期货、融资租赁 8 种，拥有这 8 种牌照可以认定为全牌照的企业集团。金融牌照的获取种类决定了企业可以涉及的金融业务类型，金融牌照的数量越多，企业可以进行的金融业务越多。因此，金融牌照数量的限制对于企业产融结合的效果也会有影响。

国家电网、中国石油、五矿等基本都拥有了全金融牌照，可以全方位为主业提供所需金融服务。而 ZTJ 目前仅拥有财务公司、保险、基金、租赁四个金融牌照，与其他中央企业相比，金融牌照数量较少，很多业务未能展开。而且金融牌照数量的限制使得各个金融机构之间的联系也没有那么紧密，导致集团产融结合程度低。财务公司与 ZTJ 金租对于 ZTJ 主业的发展都起到了明显推动作用，但是相对于财务公司与 ZTJ 金租，诚合保险、资产公司、ZTJ 投资基金管理有限公司等与 ZTJ 主营业务交叉比较少。这些金融机构的业务关联度不够深，对于集团主业的推动力度有限，难以产生协同效应。

（四）集团管控模式有待完善

由于企业集团资产庞大，业务范围广泛，在涉足金融领域后整个集团的管控难度会有所增加。国家电网、中国石油、华润等均在产融结合的发展过程中，根据企业的发展情况对管控模式进行了相应的调整。ZTJ 目前采用的是集团总部直管模式，集团总部直管模式是指集团直接对接金融企业，通过多种方式参控股金融机构。虽然 ZTJ 在产融结合的最初成立了资产管理公司，但其主要职能是负责公司的资产管理、产业基金、投融资管理，并未发挥对其他金融机构的管理作用。由集团公司直接管控旗下的金融机构可以减少管理层级，提高管理效率，同时还有利于金融机构之间的业务分离，风险不易集中。缺点是审批流程比较复杂，金融机构间业务分离不易产生协同效应，金融业务和主营业务间的风险隔离有效性不强。鉴于 ZTJ 目前控股的金融机构已达 5 家以上，并且金融机构规模不断扩大，继续采取集团直管模式容易增强金融业务的风险传递性，不利于产融结合的后续发展。

四、ZTJ 产融结合路径优化

（一）ZTJ 集团产融结合模式设计

ZTJ 产融结合的关键因素是中央企业发展新思路的变化，在确定双方合作共建关系的基础上，为突出市场的主导作用，共建双方确定以公司化方式对产融结合内容进行开发建设和运营管理。ZTJ 的金融产业在集团中的定位为服务主业，产融结合的进程以组建财务公司为主要方式，与其他金融类公司共同合作。根据金融业务发展的不同目的，以及中央企业产融结合的主要模式，可以将 ZTJ 产融结合设计目标总结为以金融控股为主导的服务产业型模式，如图 6-18 所示。

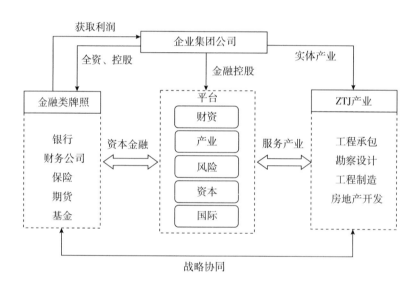

图 6-18 服务产业型模式

如图 6-19 所示，可以通过"内部金融优化"、"产融互促"以及"以融促融"三个阶段推进产融结合，最终实现产融双驱。

1. 内部金融优化

内部金融优化是实体企业涉足金融领域的最基本方式，主要表现为以财务公司的模式运行，采用集中型资金管控模式，提高内部资金运用的速率，减少集团的资金筹措费用。

财务公司作为集团的下属企业之一，与集团其他下属企业地位相同，作为集团内非银行金融机构，以资金为经营对象，以集团成员单位为服务对象，在业务经营、管理方式等方面有特定集团的方式和内容。但是，随着行业发展的要求，财务公司只承担企业集团"内部银行"的角色将逐渐限制自身及企业集团的发展，财务公司应积极与市场接轨，拓展和强化自身金融职能，发展"金融中心"型服务平台，为此，财务公司作为产融结合的重要金融平台，主要有以下几个发展方向：

（1）拓宽资金管理业务，为企业集团打造全方位的资金管理平台。随着企业资金集中度的日益提高，资金集中带来的边际效应越来越低，资金的利用效率问题日益突出。目前提高资金利用效率较为有效的方式就是资金集中管理，很多企业通过在财务公司成立结算中心来实施资金的集中管理，进一步地，企业集团可以利用财务公司的金融职能和操作平台，并借助商业银行的结算网络进行整个企业集团跨区域的资金集中管理。

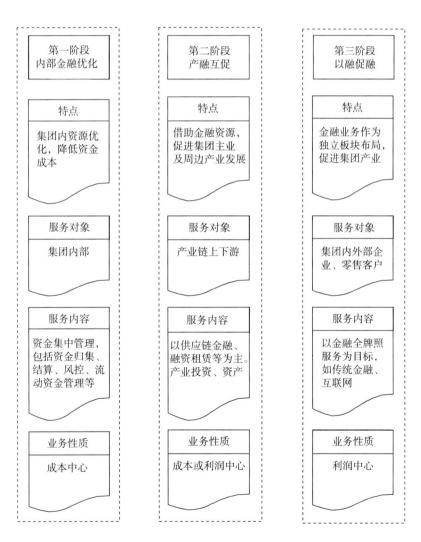

图 6-19　发展金融业务的三个阶段

（2）拓展信贷相关业务。信贷资产转让是金融机构之间的贷款业务。当企业集团急需大量资金，而内部的财务公司没有充足的储备时，财务公司可以和其他金融机构进行信贷资产转让，转让财务公司内部贷款，通过提升信贷资产流动性，解决公司资金短缺问题。

（3）拓展财务公司的投资银行业务，为企业集团打造具有实力的资本运作平台。财务公司在拓展筹资融资的功能之外，应进一步提高财务公司的投资功能。主要体现为：第一，为了提高财务公司的收益，可以通过股权投资、有价证券投资或其他金融衍生品投资来提高自身收益，进一步提升对企业集团的资金支撑能力。第二，财务公司作为金融市场上的参与者，可以为企业集团提供部分投资银行所能提供的业务，拓展其投资银行业务职能。

（4）拓展财务公司中间业务，增加利润增长点。财务公司的收益主要来源于利息收入和投资收益，中间业务发展得较少，因此财务公司可以积极拓展中间业务，包括财务公司的委托业务、财务公司的核算业务、财务公司的代理业务及成员单位债券的承销业务等，提高中间业务在收益中的比例。

2. 产融互促

产融互促旨在为整个产业链条和周边产业提供多种类型的金融服务和以产业为中心的资产管控服务，从而推动企业关键业务开展，优化产业结构。产融互促的服务内容包括供应链金融、融资租赁、产业投资、资产管理等。其中，供应链金融是产融互促的高级形式。在产融互促阶段，供应链金融以中间企业为核心，为供应链上下游企业提供融资服务，目的是加快供应链上的资金流转，解决中小企业的融资难问题。传统供应链金融业务开展以商业银行为主，随着互联网技术的发展，演变出了基于电商平台和集团财务公司等供应链金融模式，其中基于集团财务公司模式的供应链金融直接实现了产业资本和金融资本的互融互促。集团财务公司开展供应链金融业务，不仅能满足集团财务公司自身的发展，扩大其业务范围和收入来源，提升其服务实体经济的能力，同时也有利于企业集团主业的发展，通过打通上下游企业的资金流、信息流和物流，在某种程度上减轻对银行资金流的依赖，产业链的整合亦有助于集团增强核心竞争力。

3. 以融促融

在以融促融阶段，金融部门的开发以"形成完全授权金融集团"或"建立金融服务生态系统"为目标。为此，企业集团应当在集团管控、组织架构、风险管控、经营体系构建等方面加强变革，且和市场上现有的金融组织展开竞争。以融促融在企业战略层面具有重要意义：首先，企业内部的金融资源之间相互发展、相互促进。其次，以基础服务的提升促进金融行业的发展。

（二）ZTJ 产融结合优化策略

1. 明确产融结合定位目标

（1）立足主业发展，形成系统性金融布局。ZTJ 发展产融结合的目标是服务主业，因此必须将主业作为发展重心，将外延式发展模式与内生式发展模式结合起来形成金融布局，为主业提供更好的服务。外延式发展模式指 ZTJ 直接参股或收购已经成立的金融机构，通过这种方式，ZTJ 能够迅速打破市场壁垒（如牌照）并且拥有渠道、客户、品牌、人才等重要资源；然而这种方式选定的对象收购成本会比较高，所需资金要求高，若收购的金融机构结构复杂还会给企业带来管理困难。内生式发展模式指 ZTJ 在内部设立金融机构以搭建金融平台。这种模式的优势是不需要整合成本，有效减少外部收购产生的管理困难；劣势是可能造成 ZTJ 市场发展机会的丧失，还由于市场间存在壁垒，导致 ZTJ 成本较高。目前在实际发展过程，ZTJ 基本采取的是内生式发展模式，考虑到 ZTJ 资金实力雄厚，金融布局还未形成，可以适当地采取外延式发展模式以便尽早形成系统的金融布局，助力主业发展。

（2）做好长期规划，提高产融结合程度。在形成金融布局之后需要依据企业的战略目标做好长期规划，按照金融牌照获取的难易程度将金融牌照的先后获取顺序与企业的产业规划结合起来，以更好地实现产融协同。ZTJ 目前拥有财务公司、租赁、保险、基金 4 项金融牌照，但 ZTJ 保险公司、基金投资公司注册资本规模较小，难以为公司提供更多服务，建议在有条件的情况下，增加各金融机构的注册资本，对于尚未获取的金融牌照，ZTJ 在金融服务领域已经积累了一定经验，可以考虑逐步进入银行、证券、信托等领域。由于监管部门对于中央企业信托业的审批流程较为简洁，ZTJ 可以优先进入信托业，成立信托公司，为企业的长期发展布局。在之后设立金融机构或并购金融机构时重视牌照的获取，逐步加深企业集团的产融结合程度。

2. 优化集团整体管控模式

（1）基于不同发展阶段，选择合适管控模式。在企业产融结合发展的不同阶段，企业选择的管控模式也会有所调整。在产融结合的初期阶段，由于集团控股的金融机构较少，一般采用集团总部直管模式。在公司控股金融机构规模壮大的情况下，公司会根据自身的需求采用集团总部归口管理模式或成立专门的事业部对金融机构进行管理。在产融结合发展到后期时，企业一般会选择金融控股公司模式，成立金融控股公司统一管理旗下的金融机构，形成独立的金融板块，将金融板块的风险和实业风险隔离开来。

ZTJ 的产融结合已经发展到了一定阶段，旗下金融机构达到了 5 家，但集团管控模式仍然属于集团总部直管模式，由集团公司直接对旗下的金融机构进行管控。使得集团公司在进行参控股金融机构决策时需要的审批流程比较复杂，受到的限制较多；同时这种管控方式下的各金融机构之间缺乏互动，业务分离难以发挥协同效应；金融业务和主业的隔离效果不强，可能造成风险的传递和累积。集团直管模式已不再适合 ZTJ 产融结合的发展进程，因此建议 ZTJ 根据目前金融机构的发展情况选择更加灵活的集团管控模式。

（2）灵活转变管控模式，加强内部资源整合。ZTJ 的产融结合正在逐步进入优化阶段，在参控股的金融机构数量逐渐增多的情况下，ZTJ 的集团总部直管模式已不再适用，需要灵活转变管控模式。ZTJ 可以选择通过已经成立的资产管理公司来对旗下的金融机构进行更加专业化的管理。将金融机构的股权转移到资产公司名下，使资产公司转变为集团的金融控股公司，在这种情况下，资产公司对于各金融机构的金融资源能够进行统一调度，实现金融资源到产业链各主体的按需分配，内部资源整合得到了加强，金融机构间的信息沟通速度也随之提升，避免了资金的不合理配置。同时通过这种方式也有利于加强金融风险向产业传递的隔离作用。

3. 完善企业风险管理机制

（1）建立风险管理控制体系。理想的风险管理控制有利于降低产融结合过程中金融业风险传递至实体产业的风险。ZTJ 打造完善的风险管理控制体系需要注意以下几点：第一，该系统必须可以进行信息收集与传递，风险管理人员在识别风险后，需要将此信息收集起来并传递到下一步。信息传递是后续正常工作的基础。第二，该系统必须可以实现数据处理，从科学上界定系统单元的功能，包括指标计算、处理程序和风险预警程序等。将原始数据输入该系统单元后，系统即可以自动运算并加工。第三，系统必须具有存储功能，原始数据可以随时得到储存，从而不断了解风险指标的变换情况。第四，可以提供决策依据，通过在系统中查看风险的形成过程以及风险应对计划，快速帮助管理层对当前的风险管控情况做出判断。

（2）推行风险管理绩效考核。ZTJ 针对金融机构的考核在注重盈利能力的同时，也应该加强对风险管理的考核。鉴于金融机构与其他成员单位业务有明显区别，ZTJ 可以参考银行业的风险管理绩效考核体系，选取 EVA（经济增加值）和 RAROC（风险资本回报率）为核心考核指标，综合考虑收益与风险。在风险管理人员的考核方面，建议 ZTJ 风险管理部对金融机构风险管理人员进行考核时，将管理职能和人事考核结合起来。金融机构需要随时了解公司的风险状况，并向集团风险管理部汇报。ZTJ 风险管理部每年对金融机构的职责履行情况做出评价，并将评估结果返回金融机构管理层，此评估结果可与风险管理人员绩效挂钩，以鼓励并敦促风险管理人员认真履行职责。

（3）实施风险防范策略。针对集团产业整合失败造成的经营风险，在 ZTJ 实施产融结合时，要严禁盲目地追求金融行业的短期高利润，忽视长期的规划发展。要注意合理分配资金，不能进行盲目投资，避免投资现金流持续只出不进，后续导致集团产生经营风险。

针对现金流过度依赖外部融资带来的债务风险，ZTJ 需要对现金流入的构成进行合理的把控与定期关注，在现金流过度依赖外部借款的情况下，需要采取措施，如扩大销售规模、增加经营活动现金流等。

针对内部企业之间关联交易产生的系统性风险，ZTJ 旗下金融机构需要规范贷款业务的审批步骤，针对各成员单位制定相应的信用评价标准，提高贷款收回比率。同时，金融机构在提供金融服务时要关注自身的风险，规范信息披露机制，接受外部监督。

　　针对产融结合政策不完善导致的监管风险。ZTJ 实施产融结合时没有法律依据，缺少外部监管，则需要制定系统金融机构的信息披露、从事产融结合企业的资质审核等制度，还需要建立全面监管制度，制定监管准则，在进行监管时各责任方应互相协调达成统一意见，明确自己的职责范围，实现产融结合发展过程中的有效监管。

第七章
集团管控模式选择

深化中央企业改革，建立现代化的企业管理机制是提升我国中央企业综合竞争力的重要手段，但当前我国中央企业在管理中还普遍面临着企业管理机制难以满足企业未来发展需求的问题。本章将在对企业集团管控相关概念和主要模式进行梳理总结的基础上，结合中央企业实行集团管控的实践经验，以 ZTJ 为案例研究主体，根据对集团管控现状的分析，对集团当前管控体系运行过程中存在的制约因素提出有针对性的优化策略。

第一节　企业集团管控概述

一、企业集团管控的基本概念

企业集团健康有序发展的前提之一是建立适合自身发展需要的集团管控体系。集团管控相比企业管控来说是一项系统性工程。集团管控针对的是集团公司而不涉及母公司和子公司，只是对母公司和子公司之间的关系进行协调，以促进企业内部各个单元的协同合作，为实现集团发展目标助力。

二、企业集团管控的主要内容

（一）权力配置

集团公司通过各项权力配置来实现对集团的管理控制，将重大事项的决策权在母子公司之间进行明确的划分，对于确保集团公司科学决策、防范风险、约束监督各分、子公司的经营行为以及整体利益有着重要意义。

集团公司对下属企业的权力配置主要体现在：

第一，对外投资权。集团公司管理子公司的对外投资权，子公司在授权范围行使投资权，授权范围以外的投资决策需要集团公司审查和批准。

第二，重大事项的管理权。主要是对子公司经营活动中的重大决策行为进行控制。子公司的法人治理机构是权限控制的组织保障，治理结构拥有的决策机制强调决策流程和决策依据，这种机制厘清了集团总部与各子公司间的责权关系。

（二）人事管控

人事管控主要体现在集团公司可以控制各分公司、子公司的重要岗位及关键人才的任免，保证企业整体利益及战略落地，分公司、子公司的关键职位包括公司经理、副经理、外派财务负责人、高级工程师等。集团公司的人力资源部门对各个部门的职能和职责进行划分，明确职责边界。

集团对人力资源进行管控的主要手段包括：①建立集团人力资源的培育和引进机制，保证人才队伍的数量和质量；②子公司重要岗位的选、聘、考，由总部制定相关制度；③总部对人才进行统筹管理；④由子公司负责协调和管理劳工的权利和地方政府关系。

（三）财务管控

财务管控在集团管控中占据着重要地位，在一定程度上决定了集团公司以及子公司的经营效率。从集团公司财务管理的整体流程看，集团公司的财务管理主要负责集团年度预算编制、预算执行、预算监督以及预算完成情况的考核等。在集团的财务管理中，集团公司一般负责对资产以及产权的所有管理，资产和产权的管理不仅是针对集团公司总部，还包括下属公司。下属公司在财务管理上有一定的自主权，它按照集团总部的财务管理要求和相关制度开展相关工作，但受集团监控。同时，按照集团公司要求，下属公司应制定出完善的财务管理流程和预算编制流程，全面开展财务管理的相关工作，并按照要求报送财务报表和月度、季度以及年度财务总结。

财务管理主要通过如下方式来进行：一是利用财务结算中心实现集团内部拆借、统一管理；二是母公司利用结算中心对子公司的资金交易进行监控并纠偏；三是统筹资金再分配；四是建立监督机构定期观察母公司和子公司的财务活动。

（四）业务管控

集团公司对业务的管控内容主要体现在以下四个方面：

第一，对供应活动的管控，包括对供应环节的资源、渠道、制度流程的控制。

第二，对生产活动的管控，包括产品的生产、质量和成本标准的制定，对核心技术、新产品研发、核心工程人员的管理、培训和指导等方面，以及有效协调子公司的协同生产能力，对企业集团的纵向综合发展进行协同管理等。

第三，对销售活动的管控，包括集团统一管理营销活动、统一形象、统一品牌、统一服务、统一售后，建立相关部门协助子公司实施。

第四，对信息活动的管控，主要依赖相关制度和信息系统的实现，如通过工作报告制度，财务信息、运营商信息、重大紧急事件等系统，使集团公司能够及时掌控下属公司的各项活动情况。

（五）绩效管控

绩效管控主要是指集团公司对各子公司管理者的组织管理绩效进行评价和分析。管控绩效评价是企业集团管控的重要手段。集团公司是企业集团的绩效控制中心，负责对各子公司的管理活动进行绩效规划、管理和评价。绩效管控的主要内容包括：①确定绩效目标，包括各级组织目标的确定，保证目标与经营计划和预算的对接；②持续进行绩效沟通和辅导，随时关注关键绩效指标，就绩效未达成原因与各级管理层交换意见，及时基于资源支持和协调；③实施绩效考评，检查绩效目标达成情况；④进行绩效反馈，考核周期终了时就进一步改进方向达成共识，并把考评结果与回报挂钩。

第二节　企业集团管控模式分析

一、企业集团管控主要模式及比较

管控模式主要有三类，分别是战略管控型、操作管控型的财务管控型。对于总部和子公司存在很强业务关联性的企业集团适宜操作型和战略型管控模式，而规模较小的企业集团更加适合操作型管控模式。

（一）战略管控型

战略管控型，重视集团的资源分配和战略协调的核心功能，适用于对各全资分公司、子公司和控股分公司、子公司的管理业务协同要求较高的集团公司。战略型管控模式集团公司采用的是扁平组织架构，集团与分公司、子公司之间的关系主要通过战略协调、控制和服务建立，集团总部很少干预分公司、子公司的日常经营活动，在不涉及具体业务的情况下，将工作重心向战略决策、资产运作和资产管理工作上转移，以提高决策的科学性。集团母公司对决策权的保留和重大事项的控制，即各分公司、子公司的有关权力被收归到母公司，使母公司加强对各分公司、子公司的控制，根据集团整体发展战略，通过掌握子公司的控制权，使分公司、子公司的业务活动服从于集团整体战略活动。集团母公司集中全面决策后，将公司的战略发展任务分解到各分公司、子公司，并指导和帮助其完成各项任务，以及从战略发展角度控制和规范子公司的经营活动。

（二）操作管控型

操作管控型将权力高度集中于集团总部，属于集权型管理模式，通过集团总部各职能部门直接对下属企业的日常运营进行管理，该模式强调统一集团业务行为，协调各部门整体发展。在现实中，企业集团的内部控制往往是多种模式的组合，但以其中一种模式为主导，并随着集团整体战略转型而动态调整。操作型管控模式的核心是加强对业务流程的整合和控制，因此，这种管控模式适合于业务相关性较强的集团公司，业务范围比较集中时，使用这种管理模式可以提高管理效率。

集团母公司直接介入各子公司的具体项目，确保集团的战略决策得以在项目中贯彻，而子公司则充分依托母公司的资源得以快速发展。但是，母公司介入子公司的经营管理增加了集团整体的经营风险，另外，权力过于集中会制约子公司的主观能动性，由于子公司项目收益归集团公司所有，会使子公司对项目经营产生倦怠的心理。

（三）财务管控型

财务管控型是指主要通过财务手段来实现集团总部对下属企业的管理和控制，是一种以资本为纽带的相对分权的管理模式。集团总部对下属企业的具体经营管理不干预，对下属企业的战略发展方向也不严格限制，适合业务关联性较弱的企业集团。集团总部重视资产运作和管理、执行财务规划等，通过财务管控达到控制子公司的目的。相比于运营管控，财务管控模式更有利于激发子公司的积极性和创造力。

在财务管控模式中，子公司是业务单元或利润创造中心，具有较大的自主决策权，在保证集团总部投资回报的情况下可以自主经营。这种管控模式适合那些产权清晰且具备一定资本操作能力的集团母公司。大部分金融集团公司会采用这种管控模式，旨在确保投资利润的同时，向其他领域渗透。

（四）集团管控模式对比

从管理渗透程度上看，这三种管控模式从上而下逐级实施，各模式特征总结如表7-1所示。

表7-1　集团管控三种模式比较

内容	财务管控型	战略管控型	操作管控型
业务关联度	低	适中	高
总部定位	投资决策中心	战略决策中心、投资决策中心	经营决策中心、生产指标管理中心
管理重点	财务、投资	战略规划、业务计划	生产经营、具体业务
人事管理	仅高层管理者	高层管理者及关键岗位的骨干员工	几乎全部人员
业绩管理	财务指标为主	经营、业务计划、财务招标	所有财务和经营表现
资源及共享服务	无	协同效应	"一条龙"服务
集分权程度	分权	适中	集权

二、集团管控模式选择的影响因素

（一）集团发展战略定位

发展战略是企业为实现经营目标而进行的管理活动的基础，故管控模式的选择必须以集团战略定位为依据。战略定位分为长期战略定位和短期战略定位。对于长期战略定位，独立业务是集团战略规划的核心，集团更倾向于采取集权管理，以确保集团长期战略的实现；相反，对于短期战略定位，独立业务在集团战略中处于从属地位，与集团整体战略的联系并不紧密，集团宜采取分权的方式进行管理。

（二）企业所处发展阶段

基于生命周期理论，企业存续期间可以划分为四个阶段，分别是初始阶段、成长阶段、成熟阶段和衰退阶段，独立业务所处的阶段不同则集团采取的管控模式也不相同。对于刚刚建立的企业而言，应注重培养企业核心竞争力，此时适宜采取集权管控模式。企业在进一步发展扩张之后，可以在统一经营目标的指导下采取分权管控的模式。

（三）集团总部功能定位

集团总部功能主要体现在三个层次上：第一，核心活动，例如：战略规划、投资管理、财务管理和人力资源管理等；第二，提高价值，帮助企业建立品牌文化，采取先进的管理方式；第三，共享服务，总部统一非核心价值。总部存在的价值就是创造附加价值，主要的创造方式为创建和伸展等。集团总部的功能定位并不是一成不变的，在企业的不同发展阶段，功能定位也会进行一定程度的调整。如果集团总部在功能作用上定位明确，有利于厘清总部和下属企业间的业务权责利关系，对于集团管控模式的建立具有非常积极的意义。

（四）行业总体竞争态势

为应对行业的激烈竞争和把握发展机遇，集团通常采取不同的管理方法和决策体制。第一，如果行业规模很大，且对规模效应有一定的要求，则采取的是控制型管理模式，这样权力将被集中在集团总部，子公司将完全服从集团公司的管理。第二，如果行业发展机遇很大，且子公司拥有很强的竞争力，则采取的是授权型管理模式，集团主要是对整体预算和目标进行管理控制，不直接管理子公司日常经营。第三，如果市场缺乏机遇，行业规模很小且目前已经发展成熟，通常对财务目标进行管理，根据要求来制定预算，经过审批之后可以执行，子公司需要承担的责任增加，但是拥有的自主权利也相应增加。

第三节　中央企业集团管控实践探索

一、中央企业集团管控典型模式

（一）中粮集团管控模式

中粮集团从自身的战略目标、发展现状和企业文化出发，选择战略管控模式，即整个企业的战略规划、财务和资产运营都由集团公司总部来负责，各个下属企业根据总体战略规划来制定本单位的战略规划。此外，中粮集团在对管控程度进行划分时的主要依据是业务管理程度，将管控程度划分为四种类型，分别是操作者、战略控制者、战略构建者和控股公司。从战略操作者的角度来看，对不同的业务类型采取严格的管理模式是必要的，但操作者在共享业务方面有更大的自由度。战略构建者通过严密控制关键风险、战略规划和投资决策，便可以实现灵活运营；控股公司将对独立业务进行资产组合导向管理方式，在技能和服务上不进行共享。

从业务单元来看，中粮集团总部实际上属于战略构建者，而从当前的经营中心来看，属于战略操作者。其中，战略构建者的职责主要有：影响行业竞争格局，推进业务单元的发展；积极探索与竞争者进行合作，避免过度竞争；与利益相关者建立密切关系，创造良好环境；等等。

（二）招商局集团管控模式

招商局是重点中央企业，也是香港最大的 4 家中资企业之一。招商局是一家综合性的企业，主营的三大业务板块是综合交通、特色金融、城市与综合开发运营，并正在将这三大主营业务朝着实业经营、金融服务、投资和成本运营三大平台发展。2019 年，招商局集团的各项经济指标都达到了历史新高，全年营业收入突破 7178 亿元，与上年同期相比增长了 10.5%；其中利润总额 1626 亿元，纯利润 1263 亿元，与上年同期相比分别增长了 12.1% 和 18.1%；集团拥有的总资产达到了 9.3 万亿元，与上年同期相比增长了 16.8%。因为集团采取多元化经营方式，所以招商局集团采取财务管控模式进行集团管控，具体措施主要包括：

1. 加强财务信息集成

招商局以加强运营来提高对管理系统的控制，根据集团的整体财务战略框架，统一集团的会计基础政策，构建全面的财务信息集成系统，并建立金融监管体系和绩效评估体系。通过打造财务信息集成环境，提高财务价值链的管理效率，为集团各项活动的开展提供有力的支撑。

2. 规范财务信息流程

招商局集团的财务报表采取分层上传、汇总并表的方式。为了真实反映企业集团中各单位的经营成果和财务状况，集团开展财务制度的流程再造，将集团财务报表上报分为两个部门，第一部门是集团总部，剩下的各个子公司则负责本单位的财务报表。这样有效缩短了纵向的管理链条，集团公司可以采取更加先进的技术和手段进行财务数据收集，这将在很大程度上提升集团的财务透明度。

（三）宝武钢铁集团管控模式

中国宝武钢铁集团有限公司是大型的中央控股企业，目前是我国境内最大也是最具现代化生产能力的钢铁联合企业。中国宝武钢铁集团始终坚持质量为导向的发展理念，以更加开放的姿态来促进企业实现长期稳定发展。

宝武钢铁集团采取的管控模式以操作管控为主，对于主营业务中的核心成员进行了集中管理，也就是将企业内的人、财、物、产、供、销进行统一管理，对服务采取分散管理，具体模式特征分析如下：

第一，主营业务集权化管理。对主营业务的组织结构进行直线职能制管理。

第二，在纵向结构上，从生产工艺、设备特点和直线职能出发，对生产主线进行集中管理，集团公司负责全面领导，拥有全厂的管理权限，主生产线上的二级厂仅是生产单位，没有法人资格，不具备对外经营的权利。

第三，在横向结构上，根据生产、技术、物资和财务设置职能部门，以便于为生产单位提供专业的咨询和服务。

第四，对生产基层采取配套的管理制度，不仅重视对职能部门的管理，同时也重视对基层工作的管理。

二、中央企业集团管控经验启示

1. 规范法人治理结构，完善结构特征

企业治理结构的规范化为管控体系建设奠定了基础。中央企业首先需要明确股东会、董事会以及各个管理层的职责，以保证管控体系的有效运转。可以采取的措施有：一是加强股东对企业经营的监督，尽量避免内部集中控制；二是保持董事会的独立性，增强董事会主要职能，在设置组织机构和人员岗位时，避免人员重叠，提高监督力度；三是注重监事会建设，发挥监督职能。

2. 优化企业内部组织，提高工作效率

受到历史原因的影响，中央企业在组织机构的设置上缺乏科学性，所以需要对中央企业的管理体制进行优化，将企业组织机构维持在三层以内，在层次管理上保持合理性，以提高管理质量，提升工作效率。为了加强管理，集团公司要加强信息公开制度、预警制度和重大决策保证制度的建设。

3. 优化内部治理结构，确保落实集体决策

集团管理过程应从企业的长远发展考虑，更新现有的管理理念，对内部治理结构进行不断优化，明确各个管理层级的内部职责，保证分权的合理性，充分发挥董事会、企业经理层的管理作用，个人意愿不得左右重大事项，应确保集体决策的落实。

第四节　ZTJ集团管控模式分析与优化建议

一、ZTJ集团管控确定原则与内容

（一）ZTJ集团管控的确定原则

1. 集团战略需要

ZTJ在技术创新、竞争能力、经济实力等方面在国际上都具有领先地位，企业战略

以建筑为本——坚持以建筑主业为根本，抓住国内机电市场不断发展的良好机遇，不断拓展国内市场，融入到长江经济带等国家战略发展过程中，并紧紧跟随"一带一路"倡议以及各地新区区域建设机会，具体包括：相关多元——采用多元化扩张战略，将与企业有效关联的业务进行拓展，提升企业市场竞争力，不断拓展品牌影响力；协同一体——促进产业链协同，构建投资、设计、施工等各个产业共同运作的发展模式，实现资源的整合利用，形成利益共享、风险共担的联动机制；转型升级——工程承包以"两路"为主，逐步向多个建设领域进行拓展；产业分工也从低端向高端转型；更加注重集约化发展，开始向技术、资本密集型企业转型；综合工程从同质化、分散化开始向专业区域集约化转型，以深化工程技术和质量的差异性与市场竞争力。

2. 集团发展阶段

ZTJ 成立于 2004 年，从企业生命周期来看，当前 ZTJ 正处于成长期，不管是集团公司还是下属公司，都在积极进行市场开拓，整体发展势头迅猛。但是集团和分公司、子公司在发展中将主要精力都放在了外部市场上，对企业内部管理体系优化调整的重视程度不足。

3. 集团总部功能

ZTJ 集团在管理结构上的主要特点是"强总部—弱分部"，也就是说，ZTJ 集团主要承担着对集团整体的战略规划、集团及下属分公司的投资管理、人力资源管理以及财务管理等工作，同时，集团还担负着企业文化和企业品牌的建设工作。

集团各部门和分公司、子公司根据集团公司的发展战略制定出各自的发展战略，同时，集团公司还制订出财务预算和人力资源管理计划，子公司根据这一计划确定出自身的财务管理、预算管理、人力资源管理等工作，同时在集团的领导下进行企业文化和品牌的创建工作。这种管理模式的优点在于集团公司可以对各成员单位进行有效、统一的指挥，这同样也给集团管控模式的推行提供了良好的管理基础。

4. 行业总体竞争

ZTJ 处于行业领先地位的业务领域是高原铁路、高速铁路、高速公路、桥梁、隧道和城市轨道交通工程设计及建设。从国外市场分析来看，多国为刺激本国经济实现恢复增长，推出基础设施建设发展规划，国际建筑市场呈现温和增长的向好趋势；从国内市场分析来看，新冠肺炎疫情过后，国家将会陆续启动一批基础性重大项目。同时，随着国家持续大力推进实施"一带一路"建设、雄安新区建设、长江经济带发展、粤港澳大湾区建设、西部大开发等一系列重大战略，为建筑行业的发展提供了稳定的业务增长点。目前，国内建筑市场已经进入新旧动能转换的关键时期，供给侧结构性改革持续深化。云计算、大数据、人工智能、物联网、区块链、5G 等新一代信息技术加快在传统产业推广应用，以 5G 基站、大数据中心、光纤改造、宽带扩容、充电桩、对外开放平台、城市时空网络和信息服务平台等为代表的"新基建"，是当前我国加强创新驱动、供给侧结构性改革和基建补短板的重要领域，基础设施领域将迎来持续发展的战略机遇期。国资国企全面深化改革是大势所趋，各项改革工作也进入了加速实施阶段，去产能、去库存、去杠杆、降成本、补短板等方面的举措将会加强实施力度。

（二）ZTJ集团管控模式的主要内容

根据对ZTJ集团所处的发展阶段、企业文化以及集团整体管理目标等特征的综合分析发现，ZTJ集团管控模式以战略控制型管控模式为主，同时以财务以及运营管控为辅的这种复合型模式，具有集权型特点。本节进一步从权限设置、人事管理、财务管理、业务管理和绩效管理五个方面对ZTJ集团管控模式的主要构成内容展开分析。

1. ZTJ管控权限设置

ZTJ的业务遍布全国各地，与世界上116个国家和地区都有业务活动往来，产权管理是ZTJ组织结构的核心内容，近年来，ZTJ先后经过了多轮改革，逐渐建立起现代意义上的公司结构，将集团公司整合为三大系统，即党务群团系统、职能管理系统和决策支持系统（见图7-1）。

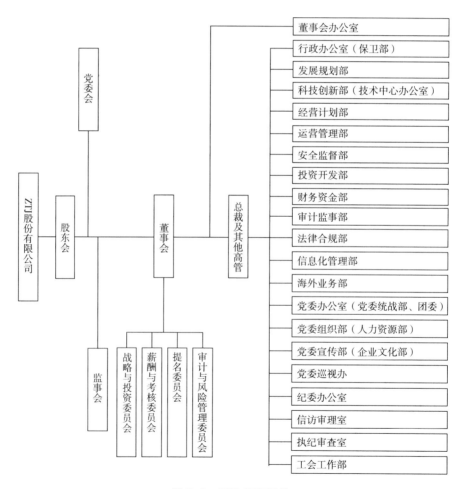

图7-1　ZTJ组织架构

资料来源：企业官网。

ZTJ 与国内许多集团公司有着相似之处，那就是集团公司的成立时间要比下属分公司、子公司成立时间晚，ZTJ 共有下属公司 33 家，这些下属公司在成立时间上也各有先后，且规模不同，各个子公司在组织结构建设，以及管理水平上存在很大的差异。例如，房地产公司成立的时间相对较晚，在储地量上受到很大限制，目前的发展状况并不乐观，公司已经处在停步不前的状态；投资公司的成立时间要比房地产公司的成立时间晚，但是在业绩上要明显优于房地产公司，当前投资公司的业务增长非常迅速，已经成为集团公司新的利润增长点；ZTJ 设计院目前正在面临转型升级的问题，此外在财务管理方面也存在一些问题。可见，由于 ZTJ 下属子公司之间存在着较大的发展差异，当前集团公司采取的是混合型管理模式。

2. ZTJ 人事管理

ZTJ 当前的人力资源发展战略、人力资源培训战略、薪酬体系建设、人员管理等都由集团公司总部负责，各个子公司以此为基础制定自身的人力资源战略规划。ZTJ 在人力资源管理方面的主要特征有：一是建立了人力资源的培育和引进机制，保证人才队伍的数量和质量；二是选择、招聘和审核子公司的关键职位，控股子公司的高级管理人员应直接任命或委派，其奖惩、报酬和考核由总部统一确定。

ZTJ 集团人力资源管理仍有以下两点问题有待探索：一是目前集团公司的主要职责是什么，需要采取怎样的措施来履行职责；二是母公司对子公司的管控范围有多大，怎样才能更好地进行管控。集团公司的人力资源部门对各个部门的职能和职责进行了划分，具体如表 7-2 所示。

表 7-2 ZTJ 总部职能部门主要的管控职责

序号	部门	职能类别	职能概述
1	董事会秘书处	微观	组织执行董事会制定的各项规章制度
		宏观	对集团公司的法人治理体系和相关制度进行确定
2	党委办公室	微观	对董事会的相关决定进行监督执行
		宏观	对公司的发展战略进行规划，参与项目投资评估
3	党委组织部	微观	办公、行政、机要等
		宏观	公文处理、会议组织以及行政事务等
4	人力资源部	微观	合同、学历、职称以及出国等
		宏观	机构编制、人才招聘、培训、薪酬管理等
5	财务部	微观	机关费用
		宏观	内部控制、融资、债权债务、财务等
6	安全监督部	微观	安全工作进行
		宏观	安全制度的编制、安全检查等
7	投资开发部	微观	生产计划、土地资源规划、资质管理等
		宏观	战略规划、投资以及相关的资产管理

序号	部门	职能类别	职能概述
8	信息中心	微观	文书、档案等的归档管理以及信息系统开发等
		宏观	建筑资源管理以及相应的 ERP 维护等
9	海外业务部	微观	海外工作的开展
		宏观	海外项目计划制订、项目的监督落实等

资料来源：根据公司官网整理。

3. ZTJ 财务管理

企业集团的发展离不开财务管理质量和效率的提升，ZTJ 在制定财务规章制度时充分考虑了自身发展的需求，显著提升了集团公司在财务管理上的效率和执行力，对集团的长远发展发挥了积极的作用。ZTJ 从加强财产保护和控制的角度，对财务管理体制进行优化，以实现对预算控制的严格执行。子公司的发展离不开严格的财务制度，同时离不开有效的执行，设立完善的财务管理制度有利于加强对子公司的财务管理和监督作用。

ZTJ 根据集团总体发展目标，采取有力措施疏通母公司对子公司的管理通道，集团上下采取统一的预算编制、预算管理预算监督制度，以提高对预算编制管理的力度，保证预算编制的科学性、合理性和规范性。

4. ZTJ 业务管理

ZTJ 业务管理模式的主要内容包括以下几个方面：

（1）集团公司负责业务的谈判、合同的签订工作。ZTJ 集团规定，所有项目合同的签订必须要由集团公司来确定。集团公司主要负责市场的开发工作，下属公司也可以自己开拓项目，但是项目合同文本的确定以及最终合同的签订都必须要根据集团公司提供的合同范本并在集团人员的监督下才能完成。这种业务管理模式效率较低，随着 ZTJ 市场的不断开拓，集团将 1000 万元以下的项目谈判权下放给了下属公司，但是合同的审核及签订还必须要由集团公司审批。

（2）集中化的采购模式。ZTJ 作为大型建筑企业，各成员单位在项目建设过程中必然会伴随着大宗物资的采购业务，既能提高采购效率，又能对采购业务进行有效管理，以防止出现徇私舞弊等各种情况。集团公司规定，凡是超过 30 万元的采购，成员单位必须要报送采购申请单，由集团总部进行审批。而对于水泥、沙子等大宗物资的采购，原则上也由集团公司确定。后期随着集团业务的不断扩大，集团公司规定，各单位在采购大宗物资的时候必须要确定 4 家供应商，或者由集团公司指定 4 家供应商，各单位通过招标确定唯一供应商，这种采购模式最大限度地防止了徇私舞弊行为的发生。

（3）统一化的验收模式。ZTJ 制定出统一化的工程验收范本，各施工单位对照验收标准对工程内部进行验收，验收合格以后再交由第三方进行验收。这种验收模式提高了验收效率，同时保证了工程质量。

（4）完善的企业网络。现阶段该企业的生产自动化和信息化建设都达到了较高的水平，在办公管理上，集团采用"用友公司"的 OA 办公系统，实现了单位内部业务系统相关数据的整合和流通，加快信息在各部门之间的流通共享，提高了集团内部的各级工作人员获取信息的速度和效率，避免了信息不畅带来的各类问题。系统有效满足了企业增加工作绩效、维持正常运转的基本功能，有利于提高集团在行业内的竞争力和市场应对能力。同时，ZTJ 也在逐渐改变对传统的办公自动化（OA）、信息管理化系统（MIS）的偏重，加强了对集团资产管理（EAM）、内部资源应用计划（ERP）以及生产流程的指挥决策支持平台等系统的应用和推广。

5. ZTJ 绩效管理

在绩效考核方面，ZTJ 采用的是基于平衡计分卡的绩效管理体系，集团会根据子公司本年度的经营情况制定下一年度的具体经营目标。开展考核的方式分为季度考核和年度考核两种，考核主体上也存在差异，集团总部负责对总部领导、各子公司总经理及领导层进行考核，各公司人事部门根据相应规定对分公司其他人员进行考核。

在激励机制方面，集团采用的激励机制单一性较强，通常采用薪酬激励，也就是绩效工资，长期激励方法是为员工提供购房、购车、教育基金等方面的福利，此外，ZTJ 构建了相对灵活的用人体系，有能力的员工可以通过考核获得晋升机会，在极大程度上激励了年轻员工的工作积极性。

二、ZTJ 集团管控模式的不足与改进

（一）ZTJ 集团管控模式的现存问题

1. 管控目标不清晰

ZTJ 的管控模式有直管和非直管两种。直管是各分、子公司的权力集中到母公司，而分公司、子公司的董事会并没有发挥实质性作用，从公司运营的角度看，权力过度集中不利于各分公司、子公司的发展，更为严重的是增加了母公司与分公司、子公司之间的交流成本和管控成本。非直管是 ZTJ 对部分下属公司的董事会不做太多管理，过于分权的方式不利于整个集团的整体发展。另外，两种控制模式均无法体现集团公司的战略发展和管控重点，控制就趋于形式化，过于笼统的管控方式反而不能体现管控目标，淡化了管控主体。

2. 管控模式不明确

ZTJ 的集团管控模式的选择和执行以主观意志为主，没有充分结合集团公司所处的内外部环境，导致集团管控模式仍难以完全摆脱行政作风，与现代集团公司的治理理念和管理模式不甚相符。根据现代企业管理理念，结合集团公司的管理机制，通常会加强对发展前景较好、在集团公司发展中具有战略影响地位的子公司的控制，选择非直营模式的管控方式，对于那些处于发展成熟期的全资子公司，权力过于集

中会增加交流和控制的成本，则应适当地分权以促进子公司的可持续发展，此时最佳的管控方式是直营管控模式。

3. 管控体系不健全

ZTJ 作为起家于建筑行业的集团公司，在日常工作中容易偏向于产值而忽视管理，导致现代企业管理理念在集团中难以全面落实。基于集团发展和业务开展的需要，集团建立并投入使用了数个系统，包括 CRM、OA 系统，得益于这些系统的使用，公司的工作效率得以提升。但从长远发展的角度看，集团公司缺乏对系统的统筹规划，各个系统相对独立的使用，增加了工作人员的工作量，形成了"数据孤岛"，不利于数据的收集、整合分析和利用等。另外部分系统功能不完善，以 OA 系统为例，该系统中没有各子公司的管理模块，母公司对各子公司财务、人事等有关信息的收集依然以传统的人工为主，这在一定程度上增加了人工成本，降低了工作效率。

4. 管控措施不到位

ZTJ 集团的战略定位不够清晰，目前集团对于管控模式的重视程度不足，公司总部没有站在集团公司的角度调配有关资源和配置资金的使用，各子公司在项目投资上的联动不够，无法做到人、财、物和技术的密切配合。母公司虽然制定了诸多制度加强了对各子公司的管理，但是鉴于制度的不完善，导致重复管理、交叉管理的现象严重。

（二）ZTJ 集团管控模式的优化策略

1. 进一步完善组织制度

合理的组织架构是现阶段集团管控得以有序实施的基础，科学的管理制度及流程能够极大程度上减少总部统一管理、上下沟通所需要付出的成本，并提高执行效率。从客观角度而言，规范的制度及流程有助于集团管控模式的实施及权责的切实落实。集团管控体系也应随着集团规模的不断扩张而进行动态优化。

ZTJ 集团总部在战略、财务、人事和业务控制基础上，应该对子公司的工期、安全、设备、成本等方面的业务操作进行定期监督和指导，明确作业标准、制度流程在各子公司的具体推动情况，而不是参与到子公司的生产经营活动中，也不存在越权指挥。若检查发现问题，则应下达针对性整改意见并督促其完成整改。为确保集团的规章制度及管理流程能够更加科学规范，应以集团企管中心为核心建立评审小组，定期开展评审工作，集团行政部门予以配合。对于制度流程评审过程中涉及多个部门的，则需要各个部门予以配合。

2. 明确总部职能定位

基于现阶段 ZTJ 集团总部职能定位不够明确的情况，结合集团公司职能定位中现存的问题，建议从以下两方面重新定位其职能：

第一，加强考核管理。ZTJ 集团目前的绩效考核机制可以较为准确地掌握企业多产业格局的情况，在绩效结果导向的基础上，采用差异化的考核形式，将考核指标落实到具体的责任主体，确保下属单位的战略目标和集团保持一致，推动考核制度更加真实有效。

第二，明确对子公司的业务指导。子公司的重要制度的实施应该是由集团总部相关部门起草、上报集团战略规划部统一审定后，由各公司总经理审核之后予以下发。子公司的次重要制度则是由公司各自起草并报集团公司审批后执行。其他制度在确保与集团公司的制度不存在冲突的前提下，可以自行决定。

（三）加强内部资源重组

内部资源重组对于组织管理有着不可或缺的作用，ZTJ 要确保集团管控模式切实有效，就要提升对内部资源重组的重视程度，基于现阶段 ZTJ 集团内部资源重组现存障碍，建议从信息资源重组和人力资源重组两方面展开：

第一，加强信息资源重组。ZTJ 集团应着重构建标准化的信息平台，确保各业务单元能够准确、高效地传递数据信息，为集团在制订预算计划、经营管理等各个环节都能予以决策依据，并有助于集团总部为各个业务部门提供有效的发展建议。集团公司也应构建母公司与子公司间的协同办公信息系统，确保人才、资产、业务等方面的信息不断更新。

第二，加强人力资源重组。ZTJ 集团应结合目前的发展状况对人力资源进行重组，减少管理中可能出现的断层，推动集团人才梯队建设，打造分类后备人才培养体系。

第八章
绩效评价体系重建

　　企业是各利益相关方投入生产要素构成的关系网集合，在日常经营发展中应该转变股东价值最大化的观念，转为以利益相关方价值最大化为导向。当前激烈的竞争环境下，各种非物质资本如人力、技术、设备、研发能力等越发重要，所以重视并满足利益相关方的需求成为企业获得支持以及健康发展的重要保证。绩效管理评价是企业业绩的直观呈现，是企业经营发展的指挥棒。但是目前我国企业的绩效评价以通用指标为主，鲜有针对行业特性专门设计的评价指标体系。在建筑施工行业市场竞争越发激烈，企业利润空间受到挤压的大环境下，结合中国施工企业的特点，建立起科学合理的绩效评价指标体系，为企业客观评价自身业绩表现提供参考，助力其实现价值最大化目标，显得尤为必要。

第一节　绩效评价的内涵及类型

一、绩效评价的概念

（一）绩效评价的内涵

　　企业绩效评价是指依据一定的经济学原理，应用相关分析技术，通过建立特定的指标体系及相应的标准程序，定量评价企业一定经营期间的结果，进而从不同的视角，定性考量经营行为做出的客观、合理、公正的综合性价值判断，为考评企业运营结果和经济质量提供依据。企业经营绩效的表现形式是多方面的，因此，其评价指标必须具有一定的综合性，符合企业总体经营与发展目标的要求。

　　1. 评价的内容

　　评价内容是指对哪些方面进行评价，具体来说是指对能够反映企业绩效的各个方面进行评价。企业绩效是在企业生产经营过程中产生的综合结果，范围广、内容多，就企业经营绩效而言，应包括财务方面的财务效益、资产营运状况、偿债能力、抗风险能力、发展能力等；经营方面包括市场占有能力、企业创新能力、行业或区域影响力、人力资源开发利用能力；管理方面包括企业领导层的综合素质、员工素质、管理策略等；社会影响方面包括社会贡献、环境保护、资源节约与消耗等。具体评价内容一般根据评价的目的来确定，实施企业绩效综合评价，涉及的内容一般是对以上几个方面的综合评价，如对企业某个方面进行评价，评价的内容相对要简化一些。

2. 评价的目标

企业绩效评价的目标是为企业所有者和经营者制定最优战略及实施战略提供有用的信息。企业绩效评价系统的目标服务于企业目标，绩效评价系统要处理好评价系统目标和企业目标之间的依存关系。企业的经营目标主要有生存、发展与获利。而企业绩效评价的主要目标为确保计划目标如期实现、纠正管理偏差、发现与解决重大问题、评估效益、改进管理方法及程序、作为事后奖惩的依据、矫正日常营运和管理、增进经营管理者的成就感、实现企业价值的最大化等，实现企业生存发展和获利的目标。

3. 评价的标准

绩效评价的标准是判断评价对象经营绩效优劣的基本依据。通过各种途径获得的企业经营绩效信息必须与预先确定的标准进行对比，才能判断出经营状况的好坏。在企业绩效评价系统中常用的标准分别为年度预算标准、行业平均标准、国内先进标准、国际同类标准等。为了全面发挥绩效评价系统的功能，同一个系统中应同时使用不同的标准进行对比判断。另外，在具体选用标准时，应与评价对象密切相关，当评价对象为经营管理者时，宜采用年度预算标准，而当评价对象为企业时，宜采用行业平均标准、国内先进标准和国际同类标准。

（二）绩效评价的主要构成

1. 评价的主体

评价主体是指由谁来进行评价。例如，上市公司经营业绩评价的主体是指公司的利益相关者，主要包括：

（1）股东。这里说的股东包括大股东、中小股东和潜在的投资者。大股东希望依据绩效评价的结果对管理者实施监督、控制和激励等措施以获得超出资本成本的收益，中小股东期望获得资本收益或资本利得，同样关心公司绩效，潜在的投资者则期望通过对上市公司绩效进行评价，以做出正确的投资决策。

（2）债权人。债权人尽管通过契约明确其自身权益，但如果公司破产、倒闭，债权人相应也会遭受损失。因此，债权人最为关注的是企业的偿债能力。债权人进行企业绩效评价的目的，是为债权人制定企业授信额度、付款条件、利率水平、保证条款等信用决策获取信息依据。

（3）管理者。由于受委托—代理机制的影响，管理者会受到股东的约束和控制，他们自身价值的实现和薪酬的高低在很大程度上取决于公司绩效，管理者为达到股东的要求和满足自身的利益，必然希望完善企业经营管理，改善经营业绩，提高工作效率和效果。

（4）员工。员工出于对自身利益的考虑，希望取得更高的收入和获得升迁的机会，期望选择有发展潜力的企业使其有安全感和归属感。因此，员工关注企业能否持续经营，是否能够为其提供学习和发展机会。

（5）客户和供应商。顾客对产品和服务的需求是企业实现价值增值的唯一途径，顾客对企业进行绩效评价，目的在于决定自己的消费取向。供应商是企业的合作伙伴，是企业价值链的重要环节，供应商通过对企业信誉及可持续发展能力的评价来决定是否与其合作。

（6）政府。政府部门出于对公司上缴利税的关心和对公司监管的需要，必然定期检查、监督、评价公司绩效，从而保证税金的按时收缴和国有资本的保值增值。

由上所述，上市公司财务绩效的评价主体应该是多元化的，各主体对绩效评价的侧重点不尽相同，但其根本利益是一致的。由于各利益主体关注的重点不同，目标要求不同，在组织实施企业绩效评价时，可以采取调整指标权数，加大重点关注内容的评价指标权重等方式，达到评价活动所要实现的目标。

2．评价的客体

一般来讲，企业绩效评价系统的主要对象是企业，并且一般应具备以下条件：一是独立的法人实体，能够承担民事责任，编制完整的资产负债表；二是该企业处于正常的生产经营状态，依法从事生产经营活动；三是必须具备持续一个会计年度的经营时间。评价企业的绩效，主要指企业经营绩效评价和经营管理者绩效评价两个方面，这也正是企业绩效评价体系需要研究解决的两大问题。对企业的评价关系到企业是扩张、维持、重组、收缩、转向或退出等战略选择，而对经营管理者的评价则关系到其奖惩、选聘、任免等，关系到委托代理问题的解决和激励约束机制的建立。企业绩效评价在实践中，对两方面虽然各有侧重，但评价时考虑的评价内容和评价指标仍具有一致性。而对于经营者的绩效评价，应将企业绩效评价内容作为核心，全部纳入评价内容之中。鉴于本章着重研究企业绩效评价问题，所以内容上将有所倾斜。

3．评价的指标

企业绩效评价指标是指对评价内容进行计量分析所采取的参数。企业绩效评价系统关心的是评价对象与企业目标，即所谓的关键成功因素。关键成功因素有财务方面的，如投资报酬率、销售利润率、每股税后利润等重要财务指标，也有其他方面的，如售后服务水平、产品质量、创新速度和能力等。企业绩效评价的演进历程揭示了从单一指标到多维指标的发展方向。因此，作为用来衡量绩效的指标也分为财务指标和非财务指标，如何将关键成功因素准确地体现在各具体指标上，是绩效评价系统设计的重要问题。

4. 评价的方法

有了评价指标与评价标准，还需要采用一定的评价方法，评价方法是获取绩效评价信息、取得评价结果的手段。随着绩效评价的发展，评价方法经历了观察法、统计法、财务评价法、财务评价与非财务评价法相结合这四个发展阶段。目前，财务评价方法与非财务评价方法是最为常用的评价方法。

（三）建立绩效评价的动因

客观、公正、准确地评价企业经营绩效，有助于企业的所有者、债权人、员工、政府及社会了解企业的经营实况，满足所有者等各利益主体既不干预企业具体的生产经营活动，又可实施有效监督管理的目的。具体体现为：

1. 为利益相关者服务的需要

企业价值最大化是企业价值的最高实现目标。企业是由投资者、债权人、员工等直接相关者和政府、社会、客户、供应商等间接相关者共同组成的利益集团，是由多个利益主体构成且缺一不可的有机整体。简单地说，企业价值最大化应体现为所有者股东——财富最大化，债权人——利益最大保障，员工——权益有力保障，政府——公共收益最大保障，社会——企业对社会责任的最大体现等。

2. 为企业建立有效管理机制

绩效评价体系的建立是企业考核制度的重大改革，评价的核心是对企业的全面经营管理实绩按照量化和非量化的双重指标进行对比分析，作为奖惩依据，从而克服传统考核中存在的"鞭打快牛"和"讨价还价"的弊端，促进企业改善经营管理，向先进水平看齐，推动企业建立自我发展的激励与约束机制。

3. 政府管理中央企业的需要

自实施中央企业改革以来，政府作为国有资本所有者的角色发生了转变，政府不再直接干预企业的具体经营管理，而是对企业实施间接管理。这就要求在政府和企业之间建立起一种新型的政企关系，政府以所有者身份对企业实施绩效评价。可以说，企业绩效评价为建立这种新型的政府与企业的关系提供了一种现实的选择，它可以较为有效地发现企业财务和资产管理中的薄弱环节，促进企业提供真实的财务和会计信息，从而正确判断企业的实际经营水平，评价企业经营成果和企业经营管理者的绩效能力，促进改善企业经营管理方式，提高经营管理者素质，加强外部监督，提高企业的整体效益。

二、绩效评价的主要类型

（一）沃尔评分法

沃尔评分法是财务评价分析领域早期较为成熟的方法之一，主要特点是指标简单、明了易懂，在推动财务管理系统化、评价分析方面进行了有益的尝试。沃尔评分法以指数法为指导设计了几项指标，并赋予了各指标相应的权重（见表8-1）。但在理论上的弱点就是未能证明这项指标及其比重的合理性及其指标间的相关性。在技术操作上的问题，就是某一个指标严重异常时，会对总评分产生不合逻辑的重大影响，这个问题经过多个发展阶段的研究探索仍难以解决。

表 8-1　沃尔评分法相关指标

财务指标	权重	财务指标	权重
流动比率	25	销售额/应收账款	10
净资产/负债	25	销售额/固定资产	10
资产/固定资产	15	销售额/净资产	5
销售成本/存货	10		

（二）杜邦财务分析

随着企业的快速发展和生产规模的急剧扩大，绩效评价体系的重要性日益凸显。杜邦公司创建了以投资回报率为核心的业绩评价体系，即杜邦分析评价法。杜邦分析评价法的关键是建立完整的、连贯的财务比率体系，并确定总指标即所谓龙头指标，然后运用指标分解的方法建立起每个指标之间的相互联系，通过数据的替换，确定从属指标对总指标的影响。杜邦分析评价法是最典型的运用会计利润指标的分析评价方法，以净资产收益率为核心，把部门收益与投入资本联系起来，建立一个指标间密切关联的树型结构图，全面评价了经营者在盈利、营运和风险管理三方面的业绩，它比利润指标更合理，更容易评价部门的资金使用效率，也比较客观。但是由于财务报表的编制具有相当的弹性，不可能提供绝对客观的信息，会计利润没有考虑权益资本成本，也没有考虑企业资产价值的时间因素和风险因素，因此杜邦分析评价法并不是评价经营者绩效的理想方法。并且，该评价方法很容易被部门经理所控制，由此而增加了代理成本。部门经理会放弃高于资本成本而低于目前部门报酬率的机会，或减少现有的投资报酬率较低但高于资本成本的某些资产，使部门的绩效得到很好的表现，但却给企业整体利益带来了不利影响。

（三）EVA 评价方法

EVA（经济增加值）评价体系是基于税后营业收入、产生这些收入所需要的资本投资、资本投资成本或资本加权成本的管理绩效，其财务评定方法是公司经过调整的营业净利润减去公司现有资产经济价值的机会成本后的余额。EVA 评价方法在计算增加值时，税后利润的扣除项中不仅考虑了债权成本，而且考虑了股权投资成本，这使得其计算结果更接近企业真实的利润。只有当企业的收益超过所有资本的成本时，才说明经营者为企业增加了价值，为股东创造了财富，以此来评价企业绩效，与企业价值最大化的财务管理目标相一致。

EVA 评价体系着眼于企业的长远发展，要求先将研究与开发、人力资源培训与教育等项目的支出和费用予以资本化，然后在以后合理的期限内予以摊销，反对在当期直接扣减的会计处理方法。这种做法反映了不鼓励以牺牲长期业绩为代价来夸大短期绩效的评价原则。但 EVA 评价体系的缺点在于资本成本较难确定。资本成本具有波动性，不同的上市公司在不同的时期，资本成本往往是不同的，因此，无论是单独测算各种类型资本成本、权益资本成本以及债务资本成本，还是计算加权平均资本成本，都具有一定的难度。而对于会计准则中调整事项有效性的问题上，公司调整事项较多，并且计算标准尚未统一，人为操纵将更加难以之捕捉，这也影响了经济增加值法的推广应用。

（四）平衡计分卡法

20 世纪 90 年代美国学者卡普兰和诺顿创建了平衡计分卡法，这是人们讨论较多的绩效评价方法。该方法是站在企业战略管理的立场上，希望通过业绩评价实现企业经营目标四个方面的平衡，即长期目标和短期目标的平衡，外部股东、顾客和内部经营、创新、学习和成长的平衡，预期业绩和业绩动因的平衡，硬性的客观指标和柔性的主观指标的平衡。

平衡计分卡主要优点包括：第一，实现了企业业绩四个角度的平衡，平衡计分卡的指标具有全方位化、长期化、群众化、动因化等特点。第二，使得财务计量与非财务计量融为一体，共同成为企业信息系统的一部分。非财务性指标的引入弥补传统业绩评价导致的短期行为，有利于实现企业长远利益的最大化。第三，实现全面管理企业的战略。由于平衡计分卡立足于企业的战略管理，企业战略的实施可以通过对平衡计分卡的全面管理来完成。

但非财务指标难以量化是平衡计分卡法的根本缺陷。平衡计分卡法引入了大量非财务方面的指标，如顾客和学习与成长两方面的指标，这些指标难以量化，操作性也较差。另外，取得非财务指标数据的成本较高，如要取得竞争者或行业的相关数据可能会受到限制，可比性较差。平衡计分卡法带有很强的主观性，每个企业都要根据自身战略管理的要求及外部环境的特点来选取评价指标、确定指标权重以及选择业绩评价标准。

第二节　中央企业绩效评价的实践经验

一、中央企业绩效评价的发展现状

在计划经济时代，国家对企业的考核标准主要是产量。改革开放之后，绩效管理才逐渐得到重视。2003 年 4 月，国资委挂牌成立，负责监管中央所属企业（不含金融类企业）的国有资产。同年 5 月，国务院《企业国有资产监督管理暂行条例》颁布实施，强调"国资监管机构，应当建立企业负责人经营业绩考核制度，与其任命的企业负责人签订业绩合同，根据业绩合同对企业负责人进行年度考核和任期考核"。为了落实国务院的要求，国资委随后便出台了一系列文件，开始对"中央企业"负责人进行绩效考核，以三年为一个考核周期。中央企业绩效改革历程可以划分为三大阶段：

（一）2003~2009年

这一阶段是中央企业绩效考核的初步探索阶段。政策依据是《中央企业负责人经营业绩考核暂行办法》（2003年）和《考核暂行办法（第一次修订）》（2006年）。考核目的是"更好履行出资人职责，维护所有者权益，落实保值增值责任，建立有效的激励和约束机制，引导中央企业科学发展。对中央企业的绩效考核针对企业的负责人，以经营业绩为中心。采取年度考核与任期（3年为一个任期）考核相结合的方式。以经营业绩责任书的形式明确绩效目标。指标体系分为年度考核指标和任期考核指标。其中，年度考核指标包括基本指标（年度利润总额和净资产收益率指标）和分类指标（由国资委确定）；而任期考核指标包括基本指标（国有资产保值增值率、三年主营业务收入平均增长率）和分类指标（由国资委确定）。考核结果分为A、B、C、D、E 5个级别，与薪酬奖惩、岗位任免挂钩。由国资委负责进行考核监管，监管方式是进行年度跟踪检查，实施动态监控。经过这一阶段的探索，绝大多数的中央企业都对经营业绩责任制进行了尝试。经营业绩考核制度在中央企业系统内得到全面推行。

（二）2009~2016年

这个时期是绩效改革的深化创新阶段。以《中央企业负责人经营业绩考核暂行办法（第二次修订）1》（2009年）和《考核暂行办法（第三次修订）2》（2012年）为政策依据。其中，第二次修订的最大变化是对指标体系进行了修改，引入了EVA（经济增加值）的概念。这次改革旨在提升资本运营效率，提高价值创造力，增加资本回报。经过调整，基本指标中的"净资产收益率指标"修改为"经济增加值指标"。对中央企业负责人的年度经营业绩考核指标，变为了"利润总额+EVA（经济增加值）"模式。此外，在奖惩方面，增设了奖励性加分和惩罚性扣分项目，同时，实施任期特别贡献奖，并且开始试行企业中长期激励。第三次修订相对第二次修订，变化主要有：一是在制度上增加了事前沟通和事后备案制度；二是对利润和EVA（经济增加值）之间的权重进行了调整（利润30分→20分，EVA 40分→50分）。

（三）2016年至今

这个时期是绩效改革的继续深化阶段。以《关于深化国有企业改革的指导意见》（2015年，以下简称《深改意见》）和《中央企业负责人经营业绩考核办法3》（2016年，以下简称《考核办法2016》）为政策依据。其中，《深改意见》提出，"推进全员绩效考核，以业绩为导向，科学评价不同岗位员工的贡献，合理拉开收入分配差距，切实做到收入能增能减和奖惩分明，充分调动广大职工积极性"。进一步细化了对中央企业绩效考核的要求。为了落实《深改意见》，2016年《中央企业负责人经营业绩考核办法》颁布实行，取代了之前的《中央企业负责人经营业绩考核暂行办法》（以下简称《暂行规定》）。该文件在绩效考核的方法上，与《暂行规定》基本相同，只是突出了"创新、协调、绿色、开放、共享"的理念，使考核评价向提升企业发展质量、资本运营效率、创新和国际化经营倾斜。此外，《考核办法2016》还创新性地提出了分类考核，即在进一步区分定位和目标的前提下，对不同属性的企业采取不同的考核目标。对充分竞争性的商业企业，重点考核经济效益、资本回报水平和市场竞争能力，对关系国安、民生的竞争性商业企业，效益指标和资本保值增值率指标的考核权重进行适当的调整，而对公益类企业，着重考察社会效益，重点是产品和服务的质量、成本、营运效率以及保障能力。

二、中央企业绩效评价的实践经验

（一）中粮集团绩效评价实践经验

中粮集团成立于1949年，企业以客户需求为导向，构建了"从田间到餐桌"全产业链的粮油食品体系。公司致力于以市场化方式保障国家粮食安全和食品安全，通过战略主导、全员绩效管理等业绩评价方法，推动企业快速健康发展。

1. 中粮集团绩效评价目标

中粮集团属财务资本治理型企业，按照利益相关者业绩评价体系的思路，企业经营的目标确定为使股东、客户、员工利益最大化。由于企业构建了全产业链的业务体系，所以也要充分考虑种植、养殖屠宰、食品制造与营销等多个环节供应商的利益，通过建立供应链联盟、公司加农户模式等，确保对全产业链的系统管理和各产业链的有机协同，有力地维护各利益相关者的利益。

2. 中粮集团绩效评价理念

中粮集团的企业管理体系简称6S，由战略管理体系、全面预算体系、管理报告体系、内部审计体系、业绩评价体系、经理人评价体系6个系统组成。其中，业绩评价体系是企业管理体系的重要组成部分，是集团战略转型的引导者和战略落地的推动者。在实施战略转型的过程中，中粮集团没有把业绩评价简单地作为一种行使奖惩的结果，而是把业绩评价作为企业管理系统的有机组成部分，并形成了独具特色的业绩评价管理理念。

（1）战略主导、文化引领。就是把业绩评价与企业战略转型结合，通过评价将集团战略目标层层分解，将集团的战略目标与各单位、各岗位的目标联系在一起，作为推动战略落地的重要工具。依据战略重点和业务的发展阶段设置评价指标，发挥业绩评价的导向作用，通过评价体现集团需要什么样的业务，需要什么样的团队和员工，推动新型企业文化的建立。

（2）业绩为重、全面评价。就是将评价与激励措施紧密结合，使业绩评价真正落到实处，不断强化业绩导向的文化。注重长期目标与短期目标、结果类指标与过程类指标相结合，注重内部经营状况与外部市场状况相结合。

（3）强化过程、注重反馈。就是强化对评价的过程管理，把评价作为贯穿企业管理始终的基础工作。把评价指标设置与战略制定的过程结合，使评价指标一开始就成为团队的共识。注重绩效反馈和绩效辅导，通过评价全面提升企业管理水平。注重对"经营短板"的考核，通过评价实现持续改善。

3. 中粮集团绩效评价体系

对经营单位的业绩评价指标体系主要分为效益类指标和营运类指标两类，一般各占 50% 权重。效益类指标主要为经济增加值（EVA）和利润总额，营运类指标衡量各经营单位运营过程和运营效率，根据业务战略和业务特点确定，是个性化指标。

集团按照全产业链的商业模式，依据业务的特点和发展阶段设置了个性化评价指标，实施精准评价。基于业务的特点，把业务分为资源型、加工型和品牌型。资源型业务的评价重点是规模和布局；加工型业务的评价重点是规模、成本和技术；品牌型业务的评价重点是市场份额。基于业务的发展阶段，把业务分为培育型、成长型、竞争型和成熟型。培育型业务的评价重点是长期目标；成长型业务的评价重点是成长速度；竞争型业务的评价重点是核心能力与竞争对手的比较；成熟型业务的评价重点是收益。由此实现了在设计业绩评价通用指标体系的基础上，根据不同企业类型和生命周期阶段，具体构建各经营单位的业绩评价指标体系。

（1）评价指标目标值的确定方法。中粮集团强调业务的成长性，采用了历史值与预算值相结合的方法，历史值比所占的权重大于预算值比所占的权重，目的是充分挖掘经营团队的潜力，实现挑战性目标。中粮集团强调将与竞争对手的对标作为评价的重要指标，在食用油、大米、面粉、肉食等业务上，与国际粮商和国际食品商全面对标管理。

（2）对业绩评价流程实施全过程管理。在集团层面，首先，由各单位在每年的战略质询会上提出对下一年度业绩指标的建议；其次，绩效评价领导小组和绩效评价办公室与各单位沟通，就业绩指标达成一致，并在经理人年会上签订业绩合约；再次，通过月度、季度和半年运营分析会和不定期的专题分析会，对业绩评价执行情况进行动态监控；最后，年末业绩评价领导小组按照业绩合约计算经营单位的得分，经集团党组审定。为了具备纠偏机制，集团党组有 20% 的调整权力。业绩评价领导小组每年对评价结果进行反馈，提出改进建议，并组织绩效审计。业务单元内部的业绩评价则实施周评价、旬评价或月度评价，评价结果公开排名，并及时进行激励。

（3）对职能部门的业绩评价。分为任务业绩和周边业绩，分别占 80% 和 20% 的权重。任务业绩指的是根据集团发展战略和部门职责确定的部门任务指标，由各级职能部门与主管领导签订业绩合约，年末职能部门述职，由上级主管领导打分评价。周边业绩指的是职能部门的服务和协同情况，包括全局意识、服务意识、沟通意识、专业水平、工作质量等指标，由相关职能部门和经营单位进行打分评价。业绩评价领导小组通过督办等方式对职能部门的业绩评价情况进行动态跟踪，年底将评价结果反馈给职能部门负责人，作为下年度业务改进的依据。

（4）统一的业绩评价制度和工具。中粮集团于2006年颁布了《中粮集团业绩评价管理办法》，对集团的业绩评价理念、组织机构、管理办法、评价结果的应用做出了明确规定，并出台了《中粮集团业绩评价操作手册》等配套工具，且不断调整完善。通过建立上下贯通，又能满足各层级个性化需求的业绩评价制度体系，确保了"目标层层落实、责任层层传递、激励层层链接"，有力地推动了集团战略转型和战略落地，促进了企业可持续健康发展。

4. 中粮集团绩效评价效果

中粮集团实行了相关绩效管理之后，优化了组织结构，管理更加专业化，这一系列的改进有效地降低了企业管理成本，更凸显了中粮集团的优势：一是对所有业务单元进行集中管理，有利于实现规模经济；二是绩效评价已成为公司战略发展的一部分，增强了对整体战略的管控能力；三是企业高管层对各职能部门的监管更加垂直化，更快速，有利于降低企业的经营风险。综上所述，实施绩效评价有助于降低中粮集团的运作成本，为客户提供更好的服务，使得公司在绩效管理与战略实施上具有更高的匹配性。中粮集团在绩效评价中的顶层设计以及对组织管理架构的把控上的经验，能够为其他公司提供有益参考。

（二）东方电气股份公司绩效评价实践经验

东方电气集团在我国电力设备制造领域占据着重要的地位，在国内火电市场和水电市场分别占据了较大的市场份额，"六电并举"中的其他领域更是处于国内领先地位。同时东方电气在海外市场也日趋活跃，20世纪末便跻身世界主要的承包商之列，近年在全球最大承包商中排名更达到了前几十名。对于如此庞大的一家企业，做好业绩考核工作就显得尤为重要。

1. 东方电气EVA（经济增加值）财务数据

东方电气EVA财务数据相关指标包括投入资本总额（TC）、税后净经营利润（NOPAT）、加权平均资本（WACC），根据计算公式：经济增加值（EVA）＝税后净经营利润（NOPAT）－加权平均资本（WACC）×投入资本总额（TC），得到东方电气的经济增加值（EVA）。

2. 东方电气EVA（经济增加值）数据解读

通过收集该企业的相关数据，按照前文介绍的绩效评价办法，利用国泰安等数据库的统计数据，对东方电气实施绩效评价以来是否达到了减少资本成本、增加企业价值，实现国资保值增值进行探讨。

2008年，东方电气的净利润为21亿元，经济增加值经计算为13亿元，虽然数据从规模上看较为普通，但是经济增加值为正值说明企业管理层的经营成果能够弥补企业债权资本成本与股权资本成本的耗费，企业从考核的角度看是在创造经济价值的。

2009年，东方电气的净利润与EVA分别为16亿元和11亿元，相较2008年分别下降了 5 亿元和 2 亿元。究其原因：一方面，2008 年四川汶川地震对公司生产经营的负面影响仍在持续，各项重建支出很大，加上正在进行的募集的项目，大幅增加了公司本年度投资方面的现金流出，因此各项数据的恢复需要一个过程。另一方面，公司加大了在核电方面的投入，采购支出高，而核电产业生命周期长的特点决定了现金流回收会有滞后效应。但是年净利润的差额小于 2008 年，说明东方电气在该年度内，更加注重资本成本的耗费，本年度债权资本成本和股权资本成本耗费是少于 2008 年的。

2010 年，东方电气的净利润接近 27 亿元，经济增加值约为 11 亿元，两者差额近 16 亿元。虽然公司创造了较多的净利润，但是却忽略了对各项资本成本的控制，导致债权资本成本和股权资本成本的耗费总计达到了 16 亿元，公司在净利润超过上年 11 亿元的情况下经济增加值仅高于前一年。这当中除企业经营的问题外，跟 2010 年中央企业执行新的考核办法也有一定关联，在不同的考核导向下，由于企业规模庞大，难以及时做出调整。

2011 年，东方电气的净利润和 EVA 较上年双双增高，其中净利润达到了 31 亿元，表明企业的经营状况较上年有了更大的提升，不仅企业创造的经济增加值上升了，同时企业债权资本和股权资本的成本也下降了。这表明公司适应了新的考核办法，并且企业的经营管理者在经营中加强了对资本成本耗费的控制。

2012 年，企业的净利润是 23 亿元，EVA 达到 13 亿元，较上年均有所下降，由于国内经济增长速度放缓，国内用电量增速低于预期，市场需求减少。受日本福岛核事故后国家放缓核电项目审批的影响，公司承接的部分核电项目暂停或延缓，核电产品收入同比减少；受风电市场竞争加剧影响，风电产品收入同比减少。上述产品收入的减少导致了公司业务收入减少。但 EVA 下降的绝对量小于净利润下降的绝对量，因此公司在较低的净利润的情况下，依然保证了资本成本耗费较前一年的减少，这也达到了中央企业考核 EVA 的目的。

3. 东方电气 EVA（经济增加值）评价启示

（1）在企业经营管理工作中坚持以经济增加值为核心。经济增加值考核的实施是从价值管理的角度为中央企业长远发展着想，所以应当为企业经营管理理念中的核心部分。要从这一理念出发，强化价值管理思路，并渗透到企业经营管理中。让考核从中央企业需要应付的一个难题，变为中央企业进行价值管理的重要手段。让考核工作深入到中央企业的日常生产经营工作中去，使企业从上到下，各部门、各机构都能领会到企业价值的范畴，转变以往发展思路，不再仅仅追求提高利润，而是把增加企业价值放在比提高利润更高的地位上。

（2）基于经济增加值，综合非财务因素开展价值管理工作。经济增加值是基于净利润指标，经过一系列的报表数据调整，最终计算得到的，其归根结底仍然属于财务指标，所以基于经济增加值的绩效评价体系难以涵盖中央企业的非财务因素。已有研究表明，除财务因素，非财务因素对于企业价值有非常重要的影响，因此这一体系有较大的局限性。平衡计分卡绩效评价体系包含了创新与学习、业务流程、顾客、财务四个维度，比仅仅运用财务数据的净利润评价体系更适合构建企业价值管理体系，这一评价工具经过完善投入运用后获得了巨大的成功。因此在我国中央企业价值管理体系构建中，可以借鉴和利用这一成果，构建一个基于平衡计分卡的综合价值管理体系，对于促进中央企业提高企业价值有更好的效果。

（3）在中央企业内部加强宣传，营造上下一致主动参与价值管理工作的氛围。EVA（经济增加值）绩效评价在中央企业中已实施了一段时间，现在存在一个较为普遍的问题，即财务部门作为考核的主要参与主体，比较熟悉其计算和原理，但是有一些部门对经济增加值概念并没有很清晰的认识。然而，考核工作的顺利实施需要各部门全体人员的共同努力，因此，监管部门可以加强考核导向，通过完善考核体系推动被考核中央企业在企业内部加紧推广普及经济增加值理念，细化考核目标，上下共同完成绩效评价工作；中央企业本身，应当单独聘请或者联合聘请有资质的咨询机构对各部门进行绩效评价知识学习，在普及的基础上，促进全体人员牢固掌握经济增加值相关知识，树立价值管理理念，为考核目标细分创造良好的条件。

第三节　ZTJS绩效评价的设计应用

一、ZTJS 绩效评价的发展现状

（一）绩效评价程序

绩效评价工作由集团发展规划部牵头。各部门从集团的长期发展战略、年度经营计划、年度工作重点等事项中提取有关考核指标，形成部门绩效指标方案并汇总至发展规划部，由其提交至绩效管理分管领导、总经理进行审核及集团领导层审批。人力资源部根据经批准的部门年度组织绩效考核指标与各部门负责人签订《部门年度目标绩效责任书》，将绩效考核指标分解落实到部门内具体岗位。

绩效考核以绩效优先为原则，综合得分满分为 100 分。每年第一季度，集团人力资源部发布年度绩效考核通知，各部门负责人结合本部门上年关键绩效指标完成情况展开自我评价，形成自我评价报告交由部门分管领导审批确认，然后提交至集团的人力资源部，由其汇总上年各部门绩效考核结果，编制部门年度绩效考核报告，报集团领导班子审批，确认最终考核得分。考核结果同绩效奖金、岗位轮换晋升等直接挂钩。

在考核结果应用方面，各部门分析总结考核结果，针对未达目标等问题，部门内部需要认真分析，充分讨论并提出相应改进措施，并将其作为下一年度部门绩效计划制订的参考。

（二）绩效评价内容

ZTJS的绩效内容由三部分构成，分别为公共指标、业务系统指标以及部门指标。每一部分都设计有相应的绩效考核指标库，可以作为部门提交指标体系设计方案时的参考。

1. 公共指标

公共指标方面包括月度重点工作计划、部门劳动纪律、宣传报道、审计结果反馈、管理费用控制、培训工作实施及完成情况、风险内控等内容。

2. 业务系统指标

业务系统指标方面根据企业经营的业务流程不同，分别进行指标列示并设置了对应扣分标准。如经营计划部的指标包括经营承揽额、平均合同额、重大投标失误率；工程部的指标包括工程进度目标实现率、技术事故、工程奖项等；经济管理部的指标包括竣工结算目标实现率、亏损项目整治；物资设备部的指标包括不合格品控制率、物资量价管理有效性等；财务部考核指标有资产负债率和清收指标完成率，另外还有安全环保部、技术部、质量部等部门。

3. 部门指标

部门指标则是根据企业现有部门的日常工作内容详细列举了对应的考核指标，并给出了参考分值和评价标准。例如，发展规划部的考核指标有市场准入资质有效性、综合评优成功率、专题研究完成率等，部门指标设计的业务针对性较强。

（三）绩效评价问题

1. 以定性指标为主，赋值较主观

梳理ZTJS集团绩效考核指标内容可以发现，定性指标占的比重较大，如办公室的归档及时率、保密工作等；发展规划部的管理体系融合、市场准入资质有效性等；经营计划部的信息管理、经营违规违纪、制度完善落实率等；经济管理部的经济活动分析、总承包合同成本核算率等。此外，公共指标没有给出对应的参考分值，提供的业务系统指标和部门指标参考分值较主观，缺乏数据支撑，由扣分项评分标准形成绩效考核结果的过程也较为主观和简单。

2. 考虑的利益主体较单一

绩效考核指标设置中的股东价值最大化导向明显，没有考虑如员工、供应商、客户等重要利益相关方的诉求。无论是业务系统指标还是部门指标，主要强调企业工程项目的顺利进展、收入实现、利润实现、避免诉讼、保证工程质量、优质工程申报等问题，忽略或者没有重视其他重要利益相关方的诉求。

3. 指标偏静态且较宽泛，难以客观打分

现有指标主要是对于过去年度业绩表现的衡量，缺乏具有指导性、前瞻性的动态指标。而且对于绩效评价的时间点要求较为严格，绩效评价只有在期中或期末才可以进行。

大多数指标界定过于宽泛，评分标准过于主观，打分时缺乏实际的参考依据，加大了给分的主观随意性，增加了各部门打分的难度，绩效考核结果的准确性也相应被降低。如经营计划部的信息管理、客户管理，发展规划部的战略管理有效性，办公室的督办工作，工程部的分包资源建设，质量部的质量过程改进等都过于笼统，量化评价难度大。

二、ZTJS 绩效评价实施的优化策略

基于绩效棱柱理论对企业利益相关者进行深入分析后，针对部分利益相关者需求没有满足的情况，企业应结合对应的指标层做针对性改进提升。

（一）投资者方面

1. 提高项目利润率

ZTJS 房地产板块业务占比较大，但是房地产准入门槛相对较低，潜在竞争者较多，竞争激烈，且低价揽客的情形较为普遍，行业利润率低。所以 ZTJS 需要积极争取工程承包以及施工承包项目，多承接基建以及市政工程等利润率较高的项目来提高整体的项目利润率。另外，由于集团公司的竞争市场主要集中于华北地区，其他地区市场占有率有限，所以需要加大对二级单位品牌宣传的支持力度，做好战略规划，打破地区壁垒，一同助力开拓国内市场。

2. 加大应收账款催收力度

ZTJS 存在应收账款回收时间长、难度大的问题。虽然客户同企业的议价能力较强，但对外投标过程中仍应该充分调研客户信用、资金、经营状况、盈利能力等方面信息，充分评估风险后做出是否进行投标的决策。同时在签订合同时需要重点说明工程款的支付方式和支付节点安排，最大限度保证工程款按时按量收回。

3. 提高成本预算精确度

ZTJS 在成本管控方面表现欠佳，一方面是由于建筑施工企业成本核算较为复杂，核算难度大，使用运输途中损耗严重，另一方面资金管理较为粗放导致成本预算同实际情况产生较大缺口，这也是成本利润率过低的原因。ZTJS 可以考虑招聘有实际工程项目管理经验的人才负责编制成本预算，提高预算的实用性。也可以加强物料采购、运输、领用等关键节点的控制，尽可能减少不必要的耗费，提高资源使用效率。

（二）员工方面

1. 提高技能培训的比重，创新培训方式方法

企业可以考虑集中购买不同层次的专业网络课程资源供员工学习，定期对学习成果进行考核，考评结果作为绩效考核的一部分，增强员工学习的主动性，打造积极活跃的工作学习氛围。此外，定期统计员工学习反馈的问题，通过聘请专家、开会讨论等方式及时解答。还可以在企业内部开展优质项目经验交流分享，组织部分技术人员外出参观学习，借鉴行业先进工作经验，提升市场适应能力。最后，重视

综合项目管理人才的培养，学习国内外项目管理经验方法，为国内外高层次业务的拓展奠定人才基础。

2. 提升员工工资福利增长水平，保持适当激励

对专业素养高、工作能力强、态度端正的工作人员提供适当的外出学习、奖金、休假等奖励以及更好的发展平台，保持充足的成长晋升空间。制定绩效考核办法时充分尊重员工意见反馈，合理调整相关要求，帮助员工明确工作要求和考核重点，保持工作动力，提升员工满意度。

3. 增加高级技能型人才比例

ZTJS应该重点增加企业高级员工的招聘，在吸引人才的同时留住如工程建造师、设计师、项目管理人员等高级技能型人才，及时了解员工想法，尽可能满足其合理诉求，解决工作生活问题，以提高员工的企业忠诚度、归属感和工作积极性，为公司创造更多价值。

（三）客户方面

1. 加强项目安全质量管理和进度把控

减少安全事故发生率，增加优质工程数量，加强成本管控但不以牺牲质量为代价，追求锻造精品，形成优质优价的良性循环，以提升客户满意度，打造良好企业形象，增强市场竞争力。

保持客户稳定性，不断挖掘新客户。在工程施工过程中，保持客户沟通交流渠道通畅，对于客户的反馈和诉求及时响应，做到事事有着落，让客户对项目进度、建造难点有详细的了解，实时了解客户需求等相关信息，及时调整设计施工方案，提升服务水平。要想树立良好的品牌形象，争取更多的市场份额，拓展更多核心客户资源，ZTJS有必要将科技创新作为核心驱动因素，重视科技创新投入，通过新工艺、新技术、先进设备等降低生产、用工成本，实现成本领先。同时树立产权意识，形成知识技术优势之后积极推进产权保护进程。

2. 增强市场调研能力

宏观环境、行业动态、竞争对手、合作伙伴、客户等信息是ZTJS了解市场动态做出经营决策的重要依据，所以获取各方信息并深入分析以充分利用，调整战略规划、业务流程等安排也应该成为企业关注的重点。在知识经济时代，谁掌握了大量优质的一手信息谁就掌握了先发制人的优势，因此，信息加工处理的结果应该即时分享给各部门实现信息共享，通过展开头脑风暴，收集各部门反馈，提升信息使用价值。

（四）供应商方面

第一，建立供应商档案，并实时更新。了解供应商业务范围、原材料质量价格水平、服务水平、业务能力等较为全面的信息，拓展更新供应商渠道有助于提升企业同上游供应商的议价能力，在采购性价比高的物料同时可以获得良好的售后服务。第二，设置招标采购中心，实现大宗材料集中采购。降低采购成本的同时与供应商

建立长远稳定的合作关系，有助于获得更多的信用额度和优惠折扣，助力成本管控有效推进。第三，保持和供应商联络渠道畅通，维护同供应商的良好合作关系。及时反馈自身诉求，争取双方的信息共享，保证物料供应数量、价格的稳定程度。透明便捷的良性互动和信息交流有助于供需双方在行业生态圈里共同繁荣，实现"双赢"。

（五）政府与社区方面

ZTJS 应积极响应政府号召，积极履行社会责任。可以发挥专业优势，加强社区基础设施建设，支持当地教育、公共卫生等社会事业的发展，踊跃参加各种社会公益活动，增加公共福利。可以考虑定期对外开展职业技能培训，提升社区公众专业技能，改善民生促进就业，提高社区公众收入水平和生活质量。

参考文献

［1］秉寅，吴思方．基于 PPP 项目应用资产证券化融资的问题及解决方法分析［J］．现代商业，2020（2）：106-108．

［2］陈东锋，吴能全．建立共享服务中心，发挥企业集团规模优势［J］．当代经济管理，2010（3）：46-49．

［3］陈红，陈林，解净宇．经营租赁表内化的必要性研究——基于真实活动盈余管理视角［C］．中国会计学会 2013 年学术年会论文集，2013．

［4］陈红，陈玉秀，杨燕雯．表外负债与会计信息质量、商业信用——基于上市公司表外负债监察角度的实证研究［J］．南开管理评论，2014（1）．

［5］陈红．公司表外负债研究［M］．北京：经济科学出版社，2007．

［6］陈虎，孙彦丛．财务共享服务［M］．北京：中国财政经济出版社，2014．

［7］陈虎．创造价值的财务管理模式——中兴通讯的探索之路［J］．会计之友，2013（12）：4-8．

［8］陈李宏，彭芳春．供应链金融——中小企业融资新途径［J］．湖北社会科学，2008（11）：101-103．

［9］陈艺云．违约传染与供应链金融的信用风险测度［J］．统计与决策，2012（1）：33-35．

［10］陈珍红，俞文约，王亦文．H 公司基于平衡计分卡的战略性绩效管理体系的构建［C］//中国会计学会财务成本分会（Finance & Cost Branch of ASC）．中国会计学会财务成本分会 2015 学术年会暨第 28 次理论研讨会论文集，2015．

［11］陈志．基于业财融合视角的企业财务管理转型升级路径研究——以建筑业企业为例［J］．商业会计，2019（7）：4-7．

［12］成畅．企业集团财务共享服务创新研究——基于海尔集团的管理实践［J］．会计之友，2019（3）：90-94．

［13］储俊．我国产融结合研究文献述评［J］．会计之友，2014（26）：10-14．

［14］戴艳玲．公司治理、表外融资与企业会计信息质量［J］．财会通讯，2019（8）：25-28．

［15］邓德强，温皓然．管理会计工具及应用案例——利益相关者价值取向的绩效三棱镜及应用［J］．会计之友，2016（7）：134-137．

［16］杜传忠，王飞，蒋伊菲．中国工业上市公司产融结合的动因及效率分析——基于参股上市金融机构的视角［J］．经济与管理研究，2014（4）：84-90.

［17］樊行健，肖光红．关于企业内部控制本质与概念的理论反思［J］．会计研究，2014（2）：4-11.

［18］范志英．"大智移云"背景下财务共享平台构建及应用——以 TCL 集团股份有限公司为例［J］．财会通讯，2019（4）：111-115.

［19］冯根福，吴林江，刘世彦．我国上市公司资本结构形成的影响因素分析［J］．经济学家，2000（5）：59-66.

［20］冯宇铮．东北中央企业资产证券化研究——以存续的 ABS 产品为例［J］．中国市场，2020（4）：42-46.

［21］冯志军，吴晨．企业集团财务公司的职能及其创新研究［J］．金融理论与教学，2015（1）：8-13.

［22］付娜娜．企业集团财务公司资金集中管理问题研究［J］．商场现代化，2016（9）：205-206.

［23］付玮琼．核心企业主导的供应链金融模式风险机理研究［J］．企业经济，2020，39（1）：136-143.

［24］葛家澍，林志军．现代西方会计理论［M］．厦门：厦门大学出版社，2006.

［25］葛家澍，刘峰．从会计准则的性质看会计准则的制定［J］．会计研究，1996（2）．

［26］葛家澍，徐跃．会计计量属性的探讨——市场价格、历史成本、现行成本与公允价值［J］．会计研究，2006（9）：7-14+95.

［27］葛艺．人工智能时代下财务会计转型问题的思考［J］．现代经济信息，2019（9）：285.

［28］谷雪丽．财务公司实行资金集中管理对上市公司的影响分析［J］．商场现代化，2015（8）：144.

［29］郭水文．中央企业产业金融平台建设的现状、问题以及对策建议［J］．武汉金融，2017（12）：55-58.

［30］韩鹏．基于建筑施工央企的产业链金融研究——以 ZTJ 及所属财务公司为例［J］．北京金融评论，2016（2）：185-191.

［31］郝慧敏．企业集团财务公司票据池业务探究［J］．现代经济信息，2015（21）：284.

［32］何巍．解析优化财务公司结算模式　提升集团资金集中管理效率［J］．现代经济信息，2013（17）：182.

［33］何晓林．图书馆馆员绩效三棱柱模型论析［C］//中国图书馆学会．中国图书馆学会 2010 年年会论文集，2010.

［34］何瑛．基于云计算的企业集团财务流程再造的路径与方向［J］．管理世

界，2019（4）：182-183.

［35］何泽斌．中石化集团资金集中管理模式下的银企直联［J］．现代经济信息，2012（12）：21-22.

［36］洪文凯，傅毅，雷霆等．层次分析法下高校政府采购绩效评价体系研究［J］．实验技术与管理，2019，36（10）：12-14.

［37］侯爽，毕克如．浅析表外融资方式［J］．知识经济，2017（3）：46-47.

［38］胡瑶．协同发展　产融结合提升企业价值［J］．经济研究导刊，2019（23）：7-8+12.

［39］胡永．浅析人工智能在企业财务管控中的实现［J］．会计师，2019（10）：42-43.

［40］胡跃飞，黄少卿．供应链金融：背景、创新与概念界定［J］．金融研究，2009（8）：76-82.

［41］黄凌灵，李然．我国上市公司产融结合效果实证研究［J］．会计之友（上旬刊），2010（12）：74-76.

［42］黄明田，储雪俭．我国供应链金融业务运作模式梳理与发展对策建议［J］．金融理论与实践，2019（2）：25-34.

［43］黄筱．表外融资对公司财务报表信息质量影响探讨［J］．现代商贸工业，2013（8）：121-122.

［44］黄益建，曾显斌，李晓寒．内部控制体系设计与业务流程重组［J］．财会月刊，2007（6）：16-17.

［45］黄玉英．上市公司融资租赁障碍的实证分析［J］．经济论坛，2007（19）：115-118.

［46］冀婷婷．论企业运用表外融资的目的和方式［J］．现代经济信息，2015（7）：38.

［47］贾生华，陈宏辉．利益相关者的界定方法述评［J］．外国经济与管理，2002（5）：13-18.

［48］江伟，姚文韬．《物权法》的实施与供应链金融——来自应收账款质押融资的经验证据［J］．经济研究，2016，51（1）：141-154.

［49］姜旭苗．企业表外融资的财务问题研究［J］．中国商贸，2012（26）：89+91.

［50］蒋武，杨欣．T集团"票据池"模式存在的问题及成因［J］．财会月刊，2015（13）：70-73.

［51］金莲花，王华．财务共享服务中心的应用效果研究［J］．会计之友，2016（5）：21-24.

［52］景诚．企业内部控制体系优化探讨——基于业财融合嵌入模式［J］．财会通讯，2018（29）：114-118.

［53］柯金盈．浅谈集团如何进行财务公司模式的资金集中管理方案设计［J］．财经界（学术版），2013（1）：136-138.

［54］雷君．供应链金融运作模式及融资模式分析［J］．财会学习，2017（24）：202+204.

［55］李芳．基于防范和化解企业风险的财会内控机制构建［J］．财经界（学术版），2015（20）：290-291.

［56］李飞．建筑施工企业资金管理存在的问题及改进建议——以业财融合视角［J］．投资理财，2019（6）：96-97.

［57］李勤，龚科．供应链金融模式下中小企业信用风险的案例分析［J］．金融理论与实践，2014（8）：66-71.

［58］李素涛．集团管控模式的选择探究［J］．南开管理评论，2017，8（11）：45-46.

［59］李文静．集团财务共享服务中心运营优化研究［J］．中国注册会计师，2019（5）：106-109.

［60］李闻一，高康，冯仕聪，张楠．财务共享服务中心之PEST分析［J］．财会月刊，2018（11）：36-39.

［61］李闻一，王嘉良，胡小峰，杜志玥．基于XBRL的业财融合分析［J］．财务与会计，2016（3）：44-45.

［62］李闻一，于文杰，李菊花．智能财务共享的选择、实现要素和路径［J］．会计之友，2019（8）：115-121.

［63］李杨．中国金融改革发展面临的新挑战［J］．新金融，2007（11）.

［64］梁雯．建筑施工企业业财融合管控机制及其构建［J］．财务审计，2019（11）：124-128.

［65］廖晨竹．供应链金融发展模式探析［J］．科技经济导刊，2018，26（34）：198-199.

［66］林佩璇．业财融合发展在中国移动的推行研究［J］．财经界（学术版），2015（3）：185.

［67］蔺元．我国上市公司产融结合效果分析——基于参股非上市金融机构视角的实证研究［J］．南开管理评论，2010，13（5）：153-160.

［68］刘东进．大型建筑集团财务管理转型升级实践——以中交第二航务工程局有限公司为例［J］．会计之友，2019（17）：2-7.

［69］刘桂兰．基于内部控制的财务流程再造方案综述［J］．当代经济，2012（5）：78-81.

［70］刘军．浅谈集团企业财务公司资金集中管理模式［J］．中小企业管理与科技（上旬刊），2011（6）：76.

［71］刘丽娜．浅议财务业务一体化模式下的会计业务流程重组［J］．江苏商

论，2016（18）：140-141.

[72] 刘明忠，鲍明铭. 集团管控下的大数据对集团管控影响的分析研究［J］. 企业管理，2019（2）：51-52.

[73] 刘现伟. 新时期中央企业集团管控模式选择与重构［J］. 中国经贸导刊，2011（12）.

[74] 刘雪松. 积极推进业财融合　助力公司价值创造［J］. 中国总会计师，2014（1）：78-81.

[75] 刘娅岚. 供应链金融融资模式分析及风险控制探讨［J］. 当代会计，2019（5）：4-5.

[76] 鲁其辉，曾利飞，周伟华. 供应链应收账款融资的决策研究［J］. 管理科学报，2012（5）：10-18.

[77] 陆玲梅. 供应链金融运作模式的案例分析［J］. 现代营销（下旬刊），2019（9）：162-163.

[78] 陆庆平. 以企业价值最大化为导向的企业绩效评价体系——基于利益相关者理论［J］. 会计研究，2006（3）：56-62.

[79] 陆兴凤. 以财务创新助力业财融合，提升企业价值创造［J］. 财务与会计，2018（7）：26-27.

[80] 马靖. 供电企业财务业务数据治理研究［J］. 商业会计，2016（23）：88-90.

[81] 欧阳电平，王贤平. 企业内部控制理论的演进及其对我国的启示［J］. 武汉大学学报（哲学社会科学版），2017（2）：222-228.

[82] 秦荣生. 我国财务共享服务的发展趋势［J］. 财会月刊，2020（19）：3-5.

[83] 任飞. 大数据下的财务共享建设［J］. 中国管理信息化，2019，22（13）：38-39.

[84] 任海云. 利益相关者理论研究现状综述［J］. 商业研究，2007（2）：30-32.

[85] 深圳发展银行中欧国际工商学院供应链金融课题组. 供应链金融——新经济下的新金融［M］. 上海：上海远东出版社，2010.

[86] 宋聃，凌卫，赵阳，张南. 财务共享服务中心的运营分析——基于中国人保财险运营实践的思考［J］. 中国保险，2017（12）：29-33.

[87] 宋艳娟. "互联网+"时代财务共享服务中心的建设价值研究［J］. 商讯，2019（36）：46-47.

[88] 孙骏. 基于企业集团财务公司的票据池应用研究［J］. 当代会计，2015（5）：70-71.

[89] 孙浦阳，靳一，张亮. 金融服务多样化是否能真正改善银行业绩？——基于 20 家银行的实证研究［J］. 金融研究，2011（11）.

[90] 汤谷良，戴天婧. 多元化经营集团管控体系创新研究［J］. 财会通讯，

2018（1）：6-9.

［91］汤谷良，夏怡斐. 企业"业财融合"的理论框架与实操要领［J］. 财务研究，2018（2）：3-9.

［92］唐寒彬. 央企深化改革背景下产融结合的研究［J］. 财经界（学术版），2017（1）：155+172.

［93］王竞春. 大数据背景下业财融合在企业中的应用［J］. 财经智库，2019（18）：44-45.

［94］王静. 基于财务共享模式的内部智能审计路径设计［J］. 财会通讯，2019（10）：98-102.

［95］王立鑫，肖志广. 华北制药"三算合一"财务管控体系的构建与实施［J］. 财务与会计，2016（2）：25-27.

［96］王松华，胡敬新. 我国产融结合的发展现状及实证分析［J］. 金融理论与实践，2007（5）：50-52.

［97］王新欣. 中央建筑企业产融结合的实践探索与思考［J］. 交通财会，2015（6）：4-8.

［98］王薛，杨士英. 基于会计业务流程的企业会计知识管理［J］. 财会通讯，2015（10）：22-25.

［99］王学，于璐. 基于财务职能定位的业财融合措施分析［J］. 会计之友，2016（22）：34-36.

［100］王一鸣，宁叶，周天，金秀旭. 商业银行供应链金融的风险及防范——基于交易对手信用风险的视角［J］. 金融理论与实践，2017（8）：37-41.

［101］王永. 我国企业集团财务公司发展策略研究［J］. 财会月刊，2007（23）：62-63.

［102］吴波. 企业集团资金集中管理方法探讨［J］. 财经界（学术版），2009（8）：53-54.

［103］吴骏. 业财融合在财务管理中的运用［J］. 中外企业家，2018（35）：52-53.

［104］吴平萍. 集成化财务管理模式探究［J］. 中外企业家，2014（6）：78.

［105］吴秋生，黄贤环. 财务公司职能发挥与集团融资约束研究［J］. 经济问题，2016（6）：101-108.

［106］吴越. 企业集团财务公司资本配置效率分析——以中国石化财务有限责任公司为例［J］. 中国商界（上半月），2009（10）：37-38.

［107］吴争程，陈金龙. 应收账款融资视角下企业商业信用研究［J］. 金融理论与实践，2016（11）：59-66.

［108］向永海. 集团公司财务管控存在的问题及应对策略［J］. 企业改革与管理，2015（16）：155.

［109］向志鹏，饶雪花，常菊．集团企业资金集中管理的利弊分析［J］．科技经济市场，2009（8）：64-65.

［110］肖体凤．浅议财务共享服务中心运营［J］．经贸实践，2016（22）：61-62.

［111］肖应龙．对新企业会计准则下衍生金融工具会计处理的探讨［J］．财会学习，2019（14）：148.

［112］肖作平．终极控制股东对债务期限结构选择的影响：来自中国上市公司的经验证据［J］．南开管理评论，2011，14（6）：25-35.

［113］辛崇峰．集团公司资金集中管理探讨［J］．财经界（学术版），2014（1）：56-58.

［114］熊磊．财务共享服务下管理会计信息化有效实施策略［J］．会计之友，2015（8）：7-9.

［115］徐冰瑶．大型国企供应链金融平台模式研究与风险控制［J］．现代商贸工业，2019，40（28）：35-37.

［116］徐晨阳，王满，沙秀娟等．财务共享、供应链管理与业财融合——中国会计学会管理会计专业委员会2017年度专题研讨会［J］．会计研究，2017（11）：93-95.

［117］徐建华，陈庆．董事会建设与集团管控一体化实践［J］．企业管理，2017（2）：96-98.

［118］徐俊平，赵煜武．财务公司"资金池"下各级单位资金集中管理方式探析［J］．会计之友，2014（33）：60-62.

［119］徐峻．财务共享服务中心的日常运营优化探讨——以苏宁易购集团股份有限公司为例［J］．财会通讯，2019（14）：75-79.

［120］许天信，沈小波．产融结合的原因、方式及效应［J］．厦门大学学报（哲学社会科学版），2003（5）：107-112.

［121］宣晓影．我国供应链金融的突出问题和解决方案［J］．当代金融家，2018（10）：25-28.

［122］严广乐．供应链金融融资模式博弈分析［J］．企业经济，2013（4）：78.

［123］严若森．公司治理与制度优化［M］．北京：科学出版社，2017.

［124］杨莲娜，张庆亮．产融型企业集团：德国的实践及其对中国的启示［J］．经济与管理，2005（7）：68-72.

［125］杨晓雪，李伟．浅析供应链金融业务［J］．中国外资，2019（20）：74-75.

［126］姚文萱．供应链金融发展的现状、存在的问题及建议［J］．财会学习，2020（4）：175+177.

［127］叶青．企业财务共享服务中心建设的风险与控制研究［J］．财会学习，2019（13）：76+78.

［128］尹国平．业务财务一体化的难点与对策［J］．财务与会计，2016（23）：43-44.

［129］盈晓红．关于财务公司实施企业集团融资管理的思考［J］．交通财会，2013（9）：19-23.

［130］于可心．2018年中国供应链金融行业研究报告［J］．互联网经济，2019（3）：68-71.

［131］余沫然．财务共享服务中心在中国的建设现状研究［J］．中国管理信息化，2019（5）：61-62.

［132］袁广达，裘元震．公司环境风险管控的财务共享平台研究——基于重污染公司财务战略的思考［J］．会计之友，2019（6）：44-50.

［133］袁鹏．"大数据时代"徐工集团财务管控体系构建［J］．财务与会计，2015（3）：46-49.

［134］袁文婧．区块链技术在供应链金融的创新应用研究［J］．经济研究导刊，2020（3）：85+95.

［135］张锦铭．债务融贷的治理效应［J］．山西财经大学学报，2006（4）．

［136］张立钢．财务公司资金集中管理问题及对策探究［J］．财经界（学术版），2015（13）：266.

［137］张路瑶．企业财务共享模式的分析［J］．山西财税，2017（12）：34-36.

［138］张庆龙．财务共享服务模式探讨及其选择［J］．中国注册会计师，2012（2）：66-67.

［139］张庆龙．业财融合实现的条件与路径分析［J］．中国注册会计师，2018（1）．

［140］张瑞君，陈虎，胡耀光等．财务共享服务模式研究及时间［J］．管理案例研究与评论，2008（6）：21-26.

［141］张晓蕾．论供应链金融的运作模式［J］．全国流通经济，2019（17）：159-160.

［142］张旭，曾章蓉．供应链金融：业务模式及风险点［J］．国际金融，2020（1）：25-33.

［143］张翼飞，郭永清．实施业财融合助推我国企业高质量发展——基于324家中国企业的调研分析［J］．经济体制改革，2019（4）：101-108.

［144］赵洁．ERP对会计业务流程的影响及其对策［J］．当代经济，2014（22）：98-99.

［145］赵克辉．成果导向下业财融合企业预算管理模式与实践［J］．财务会计，2019（5）：81-84.

［146］赵栓文，屈晓丹．财务共享服务下管理会计信息化策略探讨［J］．财会月刊，2018（11）：40-45.

［147］赵婉迎．浅议业财融合在企业管理中的作用及实践应关注的问题［J］．中国管理信息化，2019（6）：44-45．

［148］赵学峰．供应链金融创新在建筑施工企业中的应用［J］．产业创新研究，2019（12）：119-120．

［149］赵燕．从财务共享服务中心建设到业财融合——以海尔集团为例［J］．行政事业资产与财务，2018（19）：85-86．

［150］郑骞，牛健，苟娟琼．建筑企业集团基于协同治理的业财融合研究［J］．中国总会计师，2019（6）：46-51．

［151］郑帅奇．ZTJ 产融结合的几点问题思考［J］．商讯，2020（6）：143-144．

［152］郑伟生．表外融资的财务问题［J］．现代经济信息，2010（12）：164+185．

［153］支燕，吴河北．动态竞争环境下的产融结合动因——基于竞争优势内生论的视角［J］．会计研究，2011（11）：72-77+93．

［154］周鹏，姜洪涛．中国邮政业财融合下的财务战略转型之路［J］．财务与会计，2017（4）：33-35．

［155］周绍瑞．冀中能源集团以财务为核心的管控体系构建与实践［J］．财务与会计，2016（2）：19-24．

［156］周小舟．业财融合背景下企业内部控制制度建设［J］．财会学习，2019（1）：247-249．

［157］周燕．国企融资过程中财务管理的问题及对策［J］．财会学习，2019（23）：66-67．

［158］朱飞．表外融资存在的问题及对策分析［J］．经济研究导刊，2013（18）：138-139．

［159］朱秋田，潘玉香．基于财务视角的医药行业上市公司经营绩效评价实证研究［J］．东南大学学报（哲学社会科学版），2016（S1）．

［160］Amin Hakim, Majid Gheitasi, Farzad Soltani. Fuzzy Model on Selecting Processes in Business Process Reengineering［J］. Business Process Management Journal, 2016, 22（6）.

［161］Anand A, Wamb A S F, Gnanzou D. A Literature Review on Business Process Management, Business Process Reengineering, and Business Process Innovation［C］. The Workshop on Enterprise and Organizational Modeling and Simulation. Springer Berlin Heidelberg, 2013.

［162］Bassam Hussein, Ayman Dayekh. Business Process Reengineering（BPR）Key Success Factors［J］. International Journal of Applied Management Sciences and Engineering（IJAMSE）, 2014（1）：58-66.

［163］ Bergeron B. Essentials of Shared Services ［M］. New York：John Wiley & Sons Inc.，2003.

［164］ Bramante Martin H，James L. Shared Services：Adding Value to the Business Units ［M］. New York：John Wiley & Sons Inc.，2013.

［165］ Cecil，Bob. Shared Services Moving Beyond Success ［J］. Strategic Finance，2000（10）：8-64.

［166］ Chris Mallin，Theresa Dunne，Christine Helliar，Kean Ow-Yong. FRS 13 and Corporate Governance：A Fund Management Perspective ［J］. Qualitative Research in Accounting & Management，2004（2）.

［167］ Connell R. Learning to Share ［J］. Journal of Business Strategy，1996，17（2）：55-58.

［168］ Daniel C，Melchior Jr. Globalizing Corporate Ethics Programs：Perils and Prospects ［J］. Journal of Business Ethiscs，2009（1）.

［169］ Deloitte. 2009 Global Shared Services Survey Results ［J］. Deloitte Consulting LP，2009（3）：31-32.

［170］ Denburgh E V，Denis C. Doing More with Less ［J］. Electric Perspectives，2000（1）：44-55.

［171］ Derven. Advancing the Shared Services Journey Through Training ［J］. Strategic Finance，2011，4（9）：58-64.

［172］ Donna K，Hirschfield R. The Benefits of Sharing ［J］. HR Focus，1996，73（9）：15-16.

［173］ Frawley T，Fahy J. Revisiting the First-Mover Advantage Theory：A Resource-Based Perspective ［J］. Irish Journal of Management，2006（1）.

［174］ Gunn R W，Carberry D P，Frigo R，Behrens S. Shared Services：Major Companiesare Reengineering Their Accounting Functions ［J］. Management Accounting，1993（1）.

［175］ Hirchiefed R. Shared Service Save Big Money ［J］. Datamation，2010，42（15）：76-78.

［176］ Ioan Petrisor，Diana Cozmiuc. Specific Models for Romanian Companies - Finance Shared Services ［J］. Procedia-Social and Behavioral Sciences，2016（221）.

［177］ Jansen M，Johann A. Emerging Shared Service Organizations and the Service-Oriented Enterprisecritical Management Issues ［J］. Strategic Outsourcing：An International Journal，2009，16（1）：35-49.

［178］ Kaplan，Muirdock. Core Process Reengineering ［J］. McKinsey Quarterly，1991，2（2）：2-4.

［179］ Kathy Johnson. Sharing is Shaving：Impact of a Finance Shared Service Environment ［J］. California CPA, 2012, 80 (1): 15-16.

［180］ Lacity M C , Fox J. Creating Global Shared Services: Lessons from Reuters ［J］. MIS Quarterly Executive, 2008, 7 (1).

［181］ Li Sun, Tao Xue. Research on the Construction of ERP Mode of Enterprise Groups ［J］. Trans Tech Publications, 2014 (10): 4528-4531.

［182］ Magdalena Luca. Business Process Reengineering ［J］. Risk in Contemporary Economy, 2014, 1 (1): 233-236.

［183］ Martin Fahy. The Financial Future ［J］. Financial Management, 2012 (1).

［184］ Michael Hammer. Reengineering Work: Don't Automate, But Obliterate ［J］. Harvard Business Review, 1990 (1).

［185］ Milé Terziovski, Paul Fitzpatrick, Peter O' Neill. Successful Predictors of Business Process Reengineering (BPR) in Financial Services ［J］. International Journal of Production Economics, 2003, 84 (1).

［186］ Miskon S, Bandara W, Fielt E, Gable G. Understanding Shared Services: An Exploration of the IS Literature ［J］. International Journal of E-Services & Mobile Applications, 2010 (2).

［187］ Moller P. International, Implementing Shared Services in Europe ［J］. Treasury Management, 1997 (7): 121-123.

［188］ Pavel Lebedev. Getting Insight into Management Accounting and Control Systems: A Framework for Survey-based Research Design for Emerging Markets Context ［J］. Procedia-Social and Behavioral Sciences, 2015 (11): 293-298.

［189］ Squilla B, et al. Research Shared Services: A Case Study in Implementation ［J］. Journal of Research Administration, 2017, 48 (1): 86.

［190］ Steffen Juranek, Uwe Walz. Organizational Design, Competition, and Financial Exchanges ［J］. The Scandinavian Journal of Economics, 2020, 122 (1).

后　记

　　本书最终能够完成得益于中铁建设集团有限公司数位专家多年中央企业财务管理的实践积淀，也饱含着北京林业大学中央企业财务治理课题组各位老师和同学的辛勤付出。本书由秦涛和王富炜负责整体框架构建；徐冰瑶负责第三至第六章的撰写（共计117千字）；王雁、曹灏和李冬生负责第一章的撰写；吕利芳、田荣新和张晓明负责第二章的撰写；李凤玲、邓建华和师庆杰负责第七章的撰写；孙友伟、刘俊涛和童万民负责第八章的撰写；北京林业大学中央企业财务治理课题组成员负责数据和文献收集、图表绘制、全书统稿及修改工作，在此对所有参与本书编写工作的人员表示衷心的感谢，对本书涉及的参考文献和其他资料的作者也一并表示感谢。由于时间和水平有限，书中不当之处在所难免，恳请广大读者批评指正。